# 普通话

## 水平测试训练（第二版）

PUTONGHUA
SHUIPING CESHI XUNLIAN

标准发音训练　方音辨正训练　字音识别训练

马显彬◎编著

暨南大学出版社
JINAN UNIVERSITY PRESS

中国·广州

**图书在版编目（CIP）数据**

普通话水平测试训练 / 马显彬编著. -- 2版.

广州：暨南大学出版社，2024．8． -- ISBN 978-7-5668-
3995-4

Ⅰ．H102-44

中国国家版本馆CIP数据核字第2024BM8610号

**普通话水平测试训练（第二版）**

PUTONGHUA SHUIPING CESHI XUNLIAN（DI-ER BAN）

编著者：马显彬

--------------------------------------------------------------------------------

出 版 人：阳　翼

责任编辑：武艳飞

责任校对：张学颖　林玉翠

责任印制：周一丹　郑玉婷

出版发行：暨南大学出版社（511434）

电　　话：总编室（8620）31105261

　　　　　营销部（8620）37331682　37331689

传　　真：（8620）31105289（办公室）　　37331684（营销部）

网　　址：http：//www.jnupress.com

排　　版：广州市新晨文化发展有限公司

印　　刷：广东广州日报传媒股份有限公司印务分公司

开　　本：787mm×1092mm　1/16

印　　张：15

字　　数：280千

版　　次：2021年1月第1版　2024年8月第2版

印　　次：2024年8月第1次

定　　价：49.80元

# 第二版前言

　　本教材自 2021 年 1 月出版以来，得到大家的好评，已经数次印刷，并被一些学校用作普通话课程教材。2021 年，国家语委普通话与文字应用培训测试中心颁布了新的《普通话水平测试实施纲要》（2021 年版），新版纲要从 2024 年 1 月 1 日起正式实施。与之前的版本相比，普通话水平测试的朗读作品和话题的数量与内容有了大的调整。为此，本教材根据新版纲要的内容与要求进行了修订。第二版保留了第一版的主体内容与框架，对个别内容进行了删减。

　　因教材编写需要，笔者参阅了大量著作，在此表示衷心的感谢。另教材中选用的部分汇编作品，可与出版社联系，以便支付薄酬。此次再版可能仍然存在疏漏之处，在此，我们诚恳地希望广大读者提出宝贵意见，使之不断完善。

马显彬

2024 年 8 月

# 前　言

由于国家大力推行普通话，当代的年轻人都具有一定的普通话基础，方音没有上一代人那样突出，存在的问题也主要是全国性的普遍问题，例如平翘舌、鼻边音、前后鼻音等问题。所以，今天的普通话教学与学习有了新的变化，问题减少且集中化，难度降低了，也容易学好了。

笔者一直想编写一本符合语言习得规律的普通话教材。以前编写过一些普通话教材，也有很好的发行量，得到读者的认可，尤其是《普通话训练教程》，出版后每年都在重印，至今发行量高达十几万册。三十多年来笔者一直从事普通话的教学、测试与研究工作，积累了丰富的教学、测试与教材编写经验，对普通话教学与培训有了新的思考与构想，产生了重新编写普通话教材的想法。希望本书能对大家学习普通话以及参加普通话水平测试有所帮助，也希望再次得到大家的认可。

本书延续《普通话训练教程》的优点：教学形式与内容同普通话水平测试紧密结合，完全按照考试需要设计教学形式与内容；对大纲中的 17 041 个单音节和多音节词语进行分析处理，提取各种字音材料，配合教学与考试需要。

本书也进行了新的尝试，按照最新的国家语言文字规范标准，在教学框架上作了调整。根据实际需要采取三阶段训练法，也就是标准发音训练、方音辨正训练、字音识别训练三个阶段，把这三个阶段训练好，普通话也就学好了。另外，本书还强化了基本音节训练、对比训练等，丰富了训练形式，增大了训练量。本书根据普通话试卷只有汉字没有拼音的特点，对相关训练材料的拼音进行了淡化处理，以突显汉字。

因编写需要，笔者参阅了大量的普通话著作，它们为本书编写提供了有益的参考与指导。由于涉及大量拼音，特地成立编写校对组，负责校对与资料整理工作，马一蔓负责组织工作。在此一并表示感谢！

由于拼音、字表太多，难免有疏漏之处，若带来不便，敬请谅解，并希望及时告诉我们（邮箱：mxb986@163. com），以便更正，谢谢支持！

欢迎大家提出宝贵意见！

马显彬

2020 年 1 月

# 目　录
## CONTENTS

# 第一章　绪　论

## 第一节　国家推广全国通用的普通话

### 一、普通话是国语

**普通话是我国的国语**，各民族都要积极学习和使用普通话。1955 年全国文字改革会议和现代汉语规范问题学术会议确定了现代汉民族共同语的名称及其定义，1956 年国务院颁布了《关于推广普通话的指示》，法定了普通话这一名称，普通话成为现代汉民族共同语的代名词。

1955 年全国文字改革会议和现代汉语规范问题学术会议制定了"大力提倡，重点推广，逐步普及"的推普方针，1956 年国务院颁布了《关于推广普通话的指示》，指出："在文化教育系统中和人民生活各方面推广这种普通话，是促进汉语达到完全统一的主要方法。"1958 年毛泽东同志发出号召，要求**"一切干部都要学普通话"**，1958 年周恩来同志在《当前文字改革的任务》的重要讲话中指出："在我国汉族人民中努力**推广以北京语音为标准音的普通话就是一项重要的政治任务**。"1982 年颁布的《中华人民共和国宪法》明确规定**"国家推广全国通用的普通话"**，正式从法律上确定了普通话的国语地位。

1986 年全国语言文字工作会议召开，指出 20 世纪 50 年代提出的推普工作方针是正确的，今后工作的重点应该放在推行和普及方面。1992 年《国家语言文字工作十年规划和"八五"计划纲要》提出了新的推普工作方针："推广普通话是新时期语言文字工作的首要任务，必须**大力推行，积极普及，逐步提高**。"

1992 年和 1994 年，国家语言文字工作委员会（以下简称"国家语委"）分别颁布了《普通话水平测试等级标准》和《普通话水平测试大纲》，1994 年，国家语委、国家教委、广播电影电视部发布了《关于开展普通话水平测试工作的决定》，指出："有必要在一定范围内对某些岗位的人员进行普通话水平测试，**并逐步实行普通话等级证书制度**。"经国务院批准，自 1998 年起，每年九月份的第三周在全国各地开展推广普通话宣传周活动。

2000 年颁布的《中华人民共和国国家通用语言文字法》明确指出："**国家推广普通话，推行规范汉字。**""凡以普通话作为工作语言的岗位，其工作人员应当具备说普通话的能力。以普通话作为工作语言的播音员、节目主持人和影视话剧演员、教师、国家机关工作人员的普通话水平，**应当分别达到国家规定的等级标准**；对尚未达到国家规定的普通话等级标准的，分情况进行培训。""学校及其他教育机构以普通话和规范汉字为基本的教育教学用语用字。"

2003 年国家颁布了新的《普通话水平测试大纲》，2004 年国家颁布了《普通话水平测试实施纲要》，指出："国家推广全国通用的普通话。普通话是以汉语文授课的各级各类学校的**教学用语**；是以汉语传送的各级广播电台、电视台和汉语电影、电视剧、话剧必须使用的**规范用语**；是我国党政机关、团体、企事业单位干部在工作中必须使用的**公务用语**；是不同方言区以及国内不同民族之间人们的**交际用语**。""掌握和使用一定水平的普通话，是进行现代化建设的各行各业人员，特别是播音员、节目主持人、教师、影视话剧演员以及国家机关工作人员必备的职业素质。因此，有必要**对上述岗位的从业人员进行普通话水平测试，并逐步实行持等级证书上岗制度**。""普通话水平测试是推广普通话工作的重要组成部分，是使推广普通话工作逐步走向制度化、科学化、规范化的重要举措。推广普通话促进语言规范化，是汉语发展的总趋势。普通话水平测试工作的健康开展必将对社会的语言生活产生深远的影响。"

2004 年开始研究计算机辅助普通话水平测试，2007 年建立"国家普通话水平测试管理系统"，并率先在安徽、上海进行"机器辅助测试"试点，2009年出台了《计算机辅助普通话水平测试评分试行办法》，"机器辅助测试"在全国逐渐展开。

普通话推广工作取得了显著成就。2012 年教育部、国家语委发布了《国家中长期语言文字事业改革和发展规划纲要（2012—2020 年)》，指出："**普通话作为国家通用语言逐渐成为国家语言生活的主体语言。**""10 年前，我国已有超过 50% 人口能用普通话交际，2010 年教育部、国家语委实施的普通话普及情况调查数据显示，在河北、江苏、广西三个样本省区，能用普通话交际的比例均超过 70% 。"

但是，**推广普及普通话的任务仍很艰巨**。2016 年教育部、国家语委《国家语言文字事业"十三五"发展规划》制定了语言文字发展目标："到 2020年，**全国范围内普通话基本普及**，语言障碍基本消除；**农村普通话水平显著提高**，民族地区国家通用语言文字普及程度大幅度提高。"并提出了今后的主要任务："**大力提升农村地区普通话水平。**""**大力提升青壮年劳动力普通话水平，使其具备普通话沟通交流能力。**""**坚持把学校作为国家通用语言文字**

（普通话和规范汉字）**推行普及的主阵地和主渠道**。"使幼儿园孩子"学会倾听并能用普通话进行基本交流"。"加强中小学普通话口语、规范汉字书写、阅读写作及语言文字规范标准等方面的教育教学，提高中小学生国家通用语言文字听说读写能力。""**强调教师表率作用，在教育教学过程中坚持使用普通话，正确使用规范汉字。**"

### 二、普通话是教师的职业语言

**普通话是教师的职业语言。**1986 年《中华人民共和国义务教育法》明确指出："学校应当推广使用全国通用的普通话。"1989 年《幼儿园管理条例》指出："幼儿园应当使用全国通用的普通话。"1992 年《中华人民共和国义务教育法实施细则》规定："实施义务教育的学校在教育教学和各种活动中，应当推广使用全国通用的普通话。师范院校的教育教学和各种活动应当使用普通话。"1995 年《中华人民共和国教育法》规定："学校及其他教育机构进行教学，应当推广使用全国通用的普通话和规范字。"2000 年教育部《〈教师资格条例〉实施办法》对申请认定教师资格者的普通话水平提出了要求："普通话水平应当达到国家语言文字工作委员会颁布的《普通话水平测试等级标准》二级乙等以上标准。少数方言复杂地区的普通话水平应当达到三级甲等以上标准；使用汉语和当地民族语言教学的少数民族自治地区的普通话水平，由省级人民政府教育行政部门规定标准。"2010 年《国家中长期教育改革和发展规划纲要（2010—2020 年)》要求"大力推广普通话教学，使用规范汉字"。

# 第二节　普通话水平测试相关规定与流程

### 一、普通话水平测试相关规定

（一）应接受普通话水平测试的人员
（1）教师和申请教师资格的人员；
（2）广播电台、电视台的播音员、节目主持人；
（3）影视话剧演员；
（4）国家机关工作人员；
（5）师范类专业、播音与主持艺术专业、影视话剧表演专业以及其他与口语表达密切相关专业的学生；

（6）行业主管部门规定的其他应该接受测试的人员。

说明：

（1）社会其他人员可自愿申请接受测试；

（2）在高等学校注册的港澳台学生和外国留学生可随所在校学生接受测试。但是，测试机构对其他港澳台人士和外籍人士开展测试工作，须经国家语言文字工作部门授权。

（二）普通话水平测试等级标准与行业要求

**1. 普通话水平测试等级标准**

（1）一级普通话。

甲等：朗读和自由交谈时，语音标准，词汇、语法正确无误，语调自然，表达流畅。测试总失分率在3%（97分）以内。

乙等：朗读和自由交谈时，语音标准，词汇、语法正确无误，语调自然，表达流畅。偶然有字音、字调失误。测试总失分率在8%（92分）以内。

（2）二级普通话。

甲等：朗读和自由交谈时，声韵调发音基本标准，语调自然，表达流畅。少数难点音（平翘舌音、前后鼻尾音、边鼻音等）有时出现失误。词汇、语法极少有误。测试总失分率在13%（87分）以内。

乙等：朗读和自由交谈时，个别调值不准，声韵母发音有不到位现象。难点音（平翘舌音、前后鼻尾音、边鼻音、fu – hu、z – zh – j、送气不送气、i – ü不分、保留浊塞音和浊塞擦音、丢介音、复韵母单音化等）失误较多。方言语调不明显。有使用方言词、方言语法的情况。测试总失分率在20%（80分）以内。

（3）三级普通话。

甲等：朗读和自由交谈时，声韵调发音失误较多，难点音超出常见范围，声调调值多不准。方言语调较明显。词汇、语法有失误。测试总失分率在30%（70分）以内。

乙等：朗读和自由交谈时，声韵调发音失误多，方音特征突出。方言语调明显。词汇、语法失误较多。外地人听其谈话有听不懂的情况。测试总失分率在40%（60分）以内。

普通话水平划分为三个级别，每个级别内划分两个等次。具体如下：

97分及其以上，为一级甲等；

92分及其以上但不足97分，为一级乙等；

87分及其以上但不足92分，为二级甲等；

80分及其以上但不足87分，为二级乙等；

70 分及其以上但不足 80 分，为三级甲等；

60 分及其以上但不足 70 分，为三级乙等。

**2. 相关行业普通话水平等级要求**

中小学及幼儿园、校外教育单位的教师，普通话水平不低于二级，其中语文教师不低于二级甲等，普通话语音教师不低于一级。

高等学校的教师，普通话水平不低于三级甲等，其中现代汉语教师不低于二级甲等，普通话语音教师不低于一级；对外汉语教学教师，普通话水平不低于二级甲等。

报考中小学、幼儿园教师资格的人员，普通话水平不低于二级。

师范类专业以及各级职业学校的与口语表达密切相关专业的学生，普通话水平不低于二级。

国家公务员，普通话水平不低于三级甲等。

国家级和省级广播电台、电视台的播音员、节目主持人，普通话水平应达到一级甲等，其他广播电台、电视台的播音员、节目主持人的普通话达标要求按国家广播电影电视总局的规定执行。

话剧、电影、电视剧、广播剧等表演、配音演员，播音、主持专业和影视表演专业的教师、学生，普通话水平不低于一级。

公共服务行业的特定岗位人员（如广播员、解说员、话务员等），普通话水平不低于二级甲等。

**（三）普通话水平测试内容范围与题型**

说明：普通话水平测试最初还包括选择判断题（10 分）。由于普通话与方言的差异主要表现在语音上，词汇和语法差异很小，在实际测试中应试人在选择判断题上基本都能得满分，所以许多省市普通话水平测试都取消了该题，并将命题说话题由 30 分提高到 40 分，评分标准也进行了调整。普通话水平测试内容范围也相应作了调整。

普通话水平测试的内容主要为普通话语音。

普通话水平测试的范围是国家测试机构编制的《普通话水平测试用普通话词语表》《普通话水平测试用朗读作品》《普通话水平测试用话题》。

题型如下：

**1. 读单音节字词**

共计 100 个音节（字），不含轻声、儿化音节，限时 3.5 分钟，共 10 分。

目的：测查应试人声母、韵母、声调读音的标准程度。

要求：

（1）100 个音节中，70% 选自《普通话水平测试用普通话词语表》"表一"，30%选自"表二"。

（2）100个音节中，每个声母出现次数一般不少于3次，每个韵母出现次数一般不少于2次，4个声调出现次数大致均衡。

（3）音节的排列要避免同一测试要素连续出现。

2. 读多音节词语

共计100个音节（字），限时2.5分钟，共20分。

目的：测查应试人声母、韵母、声调和变调、轻声、儿化读音的标准程度。

要求：

（1）词语的70%选自《普通话水平测试用普通话词语表》"表一"，30%选自"表二"。

（2）声母、韵母、声调出现的次数与读单音节字词的要求相同。

（3）上声与上声相连的词语不少于3个，上声与非上声相连的词语不少于4个，轻声不少于3个，儿化音不少于4个（应为不同的儿化韵母）。

（4）词语的排列要避免同一测试要素连续出现。

3. 朗读短文

共计1篇，400个音节（字），限时4分钟，共30分。

目的：测查应试人使用普通话朗读书面作品的水平。在测查声母、韵母、声调读音标准程度的同时，重点测查连读音变、停连、语调以及流畅程度。

要求：

（1）短文从《普通话水平测试用朗读作品》中选取。

（2）评分以朗读作品的前400个音节（不含标点符号和括注的音节）为限。

4. 命题说话

限时3分钟，共40分。

目的：测查应试人在无文字凭借的情况下说普通话的水平，重点测查语音标准程度、词汇语法规范程度和自然流畅程度。

要求：

（1）说话话题从《普通话水平测试用话题》中选取，由应试人从给定的两个话题中选定1个话题，连续说一段话。

（2）应试人单向说话。如发现应试人有明显背稿、离题、说话难以继续等表现时，主试人应及时提示或引导。

（四）普通话水平测试等级证书

（1）国家语言文字工作部门发布的《普通话水平测试等级标准》是确定

应试人普通话水平等级的依据。测试机构根据应试人的测试成绩确定其普通话水平等级，由省、自治区、直辖市以上语言文字工作部门颁发相应的普通话水平测试等级证书。

（2）测试等级证书由国家语言文字工作部门统一印制，由省级语言文字工作办事机构编号并加盖印章后颁发。

（3）普通话水平测试等级证书全国通用。等级证书遗失，可向原发证单位申请补发。伪造或变造的普通话水平测试等级证书无效。

说明：1997 年出台的《普通话水平测试管理办法》（试行）规定普通话水平等级证书有效期为 5 年，超过期限将重新考核认定。2003 年修订的《普通话水平测试管理办法》（正式）废除了普通话水平等级证书有效期的提法，无须重新考核认定，长期有效。

## 二、普通话水平计算机辅助测试流程

【提示】应试者在参加测试前，仔细阅读本"应试指南"，了解计算机辅助普通话水平测试系统的操作程序。

（一）佩戴耳机

（1）请您就座后戴上耳机，并将话筒置于口腔前方。

（2）戴好耳机后请点击"下一步"按钮。

（说明：耳麦为后挂式，考生需注意佩戴。考生戴上耳麦，将麦克风调节到离嘴 2～3 厘米的距离，注意麦克风在左侧）

（二）考生登录

（1）输入您的准考证号后四位（准考证的前几位系统会自动显示）。

（2）单击"进入"按钮继续。

（3）如果输入有误，单击"修改"按钮重新输入。

（三）核对信息

（考生登录成功后，考试机屏幕上会显示考生个人信息）

（1）请仔细核对您的个人信息。

（2）如信息无误，单击"确认"按钮继续。

（3）如准考证号有误，请单击"返回"按钮重新登录。

（4）如其他信息有误，请在考试结束后与监考老师联系更改。

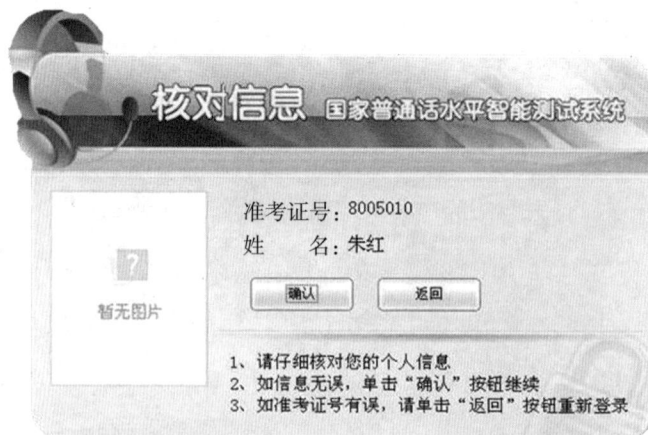

（四）等待考试指令

（确认个人信息后，请按照提示，耐心等待考试指令）

该步骤考生不需操作，只需要等待其他考生确认个人信息后统一开始试音。

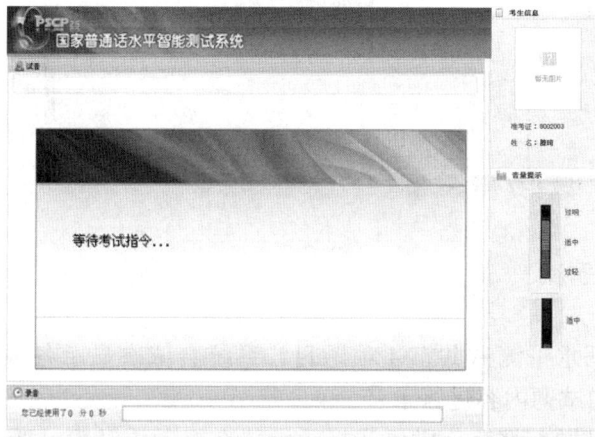

（五）自动试音

（1）请在提示语结束并听到"嘟"的一声后，用正常说话的音量朗读主屏中的个人测试信息。

（2）本系统会自动调节，以适应您的音量，您不用进行任何操作。

（3）试音结束，系统会弹出提示试音结束的对话框。

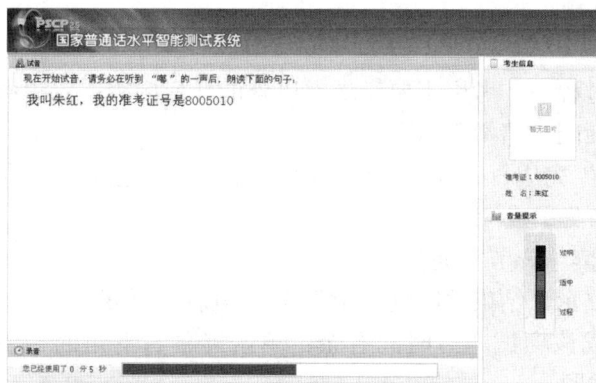

说明：若试音失败，请提高朗读音量重新进行试音。

（六）开始考试

提示：

（1）普通话水平测试共有 4 项题目，系统会依次显示各项内容，您只需根据屏幕显示的试题内容进行录音。

（2）每项试题前都有一段语音提示，请在提示语结束并听到"嘟"的一声后，再开始录音。

（3）录音过程中，应做到吐字清晰，语速适中，音量同试音时保持一致。

（4）录音过程中，请注意主屏下方的时间提示，确保在规定的时间内完成每项测试。

（5）规定时间结束，系统会自动进入下一项试题。

（6）如完成某项试题后时间有余，单击屏幕右下角的"下一题"按钮，可进入下一项试题。

特别提示：

（1）测试过程中，考生不要说试卷以外的任何内容，以免影响考试成绩。

（2）如有疑问，请举手示意。

（注意：考生完成每一题后，应及时点击下一题进入下一项测试，以免录入空白杂音影响测试成绩）

【第一题 读单音节字词】

（1）请在提示语结束并听到"嘟"的一声后，再开始录音。

（2）如完成该项试题后时间有余，单击屏幕右下角的"下一题"按钮，可进入下一项试题。

（注意：测试时第一题试题必须横向朗读）

国家普通话水平智能测试系统

一、读单音节字词（100个音节，共18分，限时3.5分钟），请横向朗读！

必 绳 癣 侧 欧 喳 缠 松 害 活
桃 赠 捭 甲 胎 嫩 活 厅 霖 袜
掠 愁 允 旁 啃 善 袜 脱 齿 胁
刘 滚 库 窨 蚕 渺 胁 牛 驻 该
法 磁 您 肠 盼 粤 僧 促 悬 僧
眸 反 秋 寝 盟 穷 撑 老 穷
坑 兄 邪 眉 暗 恨 关 隋 恨
允 准 呆 配 刮 自 日 鸥 自
嫩 到 袍 外 绢 三 提 迁 谬
破 砍 恰 扬 醉 晒 荣 寇
额

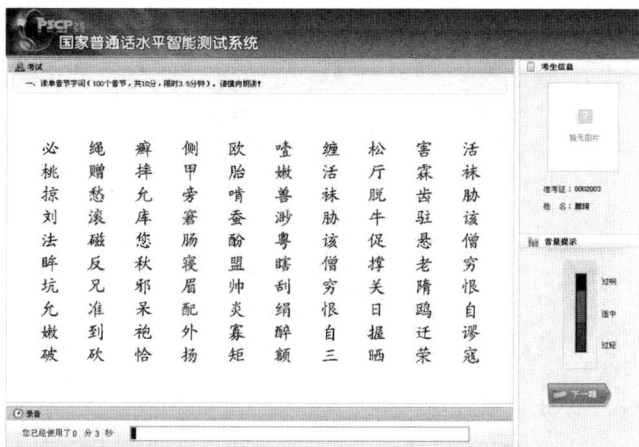

【第二题　读多音节词语】

（1）请在提示语结束并听到"嘟"的一声后，再开始录音。

（2）如完成该项试题后时间有余，单击屏幕右下角的"下一题"按钮，可进入下一项试题。

（注意：测试时第二题试题必须横向朗读）

国家普通话水平智能测试系统

二、读多音节词语（100个音节，共20分，限时2.5分钟），请横向朗读！

| | | | | | | |
|---|---|---|---|---|---|---|
| 随后 | 钢铁 | 传说 | 人群 | 逗乐儿 | 摧毁 | 传播 |
| 花白 | 干脆 | 正面 | 阴阳 | 丢掉 | 冒尖儿 | 公元 |
| 难怪 | 传说 | 盼望 | 法西斯 | 红娘 | 测定 | 人群 |
| 完善 | 开创 | 的确 | 村庄 | 包含 | 怀念 | 关卡 |
| 妇女 | 苔藓 | 灯泡儿 | 佛学 | 差别 | 叫唤 | 然而 |
| 撒开 | 冲刷 | 眉头 | 虐待 | 谬误 | 痛快 | 运行 |
| 钢铁 | 下级 | 标准 | 玩耍 | 丢失 | 领子 | 创作 |

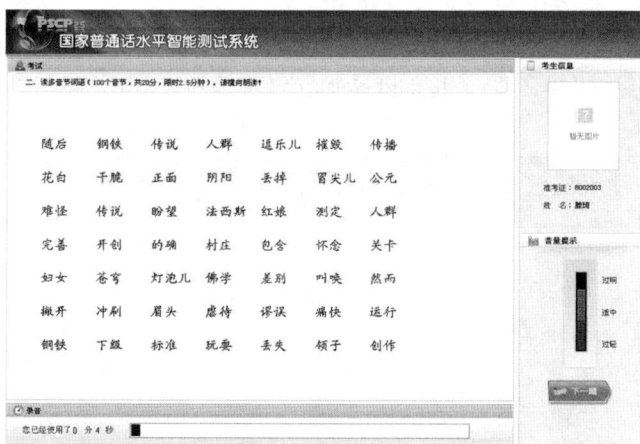

【第三题　朗读短文】

（1）请在提示语结束并听到"嘟"的一声后，再开始录音。

（2）如完成该项试题后时间有余，单击屏幕右下角的"下一题"按钮，可进入下一项试题。

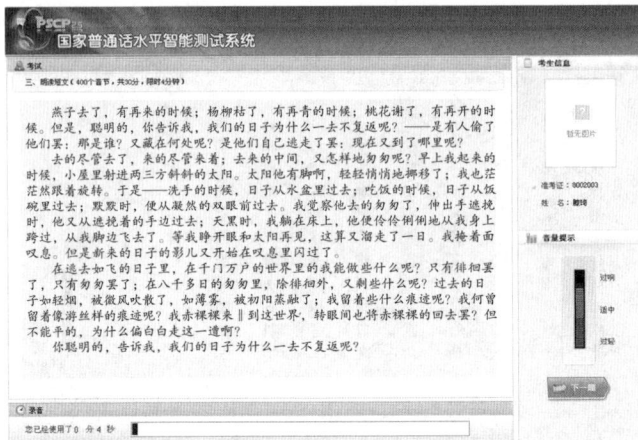

【第四题　命题说话】

（1）请在提示语结束并听到"嘟"的一声后，再开始录音。

（2）录音开始时，请读出所选话题名称。如：我说的话题是"我喜欢的季节（或天气）"。

（3）本题必须说满3分钟（请按主屏下方的时间提示条把握时间）。

（4）说话结束后，单击屏幕右下角的"提交试卷"按钮，便可结束考试；说满3分钟后，系统也会自动提交试卷。

（注意：第四题必须说满3分钟才能提交试卷。满3分钟后，即使您不点击"提交试卷"按钮，系统也会自动提交试卷）

（七）结束考试

（1）提交试卷后，系统会自动弹出如下提示框，表示您已成功结束本次考试。

（2）请摘下耳机放在桌上，然后离开考场。

# 第三节　普通话基本概念

## 一、普通话

普通话是以北京语音为标准音，以北方话为基础方言，以典范的现代白话文著作为语法规范的现代汉民族共同语。其中"普通"二字是"普遍"和"共同"的意思。民族共同语就是民族内部彼此交流的通用语，普通话就是汉族彼此交流的通用语。我国汉族人口众多，分布广泛，经济发达，普通话是国语，也是全国各族人民彼此交流的工具。

普通话包括语音、词汇和语法三大部分，但是由于普通话与汉语方言的差距主要表现在语音上，词汇和语法的差异很小，所以，普通话有广义和狭义之分。广义普通话包括语音、词汇和语法，狭义普通话仅指普通话语音，大家通常说的普通话是狭义普通话，我们这里使用的也是狭义普通话概念。

## 二、音素

音素是构成音节的最小语音单位。例如：音节 biǎo 由 b、i、a、o 4 个音

13

素构成。

音素分为元音和辅音两大类。元音是指声带颤动，发音气流在口腔、咽头不受阻碍而形成的音，如 a、o、e 等。辅音是指发音气流在口腔、咽头受阻碍而形成的音，如 d、t、n、l 等。根据声带是否颤动，辅音又分为清辅音和浊辅音，声带颤动的是浊辅音，声带不颤动的是清辅音。普通话声母清辅音较多，有 17 个，浊辅音有 4 个，即 m、n、l、r，ng 是浊辅音，但不是声母。

元音和辅音的主要区别如下：[①]

（1）元音气流在口腔、咽头不受阻碍，辅音气流在口腔、咽头一般会受阻碍，这是元音和辅音最主要的区别。

（2）发元音时，气流不受阻碍，所以气流较弱。发辅音时，气流受阻碍，所以气流较强。

（3）发元音时，声带都会颤动，所以声音清晰响亮。发辅音时，声带绝大部分不颤动，所以声音不及元音清晰响亮。

## 三、音节

音节是语音的基本结构单位，是人耳自然感受到的最小语音片断。每个汉语音节都带有声调，所以汉语音节有特殊性，由声母、韵母和声调构成。音节与发音器官肌肉紧张程度的变化有关，肌肉的紧张程度增而复减一次，就形成一个音节。

音节是由音素构成的。对汉语而言，有时 1 个音素构成 1 个音节，如"鹅"（é）；有时几个音素才构成 1 个音节，如"毛"（máo），由 3 个音素构成；汉语音节最多由 4 个音素构成。汉语音节容易判断，一般而言，1 个汉字就是 1 个音节，有几个汉字就有几个音节。如"生活美好"，4 个汉字，就有4 个音节。只有儿化音节是 2 个汉字表示 1 个音节，如"圈儿"，2 个汉字，只有 1 个音节。

## 四、汉语拼音方案

《汉语拼音方案》是给汉字注音的方案，用于汉字标音，提示汉字的读音。汉字不是表音文字，本身不能像英文单词那样显示读音，需要单独给它标

---

① 另外，发元音时，发音器官各部位的肌肉紧张程度相同；发辅音时，与其他部位的肌肉相比，发音器官成阻部位的肌肉特别紧张。

音。民国时期采用注音符号注音，中华人民共和国成立后开始研制新的汉字注音方法，1958 年，经全国人大批准正式颁布法定的《汉语拼音方案》。《汉语拼音方案》习惯称作汉语拼音。《汉语拼音方案》具有重要的作用：一是给汉字注音，二是学习普通话的工具。所以，要学好普通话必须熟悉和掌握汉语拼音。

## 五、国际音标

国际音标是由国际语音学会制定的一套记音符号，目的是研究和记录世界各地的语音。它采用一个符号一个音素，一个音素一个符号的原则，记音准确，各国学者都采用它记音。《汉语拼音方案》由于没有完全执行一个符号一个音素，一个音素一个符号的原则，有的记音不是很准确，所以需要用国际音标来补充标音。例如 an、ia、ang，汉语拼音都用 a 表示，但是国际音标标音是有差异的，它们分别是〔an〕、〔iA〕、〔ɑŋ〕。因此，严格地说，要学好普通话，说一口标准的普通话，就要了解普通话语音的细微差异，就要熟悉与普通话相关的国际音标。

## 附录一　汉语拼音方案

### 汉语拼音方案（1958）

#### 1．字母表

格式：字母（名称）

| | | | | | |
|---|---|---|---|---|---|
| Aa（ㄚ） | Bb（ㄅㄝ） | Cc（ㄘㄝ） | Dd（ㄉㄝ） | Ee（ㄜ） | Ff（ㄝㄈ） |
| Gg（ㄍㄝ） | Hh（ㄏㄚ） | Ii（ㄧ） | Jj（ㄐㄧㄝ） | Kk（ㄎㄝ） | Ll（ㄝㄌ） |
| Mm（ㄝㄇ） | Nn（ㄋㄝ） | Oo（ㄛ） | Pp（ㄆㄝ） | Qq（ㄑㄧㄡ） | Rr（ㄚㄦ） |
| Ss（ㄝㄙ） | Tt（ㄊㄝ） | Uu（ㄨ） | Vv（ㄪㄝ） | Ww（ㄨㄚ） | Xx（ㄒㄧ） |
| Yy（ㄧㄚ） | Zz（ㄗㄝ） | | | | |

V 只用来拼写外来语、少数民族语言和方言。字母的手写体依照拉丁字母的一般书写习惯。

#### 2．声母表

格式：字母（注音符号/例字）

| | | | | | |
|---|---|---|---|---|---|
| b（ㄅ玻） | p（ㄆ坡） | m（ㄇ摸） | f（ㄈ佛） | d（ㄉ得） | t（ㄊ特） |
| n（ㄋ讷） | l（ㄌ勒） | g（ㄍ哥） | k（ㄎ科） | h（ㄏ喝） | j（ㄐ基） |
| q（ㄑ欺） | x（ㄒ希） | zh（ㄓ知） | ch（ㄔ蚩） | sh（ㄕ诗） | r（ㄖ日） |
| z（ㄗ资） | c（ㄘ雌） | s（ㄙ思） | | | |

在给汉字注音的时候，为了使拼式简短，zh、ch、sh 可以省作 ẑ、ĉ、ŝ。

#### 3．韵母表

| | i（ㄧ衣） | u（ㄨ乌） | ü（ㄩ迂） |
|---|---|---|---|
| a（ㄚ啊） | ia（ㄧㄚ呀） | ua（ㄨㄚ蛙） | |
| o（ㄛ喔） | | uo（ㄨㄛ窝） | |
| e（ㄜ鹅） | ie（ㄧㄝ耶） | | üe（ㄩㄝ约） |
| ai（ㄞ哀） | | uai（ㄨㄞ歪） | |
| ei（ㄟ欸） | | uei（ㄨㄟ威） | |
| ao（ㄠ熬） | iao（ㄧㄠ腰） | | |
| ou（ㄡ欧） | iou（ㄧㄡ忧） | | |
| an（ㄢ安） | ian（ㄧㄢ烟） | uan（ㄨㄢ弯） | üan（ㄩㄢ冤） |
| en（ㄣ恩） | in（ㄧㄣ因） | uen（ㄨㄣ温） | ün（ㄩㄣ晕） |

（续上表）

| ang（尢昂） | iang（丨尢央） | uang（ㄨㄤ汪） | |
|---|---|---|---|
| eng（ㄥ亨的韵母） | ing（丨ㄥ英） | ueng（ㄨㄥ翁） | |
| ong（ㄨㄥ轰的韵母） | iong（ㄩㄥ雍） | | |

（1）"知、蚩、诗、日、资、雌、思"等字的韵母用 i，即知、蚩、诗、日、资、雌、思等字拼作 zhi、chi、shi、ri、zi、ci、si。

（2）韵母"儿"写成 er，用作韵尾的时候写成 r。例如："儿童"拼作 ertong，"花儿"拼作 huar。

（3）韵母"ㄝ"单用的时候写成 ê。

（4）i 行的韵母，前面没有声母的时候，写成 yi（衣）、ya（呀）、ye（耶）、yao（腰）、you（忧）、yan（烟）、yin（因）、yang（央）、ying（英）、yong（雍）。

u 行的韵母，前面没有声母的时候，写成 wu（乌）、wa（蛙）、wo（窝）、wai（歪）、wei（威）、wan（弯）、wen（温）、wang（汪）、weng（翁）。

ü 行的韵母，前面没有声母的时候，写成 yu（迂）、yue（约）、yuan（冤）、yun（晕），ü 上两点也省略。

ü 行的韵母跟声母 j、q、x 拼的时候，写成 ju（居）、qu（区）、xu（虚），ü 上两点也省略；但是跟声母 n、l 拼的时候，仍然写成 nü（女）、lü（吕）。

（5）iou、uei、uen 前面加声母的时候，写成 iu、ui、un，例如：niu（牛）、gui（归）、lun（论）。

（6）在给汉字注音的时候，为了使拼式简短，ng 可以省作 ŋ。

**4．声调符号**

阴平（－）　阳平（ˊ）　上声（ˇ）　去声（ˋ）

声调符号标在音节的主要母音上。轻声不标。例如：

妈 mā（阴平）　麻 má（阳平）　马 mǎ（上声）　骂 mà（去声）吗 ma（轻声）

**5．隔音符号**

a、o、e 开头的音节连接在其他音节后面的时候，如果音节的界限发生混淆，用隔音符号（'）隔开，例如：pi'ao（皮袄）。

# 附录二　汉语音节表

汉语音节表1

| 项目 | 开口呼 | | | | | | | | |
|---|---|---|---|---|---|---|---|---|---|
| | -i | a | o | e | ê | ai | ei | ao | ou |
| b | | ba 巴 | bo 波 | | | bai 白 | bei 杯 | bao 包 | |
| p | | pa 扒 | po 坡 | | | pai 拍 | pei 胚 | pao 抛 | pou 剖 |
| m | | ma 妈 | mo 摸 | me 么 | | mai 买 | mei 眉 | mao 猫 | mou 某 |
| f | | fa 发 | fo 佛 | | | | fei 非 | | fou 否 |
| d | | da 搭 | | de 德 | | dai 呆 | dei 得 | dao 刀 | dou 兜 |
| t | | ta 他 | | te 特 | | tai 胎 | | tao 涛 | tou 偷 |
| n | | na 那 | | ne 呢 | | nai 奶 | nei 内 | nao 闹 | nou 耨 |
| l | | la 拉 | | le 勒 | | lai 来 | lei 类 | lao 捞 | lou 楼 |
| g | | ga 嘎 | | ge 哥 | | gai 该 | gei 给 | gao 高 | gou 沟 |
| k | | ka 咖 | | ke 科 | | kai 开 | kei 剋 | kao 靠 | kou 扣 |
| h | | ha 哈 | | he 喝 | | hai 海 | hei 黑 | hao 好 | hou 后 |
| j | | | | | | | | | |
| q | | | | | | | | | |
| x | | | | | | | | | |
| z | zi 姿 | za 杂 | | ze 则 | | zai 灾 | zei 贼 | zao 遭 | zou 邹 |
| c | ci 词 | ca 擦 | | ce 侧 | | cai 才 | | cao 操 | cou 凑 |
| s | si 司 | sa 撒 | | se 色 | | sai 腮 | | sao 骚 | sou 艘 |
| zh | zhi 知 | zha 渣 | | zhe 遮 | | zhai 摘 | zhei 这 | zhao 招 | zhou 周 |
| ch | chi 吃 | cha 插 | | che 车 | | chai 拆 | | chao 超 | chou 抽 |
| sh | shi 师 | sha 杀 | | she 奢 | | shai 筛 | shei 谁 | shao 烧 | shou 收 |
| r | ri 日 | | | re 热 | | | | rao 绕 | rou 肉 |
| Ø | | a 啊 | o 哦 | e 蛾 | ê 欸 | ai 哀 | ei 欸 | ao 凹 | ou 欧 |

18

汉语音节表2

| 项目 | 开口呼 | | | | | 齐齿呼 | | | |
|---|---|---|---|---|---|---|---|---|---|
| | an | en | ang | eng | er | i | ia | ie | iao |
| b | ban 班 | ben 奔 | bang 帮 | beng 崩 | | bi 逼 | | bie 鳖 | biao 标 |
| p | pan 潘 | pen 喷 | pang 乓 | peng 朋 | | pi 批 | | pie 瞥 | piao 飘 |
| m | man 慢 | men 门 | mang 忙 | meng 梦 | | mi 米 | | mie 灭 | miao 苗 |
| f | fan 翻 | fen 分 | fang 芳 | feng 风 | | | | | |
| d | dan 丹 | den 扽 | dang 当 | deng 灯 | | di 低 | | die 爹 | diao 雕 |
| t | tan 滩 | | tang 汤 | teng 疼 | | ti 踢 | | tie 贴 | tiao 挑 |
| n | nan 男 | nen 嫩 | nang 囊 | neng 能 | | ni 你 | | nie 捏 | niao 鸟 |
| l | lan 蓝 | | lang 狼 | leng 冷 | | li 里 | lia 俩 | lie 列 | liao 廖 |
| g | gan 甘 | gen 跟 | gang 刚 | geng 更 | | | | | |
| k | kan 刊 | ken 肯 | kang 康 | keng 坑 | | | | | |
| h | han 汉 | hen 很 | hang 夯 | heng 哼 | | | | | |
| j | | | | | | ji 鸡 | jia 家 | jie 街 | jiao 交 |
| q | | | | | | qi 妻 | qia 掐 | qie 切 | qiao 敲 |
| x | | | | | | xi 西 | xia 虾 | xie 些 | xiao 肖 |
| z | zan 赞 | zen 怎 | zang 脏 | zeng 增 | | | | | |
| c | can 参 | cen 岑 | cang 仓 | ceng 层 | | | | | |
| s | san 三 | sen 森 | sang 桑 | seng 僧 | | | | | |
| zh | zhan 沾 | zhen 真 | zhang 张 | zheng 争 | | | | | |
| ch | chan 掺 | chen 沉 | chang 昌 | cheng 称 | | | | | |
| sh | shan 山 | shen 申 | shang 商 | sheng 生 | | | | | |
| r | ran 然 | ren 人 | rang 让 | reng 扔 | | | | | |
| Ø | an 安 | en 恩 | ang 昂 | eng 鞥 | er 儿 | yi 衣 | ya 压 | ye 爷 | yao 妖 |

汉语音节表3

| 项目 | 齐齿呼 | | | | | 合口呼 | | | | |
|---|---|---|---|---|---|---|---|---|---|---|
| | iu | ian | in | iang | ing | u | ua | uo | uai | ui |
| b | | bian 边 | bin 彬 | | bing 兵 | bu 布 | | | | |
| p | | pian 偏 | pin 拼 | | ping 平 | pu 扑 | | | | |
| m | miu 谬 | mian 面 | min 民 | | ming 名 | mu 木 | | | | |
| f | | | | | | fu 夫 | | | | |
| d | diu 丢 | dian 电 | | | ding 丁 | du 毒 | | duo 多 | | dui 堆 |
| t | | tian 天 | | | ting 听 | tu 凸 | | tuo 托 | | tui 推 |
| n | niu 妞 | nian 蔫 | nin 您 | niang 娘 | ning 宁 | nu 努 | | nuo 挪 | | |
| l | liu 蹓 | lian 连 | lin 林 | liang 两 | ling 令 | lu 芦 | | luo 罗 | | |
| g | | | | | | gu 孤 | gua 瓜 | guo 过 | guai 乖 | gui 闺 |
| k | | | | | | ku 哭 | kua 夸 | kuo 扩 | kuai 快 | kui 亏 |
| h | | | | | | hu 胡 | hua 花 | huo 货 | huai 淮 | hui 灰 |
| j | jiu 纠 | jian 尖 | jin 金 | jiang 江 | jing 京 | | | | | |
| q | qiu 秋 | qian 千 | qin 亲 | qiang 枪 | qing 青 | | | | | |
| x | xiu 修 | xian 先 | xin 心 | xiang 香 | xing 星 | | | | | |
| z | | | | | | zu 租 | | zuo 昨 | | zui 最 |
| c | | | | | | cu 粗 | | cuo 搓 | | cui 崔 |
| s | | | | | | su 苏 | | suo 缩 | | sui 虽 |
| zh | | | | | | zhu 朱 | zhua 抓 | zhuo 桌 | zhuai 拽 | zhui 追 |
| ch | | | | | | chu 出 | chua 欻 | chuo 戳 | chuai 揣 | chui 吹 |
| sh | | | | | | shu 书 | shua 刷 | shuo 说 | shuai 衰 | shui 水 |
| r | | | | | | ru 如 | | ruo 若 | | rui 瑞 |
| Ø | you 优 | yan 烟 | yin 因 | yang 央 | ying 英 | wu 乌 | wa 洼 | wo 卧 | wai 歪 | wei 威 |

汉语音节表4

| 项目 | 合口呼 | | | | | 撮口呼 | | | | |
|---|---|---|---|---|---|---|---|---|---|---|
| | uan | un | uang | ueng | ong | ü | üe | üan | ün | iong |
| b | | | | | | | | | | |
| p | | | | | | | | | | |
| m | | | | | | | | | | |
| f | | | | | | | | | | |
| d | duan 端 | dun 敦 | | | dong 东 | | | | | |
| t | tuan 团 | tun 吞 | | | tong 通 | | | | | |
| n | nuan 暖 | | | | nong 农 | nü 女 | nüe 虐 | | | |
| l | luan 乱 | lun 论 | | | long 龙 | lü 吕 | lüe 略 | | | |
| g | guan 官 | gun 棍 | guang 光 | | gong 工 | | | | | |
| k | kuan 宽 | kun 昆 | kuang 筐 | | kong 空 | | | | | |
| h | huan 欢 | hun 婚 | huang 慌 | | hong 轰 | | | | | |
| j | | | | | | ju 居 | jue 绝 | juan 娟 | jun 军 | jiong 窘 |
| q | | | | | | qu 区 | que 却 | quan 劝 | qun 群 | qiong 穷 |
| x | | | | | | xu 须 | xue 学 | xuan 宣 | xun 寻 | xiong 凶 |
| z | zuan 钻 | zun 尊 | | | zong 综 | | | | | |
| c | cuan 窜 | cun 村 | | | cong 聪 | | | | | |
| s | suan 酸 | sun 孙 | | | song 松 | | | | | |
| zh | zhuan 专 | zhun 准 | zhuang 装 | | zhong 中 | | | | | |
| ch | chuan 川 | chun 春 | chuang 窗 | | chong 冲 | | | | | |
| sh | shuan 闩 | shun 顺 | shuang 双 | | | | | | | |
| r | ruan 软 | run 润 | | | rong 容 | | | | | |
| Ø | wan 弯 | wen 温 | wang 汪 | weng 翁 | | yu 鱼 | yue 约 | yuan 渊 | yun 云 | yong 拥 |

# 第二章　普通话声母训练

## 第一节　声母概述

声母是汉语音节开头的辅音。没有辅音开头的音节，习惯上把它的声母称为零声母，零声母原则上不是声母。汉语音节开头的 y、w 不是声母，有时候代表元音 i、u，有时候不代表任何音素。普通话的声母共有 21 个[①]：

b p m f d t n l g k h j q x z c s zh ch sh r

### 一、声母的发音部位

发音部位指发音气流受到阻碍的部位。按照发音部位，普通话声母可以分为双唇音、唇齿音、舌尖前音、舌尖中音、舌尖后音、舌面前音、舌面后音七类。[②] 具体说明如下：

（1）双唇音。利用上、下唇阻碍气流形成的音，普通话双唇音有 3 个：b、p、m。

（2）唇齿音。利用上齿、下唇阻碍气流形成的音，普通话唇齿音只有 1 个：f。

（3）舌尖前音。利用舌尖、齿背阻碍气流形成的音，普通话舌尖前音有 3 个：z、c、s。

（4）舌尖中音。利用舌尖、上齿龈阻碍气流形成的音，普通话舌尖中音有 4 个：d、t、n、l。

（5）舌尖后音。利用舌尖、硬腭前部阻碍气流形成的音，普通话舌尖后音有 4 个：zh、ch、sh、r。

（6）舌面前音。利用舌面前部、硬腭前部阻碍气流形成的音，普通话舌面前音有 3 个：j、q、x。

---

① 为了便于教学，小学汉语拼音教学中，把 y、w 看作准声母，加上准声母，声母就有 23 个。

② 有的教材把舌面前音称舌面音，舌面后音称舌根音。

（7）舌面后音。利用舌面后部、软腭阻碍气流形成的音，普通话舌面后音有 3 个：g、k、h。

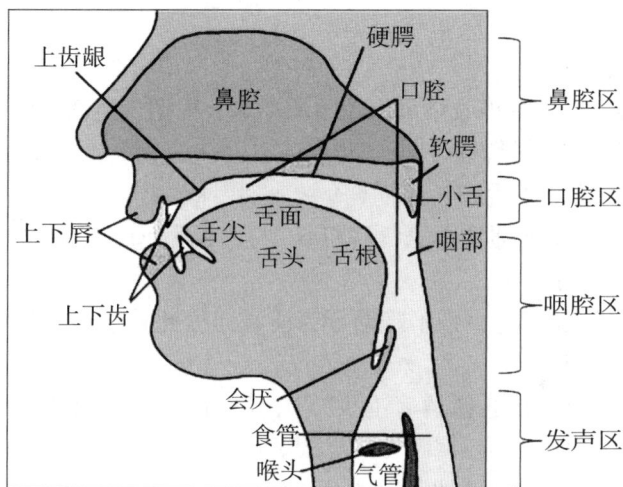

图 2 - 1　普通话发音器官示意图

## 二、声母的发音方法

发音方法指调节发音气流的方法。按照发音方法，普通话声母可以从阻碍的方式、气流的强弱、声带颤动与否三个方面来分析。

（一）阻碍的方式

辅音发音可以分为三个阶段：构成阻碍阶段、阻碍持续阶段、解除阻碍阶段。根据这三个阶段，普通话声母可以分为塞音、擦音、塞擦音、鼻音和边音。具体说明如下：

（1）塞音。塞音又称爆破音。发音时两个发音部位紧闭，形成阻碍，阻碍持续阶段保持这种状态，解除阻碍时，气流一下将阻碍冲开，爆发成声。普通话塞音有 6 个：b、p、d、t、g、k。

（2）擦音。发音时两个发音部位靠近，形成一条窄缝，气流从窄缝中挤出，摩擦成声。普通话擦音有 6 个：f、h、x、s、sh、r。

（3）塞擦音。发音时两个发音部位紧闭，形成阻碍，气流首先将两个发音部位冲开，形成一条窄缝，然后从窄缝中挤出，摩擦成声。普通话塞擦音有 6 个：j、q、z、c、zh、ch。

（4）鼻音。发音时两个发音部位紧闭，软腭下降，关闭口腔，打开鼻腔

23

通道，气流振动声带，并从鼻腔冲出成声。普通话鼻音有 2 个：m、n。

（5）边音。发音时舌尖同上齿龈接触，舌头两侧留出空隙，软腭上升，关闭鼻腔通道，气流振动声带，并经舌头两边从口腔冲出成声，故称边音。普通话边音只有 1 个：l。

（二）气流的强弱

普通话塞音声母、塞擦音声母气流强弱明显，根据气流的强弱，塞音和塞擦音可以分为送气音和不送气音两类。气流强者为送气音，气流弱者为不送气音。

（1）送气音。普通话送气音有 6 个：p、t、k、q、c、ch。

（2）不送气音。普通话不送气音有 6 个：b、d、g、j、z、zh。

（三）声带颤动与否

声带颤动者为浊音，声带不颤动者为清音，据此普通话声母可以分为清音声母和浊音声母两类。

（1）清音声母。普通话清音有 17 个：b、p、f、d、t、g、k、h、j、q、x、z、c、s、zh、ch、sh。

（2）浊音声母。普通话浊音有 4 个：m、n、l、r。

表 2-1　普通话声母发音总表①

| 发音方法 | | | 发音部位 | | | | | |
|---|---|---|---|---|---|---|---|---|
| | | | 唇音 | | 舌尖前音 | 舌尖中音 | 舌尖后音 | 舌面前音 | 舌面后音 |
| | | | 双唇音 | 唇齿音 | | | | | |
| | | | 上唇下唇 | 上齿下唇 | 舌尖齿背 | 舌尖上齿龈 | 舌尖硬腭前 | 舌面前硬腭前 | 舌面后软腭 |
| 塞音 | 清音 | 不送气音 | b [p] | | | d [t] | | | g [k] |
| | | 送气音 | p [p'] | | | t [t'] | | | k [k'] |
| 擦音 | 清音 | | | f [f] | s [s] | | sh [ʂ] | x [ç] | h [x] |
| | 浊音 | | | | | | r [ʐ] | | |
| 塞擦音 | 清音 | 不送气音 | | | z [ts] | | zh [tʂ] | j [tç] | |
| | | 送气音 | | | c [ts'] | | ch [tʂ'] | q [tç'] | |
| 鼻音 | 浊音 | | m [m] | | | n [n] | | | ng [ŋ] |
| 边音 | 浊音 | | | | | l [l] | | | |

---

① ng 是舌面后、浊、鼻音，不充当声母。我们把它放在声母表中，为了便于了解它的发音方法和发音部位。

### 三、声母的呼读音

声母的本音就是声母自身的读音。由于普通话声母大多数是清辅音，本音不响亮，不容易听清楚，所以，为了便于教学，在念读声母时，声母后面都加上了一个元音，声母加上元音之后的读音称为呼读音。呼读音含有元音，读起来响亮、清晰。呼读音实际上是声母、韵母和声调构成整个音节的读音，声调为阴平。呼读音只用于单独念读声母的时候，在与韵母拼读时必须用声母的本音。

表2－2　声母呼读音

| 声母 | 所加元音 | 呼读音 |
|---|---|---|
| b、p、m、f | o | bo、po、mo、fo |
| d、t、n、l | e | de、te、ne、le |
| g、k、h | e | ge、ke、he |
| j、q、x | i | ji、qi、xi |
| z、c、s | -i [ɿ] | zi、ci、si |
| zh、ch、sh、r | -i [ʅ] | zhi、chi、shi、ri |

# 第二节　声母发音训练

### 第一组　b/p/m/f

b [p]：双唇、不送气、清、塞音
p [p']：双唇、送气、清、塞音
m [m]：双唇、浊、鼻音
f [f]：唇齿、清、擦音

【发音描述】

b、p发音时，上唇、下唇紧闭，形成阻碍，软腭上升，关闭鼻腔通道，声带不颤动，气流冲破阻碍，爆发成声。b气流较弱，p气流较强。

m发音时，上唇、下唇紧闭，软腭下降，关闭口腔通道，打开鼻腔通道，声带颤动，气流从鼻腔冲出成声。

f发音时，下唇略内收，靠近上齿，软腭上升，关闭鼻腔通道，声带不颤动，气流从唇齿间的窄缝中挤出，摩擦成声。

【温馨提示】

f是唇齿音，不能用双唇构成阻碍，发成双唇音。

各声母发音示意图如下：

b／p发音示意图　　　　m发音示意图　　　　f发音示意图

### 1. 单音节字词练习

| | | | | | |
|---|---|---|---|---|---|
| 把 bǎ | 播 bō | 币 bì | 步 bù | 被 bèi | 包 bāo |
| 怕 pà | 婆 pó | 皮 pí | 仆 pú | 陪 péi | 炮 pào |
| 麻 má | 莫 mò | 密 mì | 目 mù | 妹 mèi | 毛 máo |
| 阀 fá | 佛 fó | 服 fú | 费 fèi | 范 fàn | 芬 fēn |

### 2. 双音节词语练习

| | | | |
|---|---|---|---|
| 标本 biāoběn | 颁布 bānbù | 碧波 bìbō | 帮办 bāngbàn |
| 辨别 biànbié | 斑白 bānbái | 爆破 bàopò | 标榜 biāobǎng |
| 批判 pīpàn | 偏颇 piānpō | 品评 pǐnpíng | 偏旁 piānpáng |
| 批评 pīpíng | 匹配 pǐpèi | 评判 píngpàn | 偏僻 piānpì |
| 美妙 měimiào | 面目 miànmù | 谩骂 mànmà | 明媚 míngmèi |
| 弥漫 mímàn | 面貌 miànmào | 卖命 màimìng | 描摹 miáomó |
| 反复 fǎnfù | 发放 fāfàng | 风帆 fēngfān | 非凡 fēifán |
| 方法 fāngfǎ | 丰富 fēngfù | 纷飞 fēnfēi | 非法 fēifǎ |

## 第二组　d/t/n/l

d [t]：舌尖中、不送气、清、塞音

t [t']：舌尖中、送气、清、塞音

n [n]：舌尖中、浊、鼻音

l [l]：舌尖中、浊、边音

**【发音描述】**

d、t 发音时，舌尖抵住上齿龈，形成阻碍，软腭上升，关闭鼻腔通道，声带不颤动，气流冲破阻碍，爆发成声。d 气流较弱，t 气流较强。

n 发音时，舌尖抵住上齿龈，软腭下降，关闭口腔通道，声带颤动，气流从鼻腔冲出成声。

l 发音时，舌尖抵住上齿龈（略后），舌头两侧要有空隙，软腭上升，关闭鼻腔通道，声带颤动，气流经舌头两边从口腔冲出成声。

各声母发音示意图如下：

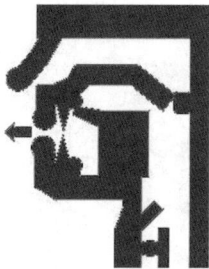  

d／t 发音示意图　　　　　n 发音示意图　　　　　l 发音示意图

**1．单音节字词练习**

| | | | | | |
|---|---|---|---|---|---|
| 大 dà | 德 dé | 第 dì | 读 dú | 道 dào | 豆 dòu |
| 踏 tà | 特 tè | 替 tì | 图 tú | 套 tào | 透 tòu |
| 呐 nà | 讷 nè | 尼 ní | 怒 nù | 闹 nào | 内 nèi |
| 腊 là | 勒 lè | 梨 lí | 路 lù | 涝 lào | 泪 lèi |

**2．双音节词语练习**

| | | | |
|---|---|---|---|
| 达到 dádào | 大多 dàduō | 等待 děngdài | 调动 diàodòng |
| 电灯 diàndēng | 大地 dàdì | 导弹 dǎodàn | 对等 duìděng |
| 抬头 táitóu | 团体 tuántǐ | 听筒 tīngtǒng | 调停 tiáotíng |
| 淘汰 táotài | 弹跳 tántiào | 天堂 tiāntáng | 吞吐 tūntǔ |
| 男女 nánnǚ | 奶牛 nǎiniú | 恼怒 nǎonù | 泥泞 nínìng① |
| 流利 liúlì | 凌乱 língluàn | 冷落 lěngluò | 来临 láilín |
| 劳累 láolèi | 流露 liúlù | 流浪 liúlàng | 裸露 luǒlù |

---

① 大纲此类词语很少，除了发音部分的例词外，仅此例词，后面与此相同情况不再说明。

### 第三组　g/k/h

g［k］：舌面后、不送气、清、塞音

k［k'］：舌面后、送气、清、塞音

h［x］：舌面后、清、擦音

【发音描述】

　　g、k发音时，舌面后部抵住软腭，形成阻碍，软腭后部上升，关闭鼻腔通道，声带不颤动，气流冲破阻碍，爆发成声。g气流较弱，k气流较强。

　　h发音时，舌面后部接近软腭，形成窄缝，软腭上升，关闭鼻腔通道，声带不颤动，气流经窄缝摩擦成声。

　　各声母发音示意图如下：

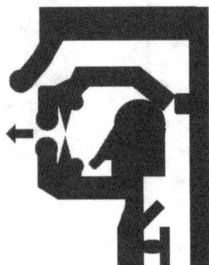

g／k 发音示意图　　　　h 发音示意图

#### 1. 单音节字词练习

| 各 gè | 顾 gù | 告 gào | 盖 gài | 够 gòu | 挂 guà |
|---|---|---|---|---|---|
| 课 kè | 酷 kù | 靠 kào | 慨 kǎi | 扣 kòu | 跨 kuà |
| 贺 hè | 户 hù | 浩 hào | 害 hài | 后 hòu | 化 huà |

#### 2. 双音节词语练习

| 改革 gǎigé | 高贵 gāoguì | 古怪 gǔguài | 过关 guòguān |
|---|---|---|---|
| 感官 gǎnguān | 灌溉 guàngài | 杠杆 gànggǎn | 巩固 gǒnggù |
| 开垦 kāikěn | 慷慨 kāngkǎi | 困苦 kùnkǔ | 可靠 kěkào |
| 可口 kěkǒu | 开阔 kāikuò | 坎坷 kǎnkě | 空旷 kōngkuàng |
| 航海 hánghǎi | 化合 huàhé | 悔恨 huǐhèn | 火花 huǒhuā |
| 黄昏 huánghūn | 行会 hánghuì | 回合 huíhé | 花卉 huāhuì |

### 第四组　j/q/x

j［tɕ］：舌面前、不送气、清、塞擦音

q［tɕ'］：舌面前、送气、清、塞擦音

x [ɕ]：舌面前、清、擦音

**【发音描述】**

j、q发音时，舌面前部抵住硬腭前部，软腭上升，关闭鼻腔通道，声带不颤动，气流先将阻碍冲开一条窄缝，然后经窄缝摩擦成声。j气流较弱，q气流较强。

x发音时，舌面前部接近硬腭前部，形成一条窄缝，软腭上升，关闭鼻腔通道，声带不颤动，气流经窄缝摩擦成声。

各声母发音示意图如下：

j / q发音示意图　　　　x发音示意图

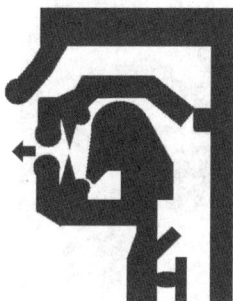

**1．单音节字词练习**

| 记 jì | 句 jù | 嫁 jià | 借 jiè | 倦 juàn | 倔 juè |
| 气 qì | 去 qù | 恰 qià | 窃 qiè | 劝 quàn | 却 què |
| 戏 xì | 续 xù | 下 xià | 谢 xiè | 炫 xuàn | 血 xuè |

**2．双音节词语练习**

| 即将 jíjiāng | 加剧 jiājù | 结晶 jiéjīng | 倔强 juéjiàng |
| 季节 jìjié | 将军 jiāngjūn | 将近 jiāngjìn | 矫健 jiǎojiàn |
| 情趣 qíngqù | 乞求 qǐqiú | 恰巧 qiàqiǎo | 躯壳 qūqiào |
| 窃取 qièqǔ | 侵权 qīnquán | 齐全 qíquán | 确切 quèqiè |
| 细小 xìxiǎo | 显现 xiǎnxiàn | 相信 xiāngxìn | 宣泄 xuānxiè |
| 星系 xīngxì | 象形 xiàngxíng | 休想 xiūxiǎng | 喧嚣 xuānxiāo |

## 第五组　z/c/s

z [ts]：舌尖前、不送气、清、塞擦音

c [ts']：舌尖前、送气、清、塞擦音

s〔s〕：舌尖前、清、擦音

**【发音描述】**

z、c 发音时，舌尖抵住上齿背或下齿背，软腭上升，关闭鼻腔通道，声带不颤动，气流先将阻碍冲开一条窄缝，再从窄缝中挤出，摩擦成声。z 气流较弱，c 气流较强。

s 发音时，舌尖接近上齿背或下齿背，形成一条窄缝，软腭上升，关闭鼻腔通道，声带不颤动，气流从窄缝中挤出，摩擦成声。

各声母发音示意图如下：

z / c 发音示意图          s 发音示意图

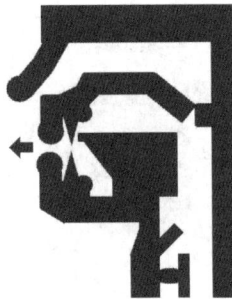

**1．单音节字词练习**

| | | | | |
|---|---|---|---|---|
| 仄 zè | 再 zài | 葬 zàng | 赞 zàn | 最 zuì | 钻 zuàn |
| 册 cè | 菜 cài | 藏 cáng | 灿 càn | 脆 cuì | 窜 cuàn |
| 色 sè | 赛 sài | 丧 sàng | 散 sàn | 岁 suì | 算 suàn |

**2．双音节词语练习**

| | | | |
|---|---|---|---|
| 自在 zìzài | 再造 zàizào | 总则 zǒngzé | 在座 zàizuò |
| 宗族 zōngzú | 遭罪 zāozuì | 脏字 zāngzì | 最早 zuìzǎo |
| 层次 céngcì | 草丛 cǎocóng | 摧残 cuīcán | 猜测 cāicè |
| 残存 cáncún | 仓促 cāngcù | 苍翠 cāngcuì | 璀璨 cuǐcàn |
| 思索 sīsuǒ | 四散 sìsàn | 琐碎 suǒsuì | 松散 sōngsǎn |
| 诉讼 sùsòng | 色素 sèsù | 搜索 sōusuǒ | 酸涩 suānsè |

## 第六组　zh/ch/sh/r

zh〔tʂ〕：舌尖后、不送气、清、塞擦音

ch〔tʂʻ〕：舌尖后、送气、清、塞擦音

sh〔ʂ〕：舌尖后、清、擦音

r〔z〕：舌尖后、浊、擦音

**【发音描述】**

zh、ch 发音时，舌尖上翘，抵住硬腭前部，软腭上升，关闭鼻腔通道，声带不颤动，气流先将阻碍冲开一条窄缝，然后经窄缝摩擦成声。zh 气流较弱，ch 气流较强。

sh、r 发音时，舌尖上翘，接近硬腭前部，形成窄缝，软腭上升，关闭鼻腔通道，气流从窄缝中挤出，摩擦成声。sh 声带不颤动，r 声带颤动。

**【温馨提示】**

这组声母主要在于舌尖位置的把握与控制。

各声母发音示意图如下：

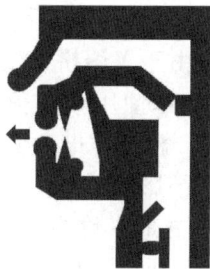

zh / ch 发音示意图　　　　sh / r 发音示意图

**1. 单音节字词练习**

| | | | | | |
|---|---|---|---|---|---|
| 这 zhè | 住 zhù | 咒 zhòu | 账 zhàng | 镇 zhèn | 坠 zhuì |
| 彻 chè | 处 chù | 臭 chòu | 唱 chàng | 衬 chèn | 垂 chuí |
| 射 shè | 树 shù | 受 shòu | 上 shàng | 甚 shèn | 睡 shuì |
| 热 rè | 褥 rù | 肉 ròu | 让 ràng | 认 rèn | 瑞 ruì |

**2. 双音节词语练习**

| | | | |
|---|---|---|---|
| 战争 zhànzhēng | 周转 zhōuzhuǎn | 褶皱 zhězhòu | 征兆 zhēngzhào |
| 直至 zhízhì | 追逐 zhuīzhú | 茁壮 zhuózhuàng | 忠贞 zhōngzhēn |
| 查处 cháchǔ | 超产 chāochǎn | 传承 chuánchéng | 出差 chūchāi |
| 超出 chāochū | 除尘 chúchén | 踌躇 chóuchú | 驰骋 chíchěng |
| 神圣 shénshèng | 税收 shuìshōu | 膳食 shànshí | 述说 shùshuō |
| 山水 shānshuǐ | 少数 shǎoshù | 硕士 shuòshì | 烧伤 shāoshāng |
| 柔软 róuruǎn | 容忍 róngrěn | 软弱 ruǎnruò | 冉冉 rǎnrǎn |
| 柔弱 róuruò | 仍然 réngrán | | |

# 第三节　声母方音辨正训练

$$声母主要问题\begin{cases}不会发\ zh\ /\ ch\ /\ sh\ /\ r\\n\ /\ l\ 混淆\\f\ /\ h\ 混淆\\j\ /\ q\ /\ x\ 与\ z\ /\ c\ /\ s\ 混淆\end{cases}$$

## 第一组　z / c / s / [z] 与 zh / ch / sh / r
【温馨提示】

z、c、s、[z] 和 zh、ch、sh、r 又称平舌音和翘舌音。普通话没有与 r 对应的平舌音，但是许多方言却有这个音，由于汉语拼音没有这个符号，我们用国际音标 [z] 表示这个平舌音。① 翘舌声母使用频率很高，每句话基本上都有翘舌音。据统计，在 3 500 个常用字中，翘舌声母占 17%，所以翘舌声母在普通话声母中非常重要，对普通话考试成绩影响很大。

这一组声母存在一个全国性的问题。南方地区许多方言都没有翘舌声母，翘舌声母都发成了平舌音，zh、ch、sh、r 分别发成对应的 z、c、s、[z]，例如四川话、广州话、客家话、上海话、武汉话、长沙话等。而北方地区尽管有平翘舌声母，但是有的地方平翘舌系统与普通话不一致，有的字普通话是平舌，却把它读成翘舌，反之亦然，比如东北话、天津话、西安话、银川话等就是这样。

很多人不会发翘舌音，或者发得不好，而大家基本上都会发平舌音，因此，这里主要就翘舌声母进行训练。

z、c、s、[z] 和 zh、ch、sh、r 的区别在于发音部位的不同。z、c、s、[z] 是舌尖前音，舌尖与上齿背或下齿背构成阻碍，舌头平伸，故称平舌音。zh、ch、sh、r 是舌尖后音，舌尖与硬腭前部构成阻碍，舌尖略翘，故称翘舌音。

翘舌声母由于受到方音的干扰，学习起来比较困难，不容易发好。在发翘舌音时容易出现以下问题：第一，舌头翘不起来；第二，发音前能把舌头翘上去，但是在发音预备阶段，舌头又放下来了，发成了平舌音；第三，舌尖不到位，要么舌尖放在上齿龈，发成舌尖中的塞擦音或擦音，要么舌尖上翘至硬腭

---

① [z] 系舌尖前、浊、擦音，是与 r（舌尖后、浊、擦音）相对应的一个音。

中部，甚至后部，发成卷舌的塞擦音或擦音等；第四，舌头在发音时有摆动或者舌面有裹卷动作，加入了其他音。

要解决这些问题，关键要找准发音部位，可以先将舌尖抵住硬腭前部，反复发舌尖后的塞音，培养硬腭前部的位置感，在有良好的位置感后，再发舌尖后的塞擦音、擦音，这样翘舌音就比较准确了。

z/c 发音示意图　　s 发音示意图　　　　zh/ch 发音示意图　　sh/r 发音示意图

平舌音　　　　　　　　　　　　翘舌音

## 【发音训练】

### 1．基本音节练习①

zhi zha zhe zhai zhei zhao zhou zhan zhen zhang

zheng zhu zhua zhuo zhuai zhui zhuan zhun zhuang zhong

chi cha che chai chao chou chan chen chang cheng

chu chuo chuai chui chuan chun chuang chong

shi sha she shai shei shao shou shan shen shang sheng

shu shua shuo shuai shui shuan shun shuang

ri re rao rou ran ren rang reng ru ruo rui ruan run rong

### 2．对应单字练习

| | | | | | |
|---|---|---|---|---|---|
| 芝 zhī | 炸 zhà | 这 zhè | 斋 zhāi | 这 zhèi | 照 zhào |
| 周 zhōu | 站 zhàn | 真 zhēn | 张 zhāng | 正 zhèng | 住 zhù |
| 抓 zhuā | 桌 zhuō | 拽 zhuài | 追 zhuī | 专 zhuān | 准 zhǔn |
| 庄 zhuāng | 重 zhòng | | | | |

---

①　不是每个声母都同所有韵母相拼，每个声母同韵母所构成的基本音节是有限的。基于这样的认识，我们以基本音节为基础进行训练，所有的基本音节都会了，该声母的发音也就掌握了。

吃 chī　　插 chā　　车 chē　　柴 chái　　超 chāo　　抽 chōu

婵 chán　　沉 chén　　唱 chàng　　成 chéng　　出 chū　　绰 chuò

揣 chuāi　　吹 chuī　　船 chuán　　春 chūn　　床 chuáng　　冲 chōng

师 shī　　沙 shā　　社 shè　　晒 shài　　谁 shéi　　绍 shào

收 shōu　　山 shān　　参 shēn　　伤 shāng　　升 shēng　　书 shū

刷 shuā　　说 shuō　　帅 shuài　　税 shuì　　栓 shuān　　顺 shùn

霜 shuāng

日 rì　　热 rè　　绕 rào　　肉 ròu　　然 rán　　人 rén

让 ràng　　扔 rēng　　如 rú　　若 ruò　　锐 ruì　　软 ruǎn

润 rùn　　容 róng

### 3. 对应词语练习

林芝 línzhī　　爆炸 bàozhà　　这边 zhèbiān　　聊斋 liáozhāi

这个 zhèige　　写照 xiězhào　　周围 zhōuwéi　　站台 zhàntái

真相 zhēnxiàng　　开张 kāizhāng　　正面 zhèngmiàn　　居住 jūzhù

抓紧 zhuājǐn　　课桌 kèzhuō　　拉拽 lāzhuài　　追打 zhuīdǎ

专心 zhuānxīn　　标准 biāozhǔn　　庄严 zhuāngyán　　重量 zhòngliàng

吃饭 chīfàn　　插队 chāduì　　轿车 jiàochē　　木柴 mùchái

超过 chāoguò　　抽样 chōuyàng　　婵娟 chánjuān　　沉香 chénxiāng

唱歌 chànggē　　成功 chénggōng　　出发 chūfā　　绰号 chuòhào

怀揣 huáichuāi　　吹捧 chuīpěng　　大船 dàchuán　　春天 chūntiān

铁床 tiěchuáng　　冲动 chōngdòng

老师 lǎoshī　　河沙 héshā　　社会 shèhuì　　暴晒 bàoshài

谁个 shéigè　　介绍 jièshào　　丰收 fēngshōu　　山沟 shāngōu

海参 hǎishēn　　伤口 shāngkǒu　　升级 shēngjí　　书本 shūběn

印刷 yìnshuā　　说话 shuōhuà　　帅气 shuàiqì　　关税 guānshuì

门栓 ménshuān　　顺利 shùnlì　　风霜 fēngshuāng

日夜 rìyè　　热爱 rèài　　围绕 wéirào　　肌肉 jīròu

既然 jìrán　　好人 hǎorén　　礼让 lǐràng　　扔掉 rēngdiào

如果 rúguǒ　　假若 jiǎruò　　尖锐 jiānruì　　疲软 píruǎn

光润 guāngrùn　　容易 róngyì

### 4. 混合练习

zh – ch

侦查 zhēnchá　　直肠 zhícháng　　忠诚 zhōngchéng　　争吵 zhēngchǎo

zh – sh

| | | | |
|---|---|---|---|
| 准时 zhǔnshí | 照射 zhàoshè | 终身 zhōngshēn | 战胜 zhànshèng |

zh – r

| | | | |
|---|---|---|---|
| 骤然 zhòurán | 灼热 zhuórè | 专人 zhuānrén | 阵容 zhènróng |

ch – zh

| | | | |
|---|---|---|---|
| 撤职 chèzhí | 诚挚 chéngzhì | 沉重 chénzhòng | 常住 chángzhù |

ch – sh

| | | | |
|---|---|---|---|
| 常设 chángshè | 长衫 chángshān | 出师 chūshī | 承受 chéngshòu |

ch – r

| | | | |
|---|---|---|---|
| 常人 chángrén | 超然 chāorán | 缠绕 chánrào | 出入 chūrù |

sh – zh

| | | | |
|---|---|---|---|
| 舒张 shūzhāng | 时针 shízhēn | 上肢 shàngzhī | 施政 shīzhèng |

sh – ch

| | | | |
|---|---|---|---|
| 山茶 shānchá | 生产 shēngchǎn | 失常 shīcháng | 刹车 shāchē |

sh – r

| | | | |
|---|---|---|---|
| 倏然 shūrán | 商人 shāngrén | 深入 shēnrù | 瘦弱 shòuruò |

r – zh

| | | | |
|---|---|---|---|
| 认真 rènzhēn | 肉质 ròuzhì | 人种 rénzhǒng | 乳汁 rǔzhī |

r – ch

| | | |
|---|---|---|
| 日常 rìcháng | 热忱 rèchén | 人称 rénchēng |

r – sh

| | | | |
|---|---|---|---|
| 人身 rénshēn | 如实 rúshí | 忍受 rěnshòu | 柔顺 róushùn |

## 【对比训练】

### 1. 基本音节练习

| z | a e ai ao ou an en ang eng u uo ui uan un ong |
|---|---|
| zh | |

| c | a e ai ao ou an en ang eng u uo ui uan un ong |
|---|---|
| ch | |

| s | a e ai ao ou an en ang eng u uo ui uan un ong |
|---|---|
| sh | |

## 2. 双音节词语练习

姿态 zītài ～ 知道 zhīdào          杂乱 záluàn ～ 眨眼 zhǎyǎn

责任 zérèn ～ 哲学 zhéxué          再会 zàihuì ～ 寨门 zhàimén

造就 zàojiù ～ 照相 zhàoxiàng       演奏 yǎnzòu ～ 宇宙 yǔzhòu

赞美 zànměi ～ 战斗 zhàndòu         怎样 zěnyàng ～ 诊断 zhěnduàn

脏乱 zāngluàn ～ 张扬 zhāngyáng      憎恨 zēnghèn ～ 政府 zhèngfǔ

祖国 zǔguó ～ 主要 zhǔyào          钻进 zuānjìn ～ 专科 zhuānkē

踪迹 zōngjì ～ 钟表 zhōngbiǎo

词典 cídiǎn ～ 迟到 chídào          摩擦 mócā ～ 刀叉 dāochā

侧面 cèmiàn ～ 彻底 chèdǐ           财主 cáizhu ～ 柴火 cháihuo

草帽 cǎomào ～ 吵闹 chǎonào         凑拢 còulǒng ～ 臭气 chòuqì

参加 cānjiā ～ 搀扶 chānfú          参差 cēncī ～ 嗔怪 chēnguài

仓库 cāngkù ～ 猖狂 chāngkuáng       层级 céngjí ～ 程度 chéngdù

粗心 cūxīn ～ 出来 chūlái           错误 cuòwù ～ 辍学 chuòxué

催命 cuīmìng ～ 吹捧 chuīpěng        乡村 xiāngcūn ～ 今春 jīnchūn

聪明 cōng·míng ～ 充满 chōngmǎn

相似 xiāngsì ～ 大事 dàshì           撒泼 sāpō ～ 沙发 shāfā

苦涩 kǔsè ～ 大赦 dàshè             比赛 bǐsài ～ 暴晒 bàoshài

扫地 sǎodì ～ 少见 shǎojiàn          搜集 sōují ～ 收割 shōugē

散乱 sǎnluàn ～ 闪亮 shǎnliàng       森林 sēnlín ～ 申辩 shēnbiàn

桑叶 sāngyè ～ 伤口 shāngkǒu         僧侣 sēnglǚ ～ 生气 shēngqì

苏醒 sūxǐng ～ 书籍 shūjí           缩小 suōxiǎo ～ 说明 shuōmíng

岁月 suìyuè ～ 税务 shuìwù          盐酸 yánsuān ～ 门闩 ménshuān

孙儿 sūn'ér ～ 顺便 shùnbiàn

## 3. 混合练习

z – zh

自转 zìzhuàn        做主 zuòzhǔ        奏章 zòuzhāng        最终 zuìzhōng

zh – z

职责 zhízé          装载 zhuāngzài      振作 zhènzuò         种族 zhǒngzú

z – ch

在场 zàichǎng       赞成 zànchéng       增产 zēngchǎn        资产 zīchǎn

ch – z

充足 chōngzú        创造 chuàngzào       吵嘴 chǎozuǐ         沉醉 chénzuì z - sh

| | | | |
|---|---|---|---|
| 自身 zìshēn | 总数 zǒngshù | 遵守 zūnshǒu | 左手 zuǒshǒu |

sh - z

| | | | |
|---|---|---|---|
| 氏族 shìzú | 数字 shùzì | 赎罪 shúzuì | 水灾 shuǐzāi |

c - zh

| | | | |
|---|---|---|---|
| 财政 cáizhèng | 参照 cānzhào | 餐桌 cānzhuō | 村寨 cūnzhài |

zh - c

| | | | |
|---|---|---|---|
| 政策 zhèngcè | 仲裁 zhòngcái | 至此 zhìcǐ | 贮藏 zhùcáng |

c - ch

| | | | |
|---|---|---|---|
| 存储 cúnchǔ | 财产 cáichǎn | 磁场 cíchǎng | 操持 cāochí |

ch - c

| | | | |
|---|---|---|---|
| 纯粹 chúncuì | 船舱 chuáncāng | 筹措 chóucuò | 唱词 chàngcí |

c - sh

| | | | |
|---|---|---|---|
| 措施 cuòshī | 慈善 císhàn | 刺杀 cìshā | 从属 cóngshǔ |

sh - c

| | | | |
|---|---|---|---|
| 生存 shēngcún | 蔬菜 shūcài | 山村 shāncūn | 赏赐 shǎngcì |

s - zh

| | | | |
|---|---|---|---|
| 四肢 sìzhī | 四周 sìzhōu | 素质 sùzhì | 算账 suànzhàng |

zh - s

| | | | |
|---|---|---|---|
| 诊所 zhěnsuǒ | 致死 zhìsǐ | 周岁 zhōusuì | 竹笋 zhúsǔn |

s - ch

| | | | |
|---|---|---|---|
| 私产 sīchǎn | 搜查 sōuchá | 速成 sùchéng | 随处 suíchù |

ch - s

| | | | |
|---|---|---|---|
| 场所 chǎngsuǒ | 沉思 chénsī | 出色 chūsè | 称颂 chēngsòng |

s - sh

| | | | |
|---|---|---|---|
| 散射 sǎnshè | 琐事 suǒshì | 算术 suànshù | 虽说 suīshuō |

sh - s

| | | | |
|---|---|---|---|
| 上诉 shàngsù | 疏松 shūsōng | 深邃 shēnsuì | 哨所 shàosuǒ |

### 4．比较练习

| | |
|---|---|
| 自理 zìlǐ ~ 治理 zhìlǐ | 大字 dàzì ~ 大致 dàzhì |
| 栽花 zāihuā ~ 摘花 zhāihuā | 俗语 súyǔ ~ 熟语 shúyǔ |
| 散光 sǎnguāng ~ 闪光 shǎnguāng | 撒网 sāwǎng ~ 纱网 shāwǎng |
| 新村 xīncūn ~ 新春 xīnchūn | 词序 cíxù ~ 持续 chíxù |
| 肃立 sùlì ~ 树立 shùlì | 搜集 sōují ~ 收集 shōují |

推辞 tuīcí ~ 推迟 tuīchí　　司徒 sītú ~ 师徒 shītú

从来 cónglái ~ 重来 chónglái　　杂技 zájì ~ 札记 zhájì

阻力 zǔlì ~ 主力 zhǔlì　　自动 zìdòng ~ 制动 zhìdòng

小草 xiǎocǎo ~ 小炒 xiǎochǎo　　鱼刺 yúcì ~ 鱼翅 yúchì

三哥 sāngē ~ 山歌 shāngē　　不曾 bùcéng ~ 不成 bùchéng

木材 mùcái ~ 木柴 mùchái　　暂时 zànshí ~ 战时 zhànshí

## 【诗词训练】

### 春夜喜雨

#### 杜 甫

好雨知时节，当春乃发生。
（zhīshí　　chūn　 shēng）

随风潜入夜，润物细无声。
（suí　rù　rùn　 shēng）

### 春 晓

#### 孟浩然

春眠不觉晓，处处闻啼鸟。
（chūn　　chùchù）

夜来风雨声，花落知多少。
（shēng　　zhī shǎo）

### 寻隐者不遇

#### 贾 岛

松下问童子，言师采药去。
（sōng　 zǐ　 shīcǎi）

只在此山中，云深不知处。
（zhǐzài cǐ shānzhōng　 shēn　zhīchù）

### 鸟鸣涧

#### 王 维

人闲桂花落，夜静春山空。
（rén　　chūnshān）

月出惊山鸟，时鸣春涧中。
（chū　shān　shí　chūn　zhōng）

## 山居秋暝

### 王　维

空 山 新雨后，天气晚来秋。<br>
*shān*

明月 松 间 照 ，清泉石 上 流。<br>
*sōng　zhào　　shíshàng*

竹喧归浣女，莲动下渔 舟 。<br>
*zhú　　　　　zhōu*

随意 春 芳歇，王孙自可留。<br>
*suí　chūn　　　sūn zì*

## 题都城南庄

### 崔　护

去年今日此门 中 ，人面桃花相映红。<br>
*rì cǐ　zhōng　rén*

人面不知何处去，桃花依旧笑 春 风。<br>
*rén　zhī chù　　　　chūn*

## 枫桥夜泊

### 张　继

月落乌啼 霜 满天，江枫渔火对 愁 眠。<br>
*shuāng　　　　　chóu*

姑苏 城 外寒山寺，夜半 钟 声 到客 船 。<br>
*sū chéng　shān sì　　zhōngshēng　chuán*

## 蜀　相

### 杜　甫

丞 相祠堂何处寻，锦官 城 外柏森森。<br>
*chéng cí　chù　　chéng　sēnsēn*

映阶碧草自春色，隔叶黄鹂空好音。<br>
*cǎo zì chūn sè*

三顾频烦天下计，两 朝 开济老臣心。<br>
*sān　　　cháo　　　chén*

出师未捷身先死， 长 使英雄泪满襟。<br>
*chūshī　shēn sǐ　chángshǐ*

## 【绕口令训练】

◇石室诗士施氏，嗜狮，誓食十狮。施氏时时适市视狮，十时，适十狮适市，是时，适施氏适市。施氏视是十狮，恃矢势，使是十狮逝世。

◇四是四，十是十；十四是十四，四十是四十。不能把十四说四十，也不能把四十说十四。谁要把十四说四十，就打谁十四；谁要把四十说十四，就打谁四十。若要分得清，请来试一试。

◇三山撑四水，四水绕三山，三山四水春常在，四水三山四时春。

## 第二组　n 与 l

### 【温馨提示】

这一组声母的发音在全国也存在着比较普遍的问题，n 和 l 在普通话里有严格的区分，但是，不少方言却存在不同程度的混淆，或是把鼻音 n 读成了边音 l，或是把边音 l 读成了鼻音 n，或部分混淆，例如四川话、武汉话、长沙话、南昌话、厦门话、南京话等。

n 和 l 的不同在于发音方法，n 是鼻音，l 是边音。n 的发音气流经鼻腔冲出，l 的发音气流经舌头两边，从口腔冲出。捏鼻孔可以帮助判断 n 和 l 的发音情况，如果捏住鼻孔，发音气流出不来，感到憋气，鼻腔共鸣明显，是 n；如果捏住鼻孔，发音气流能轻松出来，不感到憋气，鼻腔共鸣不明显，则是 l。

发好 n 和 l，除了要掌握好发音方法外，还要控制好发音部位。根据研究，l 的发音部位并不在上齿龈，而是在上齿龈后面一点，可以看成是一个舌尖中后、浊、边音。所以发 l 时，舌尖可以适当地放到上齿龈后面一点，以使舌头前部留有足够的空隙，使发音气流经舌头两边，从口腔冲出成声。发 n 时，舌尖抵住上齿龈，舌头上升，四周将上齿密闭起来，使气流无法从口腔冲出。

鼻边音声母最主要的问题：一是发鼻音声母时有气流从口腔流出，导致鼻音不纯正；二是发边音时又带鼻音色彩。为此，这里鼻边音同时进行训练。

  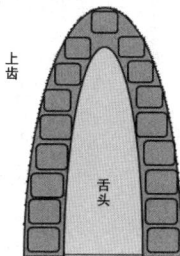

n 发音示意图　　　　　l 发音示意图　　　　　舌头密封上齿示意图

## 【发音训练】

### 1. 基本音节练习

na ne nai nei nao nou nan nen nang neng ni nie
niao niu nian nin niang ning nu nuo nuan nong nü nüe

la le lai lei lao lou lan lang leng li lia lie liao liu
lian lin liang ling lu luo luan lun long lü lüe

### 2. 对应单字练习

| | | | | | |
|---|---|---|---|---|---|
| 纳 nà | 讷 nè | 耐 nài | 内 nèi | 闹 nào | 槈 nòu |
| 南 nán | 嫩 nèn | 囊 náng | 能 néng | 尼 ní | 捏 niē |
| 尿 niào | 牛 niú | 年 nián | 您 nín | 娘 niáng | 宁 níng |
| 怒 nù | 诺 nuò | 暖 nuǎn | 农 nóng | 女 nǔ | 虐 nüè |
| 拉 lā | 乐 lè | 来 lái | 泪 lèi | 劳 láo | 楼 lóu |
| 兰 lán | 浪 làng | 愣 lèng | 丽 lì | 俩 liǎ | 列 liè |
| 料 liào | 留 liú | 连 lián | 林 lín | 亮 liàng | 灵 líng |
| 路 lù | 络 luò | 乱 luàn | 论 lùn | 龙 lóng | 驴 lú |
| 略 lüè | | | | | |

### 3. 对应词语练习

| | | | |
|---|---|---|---|
| 收纳 shōunà | 木讷 mùnè | 耐看 nàikàn | 内部 nèibù |
| 闹剧 nàojù | 耕槈 gēngnòu | 南方 nánfāng | 嫩黄 nènhuáng |
| 囊括 nángkuò | 才能 cáinéng | 尼姑 nígū | 捏造 niēzào |
| 尿素 niàosù | 牛排 niúpái | 过年 guònián | 您好 nínhǎo |
| 大娘 dàniáng | 安宁 ānníng | 发怒 fānù | 诺言 nuòyán |
| 暖气 nuǎnqì | 农具 nóngjù | 女工 nǔgōng | 虐待 nüèdài |
| 拉扯 lāchě | 快乐 kuàilè | 往来 wǎnglái | 眼泪 yǎnlèi |

| 劳动 láodòng | 楼房 lóufáng | 兰花 lánhuā | 波浪 bōlàng |
| 发愣 fālèng | 佳丽 jiālì | 俩人 liǎrén | 队列 duìliè |
| 预料 yùliào | 保留 bǎoliú | 连续 liánxù | 树林 shùlín |
| 亮度 liàngdù | 灵活 línghuó | 马路 mǎlù | 网络 wǎngluò |
| 混乱 hùnluàn | 讨论 tǎolùn | 巨龙 jùlóng | 毛驴 máolú |
| 侵略 qīnlüè | | | |

## 【对比训练】

### 1. 基本音节练习

| n | |
|---|---|
| l | a e ai ei ao ou an ang eng i ie iao iu ian in iang ing u uo uan ong ü üe |

### 2. 双音节词语练习

那边 nàbiān ~ 辣椒 làjiāo　　木讷 mùnè ~ 快乐 kuàilè
忍耐 rěnnài ~ 依赖 yīlài　　内部 nèibù ~ 泪腺 lèixiàn
脑部 nǎobù ~ 老人 lǎorén　　男士 nánshì ~ 兰花 lánhuā
口囊 kǒunáng ~ 灰狼 huīláng　　能干 nénggàn ~ 棱角 léngjiǎo
尼姑 nígū ~ 离开 líkāi　　啮齿 nièchǐ ~ 猎物 lièwù
尿酸 niàosuān ~ 料理 liàolǐ　　牛马 niúmǎ ~ 流淌 liútǎng
念想 niànxiang ~ 练习 liànxí　　酿酒 niàngjiǔ ~ 量词 liàngcí
凝固 nínggù ~ 灵活 línghuó　　诺言 nuòyán ~ 落叶 luòyè
暖气 nuǎnqì ~ 卵石 luǎnshí　　农民 nóngmín ~ 龙椅 lóngyǐ
女伴 nǚbàn ~ 吕布 lǚbù　　虐待 nüèdài ~ 掠夺 lüèduó

### 3. 混合练习

n – l

| 能量 néngliàng | 暖流 nuǎnliú | 农历 nónglì | 年龄 niánlíng |
| 女郎 nǚláng | 内力 nèilì | 浓烈 nóngliè | 逆流 nìliú |
| 嫩绿 nènlǜ | 年轮 niánlún | 尼龙 nílóng | 内乱 nèiluàn |
| 纳凉 nàliáng | 凝练 níngliàn | 鸟笼 niǎolóng | 那里 nà·lǐ |
| 脑瘤 nǎoliú | 奶酪 nǎilào | 努力 nǔlì | 暖炉 nuǎnlú |

l – n

| 老年 lǎonián | 冷暖 lěngnuǎn | 烂泥 lànní | 来年 láinián |
| 利尿 lìniào | 两难 liǎngnán | 历年 lìnián | 岭南 lǐngnán |

42

烈女 lènǚ　　　　　理念 lǐniàn　　　　　落难 luònàn　　　　老娘 lǎoniáng

辽宁 liáoníng　　　老衲 lǎonà

### 4. 比较练习

旅客 lǚkè ～ 女客 nǚkè　　　　　隆重 lóngzhòng ～ 浓重 nóngzhòng

南方 nánfāng ～ 蓝方 lánfāng　　　内部 nèibù ～ 肋部 lèibù

年代 niándài ～ 连带 liándài　　　油泥 yóuní ～ 游离 yóulí

难求 nánqiú ～ 篮球 lánqiú　　　　那月 nàyuè ～ 腊月 làyuè

农工 nónggōng ～ 龙宫 lónggōng　恼怒 nǎonù ～ 老路 lǎolù

牛年 niúnián ～ 流连 liúlián　　　男女 nánnǚ ～ 褴褛 lánlǚ

无奈 wúnài ～ 无赖 wúlài　　　　泥巴 níba ～ 篱笆 líba

河南 hénán ～ 荷兰 hélán　　　　大娘 dàniáng ～ 大梁 dàliáng

大怒 dànù ～ 大陆 dàlù　　　　　送你 sòngnǐ ～ 送礼 sònglǐ

## 【诗词训练】

　　　　　　　　　liú　　néng
我不知道流星 能 飞多久，

值不值得追求；
　　　　　　　　　néng
我不知道樱花 能 开多久，

值不值得等候。
　　　　　　nǐ　　　　　　　　　lì
我知道你我的友谊就像樱花般美丽；

像恒星般永恒，
　　　　　　　　　　　liú
值得我用一生去保留！
　　　　luò　néng　　　　　　　niàn
如果落叶 能 寄去我所有的思 念，
　　　　　　　　lín
我情愿将整个秋林装进我心中；
　　　　　　néng　　　　　　niàn
如果归雁 能 传递我所有的思 念，

我会用毕生去感谢这美的季节！
　　　　　　lán
孤独时仰望蓝天，

nǐ     nà
你是最近的那朵白云；

níng
寂寞时凝视夜空，

nǐ  liàng  nà
你是最亮的那颗星星；

lín
闲暇时漫步林中，

nǐ    nà  lǜ
你是擦肩的那片绿叶；

疲惫时安然入睡，

nǐ    nà
你是最美的那段梦境！

nuǎn
多一声问候，多一分温暖；

lán
多一个朋友，多一片蓝天；

多一个知心，多一份情感；

多一个挚友，多一份感慨！

nǐ    lì
你是我生命中最美丽的相遇！

节选自《你是我生命中最美丽的相遇》

## 【绕口令训练】

nà  nán    nè    nài    néng
◇出纳员是南方人，很木讷，但长得耐看，很能干。

nóng  nèi  nuǎn  niǎo    nǚ
◇农庄内部有暖气和飞鸟，每天都有美女游玩儿。

nián  niú
◇过年我爱吃牛排。

nào    nòng    niáng nù
◇"别闹了，不要弄我。"大娘怒吼道。

nǐ  nuò    niē    néngnüè
◇要兑现你的诺言，帮我捏手，不能虐待我。

nán  lái le  lán      nán      lán    nǚ    lǜ
◇南边来了一队篮球运动员，男运动员穿的蓝球衣，女运动员穿的绿球
lèi    nán  nán nǚ    nǚ lì liàn  lán
衣。不怕累，不怕难，男女运动员努力练投篮。

liù liù liú lǎo liù　　le liù liù　　lóu lóu　 le liù liù

◇六十六岁的刘老六，修了六十六座走马楼，楼上摆了六十六瓶苏合油，

le liù liù　　　　liù　　　le liù liù　 le liù liù

门前栽了六十六棵垂杨柳，垂杨柳上拴了六十六匹大马猴。忽然一阵狂风起，

le liù liù　　　lóu　　le liù liù　　　　　le liù liù　　liù

吹倒了六十六座走马楼，打翻了六十六瓶苏合油，压倒了六十六棵垂杨柳，跑

le liù liù　　　　　le liù liù　 liú lǎo liù

掉了六十六匹大马猴，气坏了六十六岁的刘老六。

niú láng liú niáng

**牛郎和刘娘**

niú láng nián nián niàn liú niáng　liú niáng lián lián niàn niú láng　niú láng niàn liú niáng　liú niáng niàn

牛郎年年恋刘娘，刘娘连连念牛郎。牛郎恋刘娘，刘娘念

niú láng láng liàn niáng lái niáng niàn láng

牛郎，郎恋娘来娘念郎。

## 第三组　f与h

### 【温馨提示】

f和h在许多方言里都被混淆，主要是部分混淆，也就是把部分f声母和h声母读成h声母和f声母。例如苏州话把部分f声母读成h声母，成都话、长沙话、南昌话、梅州话、广州话等则把部分h声母读成f声母。这种混淆有的只是声母的改变，有的还伴随韵母的改变，往往丢掉韵头。例如"互、黄"读成fù、fáng。

发好f和h并不困难，大家都能发好。f和h都是清、擦音，它们的不同在于发音部位，f是唇齿音，发音时下唇略内收，上齿轻轻接触下唇，气流从唇齿间挤出，摩擦成声。只是f容易发成双唇音，要注意避免。h是舌面后音，发音时舌头略后缩，舌面后部与软腭形成窄缝，气流从窄缝中挤出，摩擦成声。

f和h发音没有难度，所以，f和h的辨正很简单，把f和h混淆的字词改读即可。

 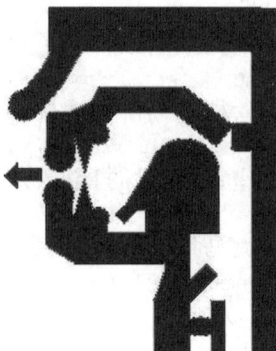

f 发音示意图　　　　　　　　h 发音示意图

【发音训练】

1. 基本音节练习

fa fo fei fou fan fen fang feng fu

ha he hai hei hao hou han hen hang heng hu

hua huo huai hui huan hun huang hong

2. 对应单字练习

伐 fá　　　佛 fó　　　费 fèi　　否 fǒu　　饭 fàn　　奋 fèn

放 fàng　　丰 fēng　　富 fù

蛤 há　　　贺 hè　　　害 hài　　黑 hēi　　耗 hào　　厚 hòu

汉 hàn　　恨 hèn　　航 háng　衡 héng　户 hù

化 huà　　货 huò　　坏 huài　汇 huì　　换 huàn

婚 hūn　　皇 huáng　洪 hóng

3. 对应词语练习

步伐 bùfá　　　　佛教 fójiào　　　费用 fèiyòng　　否定 fǒudìng

饭菜 fàncài　　　奋斗 fèndòu　　　放心 fàngxīn　　丰收 fēngshōu

富有 fùyǒu

蛤蟆 háma　　　贺信 hèxìn　　　害怕 hàipà　　　黑夜 hēiyè

耗材 hàocái　　　厚度 hòudù　　　汉族 hànzú　　　仇恨 chóuhèn

航向 hángxiàng　平衡 pínghéng　户口 hùkǒu

化学 huàxué　　　货物 huòwù　　　坏蛋 huàidàn　　汇集 huìjí

交换 jiāohuàn　　婚姻 hūnyīn　　　皇帝 huángdì　　洪峰 hóngfēng

【对比训练】
1. 基本音节练习

| h | a ei ou an ang en eng u |
|---|---|
| f | |

2. 双音节词语练习

嘻哈 xīhā ～ 出发 chūfā　　　黑色 hēisè ～ 飞机 fēijī
吼叫 hǒujiào ～ 否定 fǒudìng　　寒夜 hányè ～ 烦心 fánxīn
航标 hángbiāo ～ 房屋 fángwū　　痕迹 hénjì ～ 坟墓 fénmù
横线 héngxiàn ～ 冯姓 féngxìng　　互补 hùbǔ ～ 负责 fùzé

3. 混合练习
f－h

发挥 fāhuī　　复活 fùhuó　　风化 fēnghuà　　防护 fánghù
繁华 fánhuá　　返航 fǎnháng　　俘获 fúhuò　　妨害 fánghài
缝合 fénghé　　绯红 fēihóng　　肥厚 féihòu　　废话 fèihuà
分红 fēnhóng　　焚毁 fénhuǐ　　丰厚 fēnghòu　　腐化 fǔhuà

h－f

豪放 háofàng　　合法 héfǎ　　后方 hòufāng　　化肥 huàféi
焕发 huànfā　　荒废 huāngfèi　　挥发 huīfā　　回复 huífù
耗费 hàofèi　　花粉 huāfěn　　伙房 huǒfáng　　海防 hǎifáng

4. 比较练习

哈达 hǎdá ～ 发达 fādá　　　汉人 hànrén ～ 犯人 fànrén
大亨 dàhēng ～ 大风 dàfēng　　湖州 húzhōu ～ 福州 fúzhōu
互利 hùlì ～ 富丽 fùlì　　　寒士 hánshì ～ 凡是 fánshì
导航 dǎoháng ～ 倒房 dǎofáng　　传呼 chuánhū ～ 船夫 chuánfū
汾酒 fénjiǔ ～ 很久 hěnjiǔ　　反话 fǎnhuà ～ 喊话 hǎnhuà
缝合 fénghé ～ 恒河 hénghé　　防空 fángkōng ～ 航空 hángkōng

【诗词训练】

无　题

李商隐

相见时难别亦难，东风(fēng)无力百花(huā)残。
春蚕到死丝方(fāng)尽，蜡炬成灰(huī)泪始干。

hán
晓镜但愁云鬓改，夜吟应觉月光寒。

蓬山此去无多路，青鸟殷勤为探看。

### 送杜少府之任蜀州

王　勃

fǔ　　　fēng
城阙辅三秦，风烟望五津。

huàn
与君离别意，同是宦游人。

hǎi
海内存知己，天涯若比邻。

无为在歧路，儿女共沾巾。

### 黄鹤楼送孟浩然之广陵

李　白

huánghè　　huā
故人西辞黄鹤楼，烟花三月下扬州。

fān
孤帆远影碧空尽，唯见长江天际流。

**【绕口令训练】**

huàfènghuáng
画凤凰

fěnhóng　　huàfènghuáng　　fènghuánghuà　　fěnhóng　　　hóngfènghuáng　　fěnfènghuáng
粉红墙上画凤凰，凤凰画在粉红墙。红凤凰、粉凤凰，

hóngfěnfènghuáng　　huāfènghuáng
红粉凤凰、花凤凰。

fèn　　huī　　huīhùnfèn　　fènhùnhuī
◇一堆粪，一堆灰，灰混粪，粪混灰。

huáhua　　huánghuā　　hónghong　　hónghuā　　huáhua　　hónghuā　　hónghong
◇华华有两朵黄花，红红有两朵红花。华华要红花，红红

huánghuā　　huáhua　　hónghong　　huánghuā　　hónghong　　huáhua　　hónghuā
要黄花。华华送给红红一朵黄花，红红送给华华一朵红花。

## 第四组　j／q／x与z／c／s

**【温馨提示】**

在普通话语音系统中，i、ü行韵母只跟舌面音j、q、x相拼，习惯称为团音，不同舌尖音z、c、s相拼，若相拼，习惯称为尖音，普通话只有团音，没有尖音。[①] 一些汉语方言存在不同程度的尖音情况，但是，由于多年推普的影响，在年轻人中尖音已经不是很突出了。在一些方言里，j、q、x与z、c、s还有另外一个问题，就是把部分ji、qi、xi和zi、ci、si分别读成zi、ci、si和ji、qi、xi。东北和南方一些地区就存在这个问题，例如广东有的地方"自（zì）己（jǐ）"读成jìzǐ。[②]

j、q、x的发音与z、c、s的发音有明显的区别。j、q、x是舌面前音，发音时舌尖在下齿龈，舌面前部上升与硬腭前部构成阻碍。z、c、s是舌尖前音，舌尖在上齿背或下齿背，舌头平伸。简单而言，j、q、x舌头朝下弯曲，z、c、s舌头伸直平放。

j／q发音示意图　　x发音示意图　　　　z／c发音示意图　　s发音示意图

舌面前音　　　　　　　　　　　　　　舌尖前音

**【发音训练】**

1. **基本音节练习**

ji、qi、xi

zi、ci、si

zhi、chi、shi

---

[①]　由于不少方言翘舌声母都发成了相应的平舌声母，所以这里的z、c、s包含zh、ch、sh。

[②]　我们认为这种混淆不是尖团音的问题，其声母、韵母都有变化。

### 2．对应单字练习

机 jī　　即 jí　　几 jǐ　　寄 jì

七 qī　　其 qí　　起 qǐ　　气 qì

希 xī　　习 xí　　喜 xǐ　　戏 xì

资 zī　　紫 zǐ　　自 zì

词 cí　　此 cǐ　　次 cì

思 sī　　死 sǐ　　四 sì

知 zhī　　直 zhí　　只 zhǐ　　智 zhì

吃 chī　　迟 chí　　耻 chǐ　　斥 chì

诗 shī　　时 shí　　史 shǐ　　势 shì

### 3．对应词语练习

机头 jītóu　　即将 jíjiāng　　几个 jǐgè　　寄件 jìjiàn

七个 qīgè　　其他 qítā　　起来 qǐlái　　气度 qìdù

希望 xīwàng　　习题 xítí　　喜爱 xǐài　　戏剧 xìjù

资本 zīběn　　紫色 zǐsè　　自在 zìzài

词汇 cíhuì　　此外 cǐwài　　次数 cìshù

思虑 sīlǜ　　死亡 sǐwáng　　四个 sìgè

知道 zhī·dào　　直肠 zhícháng　　只有 zhǐyǒu　　智商 zhìshāng

吃力 chīlì　　迟到 chídào　　耻辱 chǐrǔ　　斥责 chìzé

诗歌 shīgē　　时段 shíduàn　　史册 shǐcè　　势力 shìlì

## 【对比训练】

### 1．基本音节练习

| ji、qi、xi | zi、ci、si |
| --- | --- |
| | zhi、chi、shi |

### 2．双音节词语练习

基础 jīchǔ　　资产 zīchǎn　　支部 zhībù

器物 qìwù　　刺杀 cìshā　　翅膀 chìbǎng

西部 xībù　　司令 sīlìng　　施救 shījiù

### 3．混合练习

辞职 cízhí　　死期 sǐqī　　此致 cǐzhì　　集资 jízī

自己 zìjǐ　　其次 qícì　　瓷器 cíqì　　锡丝 xīsī

四喜 sìxǐ　　几次 jǐcì　　祭祀 jìsì　　棋子 qízǐ

| | | | |
|---|---|---|---|
| 气死 qìsǐ | 戏子 xìzi | 戏词 xìcí | 自欺 zìqī |
| 自习 zìxí | 刺激 cìjī | 次席 cìxí | 司机 sījī |
| 机制 jīzhì | 知己 zhījǐ | 启齿 qǐchǐ | 吃起 chīqǐ |
| 西式 xīshì | 实习 shíxí | 鸡翅 jīchì | 集市 jíshì |
| 气质 qìzhì | 其实 qíshí | 细致 xìzhì | 志气 zhì·qì |
| 窒息 zhìxī | 吃席 chīxí | 实际 shíjì | 时期 shíqī |

**4. 比较练习**

| | |
|---|---|
| 激动 jīdòng ~ 制动 zhìdòng | 即将 jíjiāng ~ 资江 zījiāng |
| 机长 jīzhǎng ~ 滋长 zīzhǎng | 季节 jìjié ~ 枝节 zhījié |
| 其实 qíshí ~ 瓷实 císhí | 骑马 qímǎ ~ 尺码 chǐmǎ |
| 开启 kāiqǐ ~ 开吃 kāichī | 电器 diànqì ~ 电池 diànchí |
| 细节 xìjié ~ 四节 sìjié | 西方 xīfāng ~ 四方 sìfāng |
| 希望 xīwàng ~ 失望 shīwàng | 袭人 xírén ~ 石人 shírén |
| 昔日 xīrì ~ 时日 shírì | 气息 qìxī ~ 气死 qìsǐ |
| 质量 zhìliàng ~ 剂量 jìliàng | 标志 biāozhì ~ 标记 biāojì |
| 湿气 shīqì ~ 吸气 xīqì | 时间 shíjiān ~ 席间 xíjiān |

【诗词训练】

### 方契理
吕 岩

举世人生何所依，不求自己更求谁。
绝嗜欲，断贪痴，莫把神明暗里欺。

### 孤屿
张又新

碧水逶迤浮翠巘，绿萝蒙密媚晴江。
不知谁与名孤屿，其实中川是一双。

### 乞巧
林杰

七夕今宵看碧霄，牵牛织女渡河桥。
家家乞巧望秋月，穿尽红丝几万条。

## 僧　窗

薛　能

shí jī zhì　　　　　　　　　shì
不悟时机滞有馀，近来为事更乖疏。

朱轮皂盖蹉跎尽，犹爱明窗好读书。

## 【绕口令训练】

xī shī sǐ shí sì shí qī
◇西施死时四十七。

qī　　　qī　xī　　　xī　　qī　qī　　　xī xī　　xī xī　xī
◇七巷一个漆匠，西巷一个锡匠，七巷漆匠偷了西巷锡匠的锡，西巷锡匠
qī　qī　　qī
偷了七巷漆匠的漆。

sī jī　cí jī　zǐ xì　cí jī　sì zhī　cí jī　jī jī　　xǐ　sī jī　xī xī
◇司机买雌鸡，仔细看雌鸡，四只小雌鸡，叽叽好欢喜，司机笑嘻嘻。

zǐ sī　　zhī zǐ shī zi
紫丝线织紫狮子

shì　sì shí qī zhī jí xì jí xì　zǐ sī　shì zhī sì shí qī zhī jí xì jí xì　zǐ shī zi　　xì
试将四十七支极细极细的紫丝线，试织四十七只极细极细的紫狮子。让细
zǐ sī　　shì zhī xì zǐ shī zi　xì zǐ sī　　zhī　　sǐ zǐ shī zi　zǐ shī zi zhī　　　　　xì
紫丝线试织细紫狮子，细紫丝线却织成了死紫狮子。紫狮子织不成，扯断了细
zǐ sī
紫丝线。

# 第五组　其他问题

## 一、送气声母和不送气声母

普通话有的声母气流对比强弱明显，有送气、不送气之分。b、d、g、j、z、zh是不送气声母，p、t、k、q、c、ch是送气声母。有的方言在这个问题上也有混淆，例如"遍"在普通话里是不送气声母b，四川话却读成送气声母p。

送气声母和不送气声母的发音较容易，在不送气声母基础上增强气流，便形成了送气声母，送气声母气流减弱也就成为不送气声母。方言里只有少数送气声母和不送气声母与普通话有所不同，可以将它们读一遍，找出与普通话有差异的字即可。

【发音训练】

1. 混合练习

b－p

逼迫 bīpò　　　编排 biānpái　　　奔跑 bēnpǎo　　　表皮 biǎopí

p－b

磅礴 pángbó　　　跑步 pǎobù　　　疲惫 píbèi　　　漂泊 piāobó

d－t

带头 dàitóu　　　党团 dǎngtuán　　　动听 dòngtīng　　　地毯 dìtǎn

t－d

特地 tèdì　　　停顿 tíngdùn　　　推断 tuīduàn　　　屠刀 túdāo

g－k

广阔 guǎngkuò　　　高亢 gāokàng　　　关口 guānkǒu　　　顾客 gùkè

k－g

开关 kāiguān　　　看管 kānguǎn　　　旷工 kuànggōng　　　苦果 kǔguǒ

j－q

郊区 jiāoqū　　　奖券 jiǎngquàn　　　俊俏 jùnqiào　　　急切 jíqiè

q－j

抢救 qiǎngjiù　　　奇迹 qíjì　　　曲解 qūjiě　　　强加 qiángjiā

z－c

自从 zìcóng　　　座舱 zuòcāng　　　紫菜 zǐcài　　　资财 zīcái

c－z

操纵 cāozòng　　　嘈杂 cáozá　　　词组 cízǔ　　　存在 cúnzài

zh－ch

章程 zhāngchéng　　　涨潮 zhǎngcháo　　　追查 zhuīchá　　　展翅 zhǎnchì

ch－zh

冲撞 chōngzhuàng　　　产值 chǎnzhí　　　纯正 chúnzhèng　　　垂直 chuízhí

2. 比较练习

鼻炎 bíyán ～ 皮炎 píyán　　　被俘 bèifú ～ 佩服 pèi·fú

队伍 duìwu ～ 退伍 tuìwǔ　　　道路 dàolù ～ 套路 tàolù

鼓励 gǔlì ～ 苦力 kǔlì　　　关心 guānxīn ～ 宽心 kuānxīn

精华 jīnghuá ～ 清华 qīnghuá　　　圈钱 quānqián ～ 捐钱 juānqián

【绕口令训练】

◇八百标兵奔北坡，北坡炮兵并排跑，炮兵怕把标兵碰，标兵怕碰炮兵炮。

### 二、零声母

普通话部分零声母，在一些方言里带上了声母。如"爱"，天津话加上了 n 声母，"额"，成都话加上了 ng 声母，再如"文"，广州话加上了 m 声母。这种情况主要涉及的是开口呼韵母和合口呼韵母，在普通话考试用字中，这类字很少，记一记即可。

相反，普通话部分声母，在有的方言里又变成了零声母。r 声母大多变成了与 i 类似的音。例如"日本"（rìběn），广东有的地方读成 yìběn，"容易"四川话读成 yóngyì。

这些问题涉及的字词不多，现代的年轻人在学习普通话的过程中很少有这样的问题，这里就不再专门训练了。

**【发音训练】**

| | | | |
|---|---|---|---|
| 日益 rìyì | 让位 ràngwèi | 绕道 ràodào | 溶化 rónghuà |
| 哀怨 āiyuàn | 安稳 ānwěn | 昂扬 ángyáng | 扼要 èyào |
| 偶尔 ǒu'ěr | 遨游 áoyóu | 按照 ànzhào | 暗示 ànshì |

# 第四节　汉字声母识别训练

## 第一组　汉字声母识别与记忆

即使掌握了声母的发音方法，但如果不知道每个字的声母，还是不能说好普通话。因此，我们还必须记住常见字的声母。当然，我们也不是每个字的声母都不清楚，大部分字的声母是知道的，只有少数字不太清楚。普通话声韵调在音节结构和字形结构上有一定的规律，应该充分利用这种规律来帮助记忆。

第一，借助字形结构关系帮助记忆，这是最主要的方法。例如，"宗"构成的"宗、综、棕、踪、粽、淙、崇"等系列字，除"崇"是翘舌字外，其余都是平舌字；"从"构成的"从、丛、纵、疭、众"等系列字，除"众"是翘舌字外，其余都是平舌字；"此"构成的"此、疵、雌、紫、柴"等系列字，除"柴"是翘舌字外，其余都是平舌字；"尼"构成的"妮、尼、泥、呢、怩、铌、旎、伲、昵"等系列字都是 n 声母字；"良"构成的"良、粮、踉、狼、廊、浪、娘、酿"等系列字，除"娘、酿"是 n 声母字外，其余都是 l 声母字；"方"构成的"方、防、房、坊、肪、妨、纺、仿、放"等系列字都是 f 声母字；"胡"构成的"胡、糊、湖、猢"等系列字都是 h 声母字。

第二，利用语音规律帮助记忆。例如，同 ua、uai、uang 相拼的"抓、刷、踹、帅、庄、窗、双"等系列字都是翘舌字，没有平舌字；同 en 相拼的 z、c、s 字极少，主要有"怎、参（参差）、岑、森"四个字；同 en 相拼的 zh、ch、sh 字很多，比较常用的字就多达五十几个，如"珍、诊、镇、琛、陈、趁、深、神、沈、肾"等。ia 只同 l 相拼，不同 n 相拼。e、ü、ei、ang、eng、in、iang、uan 同 n、l 相拼，但是同 n 相拼的字很少。常用字除"呢、女、馁、内、囊、能、您、娘、酿、暖"等读 n 声母外，其余字都是 l 声母。o 只同 f 相拼，不同 h 相拼；uai 只同 h 相拼，不同 f 相拼。

第三，对问题不多的声母，可以参考《普通话水平测试用字声序字表》（以下简称"《声序字表》"）把与普通话不一致的声母找出来，整理并加以记忆。例如通读普通话考试用字中的 h 声母字，找出其中误读为 f 声母的字。四川话 hu 音节的字基本上都读成了 fu，把它们改读 hu 即可。

## 第二组　思考与练习

（1）指出下列平翘舌声母。

才　主　忖　针　纯　奏　洒　钻　搀　嗤
川　式　收　床　责　城　测　称　斯　罪
专　存　扯　沙　抽　拽　神　脏　椎　辞
支　早　折　沧　拆　残　蚕　资　暂　摧
中　伤　抒　初　招　昨　栽　梢　策　摘
升　舟　苍　社　昌　思　捉　曹　装　嗽
申　伞　材　诉　怂　钞　挫　绰　滋　增
生　杂　杉　张　卒　毡　真　综　窜　醋
失　争　权　陈　炊　促　砸　琢　瑟　憎
匆　充　足　坠　诛　俗　晒　揣　楂　藏

（2）指出下列鼻音与边音声母。

乃　老　丽　牢　例　挪　亮　留　捺
女　列　连　尿　念　南　类　恋　掠
内　劣　男　努　闹　柳　逆　离　略
牛　年　乱　纳　泪　耐　络　凉　累
另　刘　利　拈　泥　虐　捏　旅　您
鸟　农　你　拉　怜　临　聂　料　脸
立　那　卵　奈　郎　览　赁　浪　梁
兰　拟　疗　疬　录　钮　倪　娘　隆

宁　劳　吝　罗　陋　律　拿　能　联
辽　李　冷　岭　挠　李　脑　难　量

（3）通读《声序字表》，找出方言声母与普通话不一致的字，并另纸整理出来加以纠正。

①普通话读 f，方言读 h 的字。

②普通话读 h，方言读 f 的字。

（4）通读《声序字表》中 zi / zhi、ci / chi、si / shi 和 ji、qi、xi 音节字，找出方言与普通话不一致的字，并另纸整理出来加以纠正。

①普通话读 zi / zhi、ci / chi、si / shi，方言读 ji、qi、xi 的字。

②普通话读 ji、qi、xi，方言读 zi / zhi、ci / chi、si / shi 的字。

（5）通读《声序字表》中送气和不送气声母字，找出方言与普通话不一致的字，并另纸整理出来加以纠正。

①普通话读 b、d、g、z、zh、j，方言读 p、t、k、c、ch、q 的字。

②普通话读 p、t、k、c、ch、q，方言读 b、d、g、z、zh、j 的字。

（6）通读《声序字表》中零声母字，找出方言与普通话不一致的改读其他声母的字，并另纸整理出来加以纠正。

①普通话为零声母，方言读 ng 声母的字。

②普通话为零声母，方言读 m 声母的字。

③其他情况。

# 第五节　声母模拟训练

## 【温馨提示】

参加普通话考试的时候，需要迅速判断各题字词的声母，根据考试需要特意设计本练习。[1]

（1）指出下列各字词的声母并朗读。

奏　咬　脆　爱　挪　飞　葱　唱　荒　逢
吞　软　客　牙　卸　款　瓷　熟　聘　拟
闻　稍　腔　正　熊　面　抖　爬　妥　碗
梗　垒　挖　匹　刁　糠　煮　伞　贰　钟
翁　佳　籽　真　用　富　舵　娶　庙　帮

―――――――――

① 后面相关章节模拟题不再说明。

卖　坡　色　圈　黑　找　运　首　病　咽
惹　浓　饱　辆　填　插　拐　扔　刮　罪
广　望　眯　甩　拨　雨　秃　吹　嫩　园
夸　占　动　染　约　茎　溜　室　狠　歪
赖　裙　就　拆　悬　肋　印　尺　按　穴

（2）指出下列多音节词语的声母并朗读。

战略　　群众　　锻炼　　整理　　所谓
差点儿　蓬勃　　潦草　　尊敬　　打算
忍耐　　内科　　洽谈　　描写　　粮食
充足　　安排　　墨水儿　狂风　　秋天
兄弟　　目前　　回头　　次数　　背诵
态度　　勇敢　　寻找　　瓜分　　代理人
花色　　捐款　　窗户　　说明　　全体
鸦片　　衰弱　　纺织　　让步　　玩意儿
筷子　　而且　　举行　　挫折　　新陈代谢
法律　　决心　　刚才　　样品　　春节

（3）指出下列短文的声母并朗读。

我们都是在路上奔跑的孩子，奔跑的路上，布满了荆棘，我们都避免不了会磕磕碰碰、跌跌撞撞……但，如果想要到达远方，我们就得学会一次又一次地站起，重新摆好起跑的姿势，继续奔跑！从容、淡泊、骄傲。

泰戈尔说："顺境也好，逆境也好，人生就是一场对种种困难无尽无休的斗争，一场以寡敌众的战斗。"如何在这个没有硝烟的战场上成为一名勇士？鲁迅先生也说过："真正的猛士，敢于直面惨淡的人生，敢于直视淋漓的鲜血。"我们的人生还不至于惨淡，我们的伤口还不至于淋漓，我们只是在路上摔了一跤，如果这样子的挫折我们都不敢面对，选择了一蹶不振或者一直停在原地等待别人的救助，可以说，远方真的很远。

所以，到达远方的路，只有一条——"直面挫折！"挫折不过如此。遭遇挫折，就当它是一阵清风，让它从你的耳边轻轻吹过；遭遇挫折，就当它是一阵微不足道的小浪，不要让它在你心中激起惊涛骇浪；遭遇挫折，就当它是你眼中的一颗尘粒，眨一眨眼，流一滴泪，就足以将它淹没。……

## 附录一　普通话水平测试用字声序字表

**【温馨提示】**

《普通话水平测试用字声序字表》是从《普通话水平测试实施纲要》的词语表中整理出来的，按照国家试题命题要求，第一题（读单音节字词）和第二题（读多音节词语）采用的字词、涉及的汉字都来源于这些字，所以，考生要通读这些字，了解自己方言声母与普通话的差异，更好地掌握这些字的声母。

**说明：**

1. 本字表的字从《普通话水平测试实施纲要》17 041 个词语（包括表一、表二的所有词语）中提取。

2. 本字表首先按照《汉语拼音方案》声母表顺序排序，即零声母、b、p、m、f、d、t、n、l、g、k、h、j、q、x、zh、ch、sh、r、z、c、s，然后按照韵母及声调排序。韵母 ui、un、iu 还原为 uei、uen、iou 排序，y、w 开头的音节，依零声母处理，按照原韵母排序，ü 开头的韵母按照 u 的位置排序。

3. 轻声的处理。只有轻声一种读法的字列入本字表，并置于去声后，既有轻声读法，又有非轻声读法的字，按照非轻声读法的字列入本字表。

为了便于查找，将声母编号，可以根据以下序号查找声母：

1. 零声母　2. b　3. p　4. m　5. f　6. d　7. t　8. n　9. l　10. g　11. k 12. h　13. j　14. q　15. x　16. zh　17. ch　18. sh　19. r　20. z　21. c　22. s

### 1. 零声母

ā 阿

āi 哀 埃 挨 ái 挨 皑 癌 ǎi 矮 蔼 ài 艾 爱 隘 碍

ān 安 氨 庵 àn 岸 按 案 暗 黯

áng 昂 àng 盎

āo 凹 熬 áo 遨 熬 翱 鳌 ǎo 袄 ào 坳 拗 傲 奥 澳 懊

ē 阿 é 俄 峨 鹅 蛾 额 è 厄 扼 恶 饿 鄂 愕 萼 遏 腭

ēn 恩

ér 儿 而 ěr 尔 耳 饵 èr 二

ōu 讴 欧 殴 鸥 ǒu 呕 偶 藕

yī 一 伊 衣 医 依 漪 yí 仪 夷 宜 怡 姨 贻 胰 移 遗 疑 yǐ 乙 已 以 矣 蚁 倚 椅 yì 义 亿 忆 艺 议 亦 屹 异 呓 役 抑 译 邑 易 绎 诣 驿 疫 益 谊 塑 逸 意 溢

裔蜴毅熠翼臆

yā 丫压押鸦鸭　yá 牙芽蚜崖涯衙　yǎ 哑雅　yà 亚讶轧

yān 咽烟胭淹焉湮腌燕殷　yán 延严言岩沿炎研盐阎筵颜檐　yǎn 俨衍掩眼演　yàn 咽厌砚宴艳验谚堰焰雁燕

yāng 央殃秧鸯　yáng 扬羊阳杨佯疡洋　yǎng 仰养氧痒　yàng 样漾

yāo 夭吆妖腰邀要约　yáo 尧肴姚窑谣徭摇遥瑶　yǎo 咬窈舀　yào 药要耀钥

yē 椰噎耶掖　yé 爷　yě 也冶野　yè 咽业叶曳页夜掖液腋

yīn 因阴姻音殷　yín 吟垠寅淫银龈　yǐn 尹引饮隐瘾　yìn 荫饮印

yīng 应英莺婴樱鹦膺鹰　yíng 迎盈荧莹萤营萦蝇赢　yǐng 颖影　yìng 应映硬

yōng 佣拥痈庸雍臃　yǒng 永甬咏泳勇涌恿蛹踊　yòng 佣用

yōu 优忧幽悠　yóu 尤由犹邮油铀游　yǒu 友有酉黝　yòu 柚又右幼佑诱釉

yū 迂淤　yú 于予余臾鱼俞娱渔隅愉腴逾愚榆虞舆　yǔ 予与宇屿羽雨禹语　yù 与玉驭吁育郁狱浴预域欲谕喻寓御裕遇愈誉豫

yuān 冤鸳渊　yuán 元员园垣原圆袁援缘源猿　yuǎn 远　yuàn 苑怨院愿

yuē 曰约　yuè 乐月岳悦阅跃粤越

yūn 晕　yún 云匀纭耘　yǔn 允陨　yùn 孕运晕酝韵蕴

wū 乌污呜巫屋诬　wú 无毋吴吾芜梧　wǔ 五午伍武侮捂鹉舞　wù 恶勿务物误悟晤雾

wā 挖洼蛙　wá 娃　wǎ 瓦　wà 袜

wāi 歪　wài 外

wān 弯剜湾　wán 丸完玩顽　wǎn 宛挽晚婉惋皖碗　wàn 蔓万腕

wāng 汪　wáng 亡王　wǎng 网往枉惘　wàng 妄忘旺望

wēi 危威偎微巍　wéi 为韦围违桅唯帷惟维　wěi 伟伪尾纬苇委萎　wèi 为卫未位味畏胃谓喂蔚慰魏 wei 猬①

wēn 温瘟　wén 文纹闻蚊　wěn 吻紊稳　wèn 问

---

① 《普通话水平测试实施纲要》收录的词语有限，"猬"只有"刺猬"一词，读轻声，《新华字典》有"wèi"音，但普通话水平测试字词是以《普通话水平测试实施纲要》为依据，所以这里不列出"wèi"音，特此说明。后面类似情况不再说明。

wēng 翁 wèng 瓮
wō 涡窝蜗 wǒ 我 wò 沃卧握

## 2. b

bā 八巴扒吧芭疤 bá 拔跋 bǎ 把靶 bà 把坝爸罢霸耙 ba 叭笆
bāi 掰 bái 白 bǎi 百柏摆 bài 败拜
bān 扳班般颁斑搬 bǎn 板版 bàn 办半伴扮拌绊瓣
bāng 邦帮梆 bǎng 绑榜膀 bàng 蚌傍棒谤磅镑
bāo 包孢苞胞褒剥炮 báo 雹薄 bǎo 宝饱保堡 bào 报抱豹鲍暴爆刨
bēi 卑杯悲碑背 běi 北 bèi 贝狈备背钡倍被惫辈
bēn 奔 běn 本苯 bèn 奔笨
bēng 崩绷 běng 绷 bèng 绷泵迸蹦
bī 逼 bí 鼻 bǐ 匕比彼笔鄙 bì 币必毕闭庇陛毙婢敝痹辟弊碧蔽壁避臂璧
biān 边编鞭 biǎn 贬扁匾 biàn 便变遍辨辩辫
biāo 标膘 biǎo 表
biē 憋鳖 bié 别 biě 瘪 biè 别
bīn 宾滨濒 bìn 摈鬓
bīng 冰兵 bǐng 丙柄饼禀屏 bìng 并病摒
bō 拨波玻剥钵菠播 bó 脖伯驳帛泊勃铂舶博搏箔膊薄礴 bǒ 跛簸 bò 薄簸
bǔ 卜补哺捕 bù 不布步怖部埠簿

## 3. p

pā 趴 pá 扒爬耙琶 pà 帕怕
pāi 拍 pái 排牌 pài 派
pān 潘攀 pán 盘磐 pàn 判叛盼畔
pāng 膀乓 páng 膀磅庞旁 pàng 胖
pāo 抛泡 páo 刨咆狍炮袍 pǎo 跑 pào 炮泡
pēi 胚 péi 陪培赔裴 pèi 沛佩配
pēn 喷 pén 盆
pēng 抨烹 péng 朋彭棚硼蓬篷膨 pěng 捧 pèng 碰
pī 批坯披劈霹 pí 皮毗疲啤琵脾 pǐ 劈匹痞癖 pì 辟屁媲僻譬
piān 片偏篇 pián 便 piàn 片骗

piāo 漂飘 piáo 瓢朴 piǎo 漂瞟 piào 漂票

piē 撇瞥 piě 撇

pīn 拼 pín 贫频 pǐn 品 pìn 聘

pīng 乒 píng 平评凭坪苹屏瓶萍

pō 泊坡泼颇 pó 婆 pò 迫破粕魄

pōu 剖

pū 仆扑铺 pú 脯仆匍菩葡蒲 pǔ 朴圃浦普谱 pù 堡铺瀑

**4. m**

mā 妈抹 má 麻 mǎ 马玛码蚂 mà 骂 ma 嬷嘛

mái 埋霾 mǎi 买 mài 迈麦卖脉

mán 蛮馒瞒鳗 mǎn 满螨 màn 曼谩幔慢漫蔓

máng 忙芒盲茫氓 mǎng 莽蟒

māo 猫 máo 毛矛茅锚髦 mǎo 卯铆 mào 茂冒贸袤帽瑁貌

me 么

méi 没枚玫眉莓梅媒煤酶霉 měi 每美镁 mèi 妹昧媚寐魅

mēn 闷 mén 门 mèn 闷 men 们

mēng 蒙 méng 萌盟蒙 měng 猛蒙锰蜢 mèng 孟梦

mī 眯 mí 弥迷猕谜糜 mǐ 靡米 mì 泌觅秘密幂谧蜜

mián 眠绵棉 miǎn 免勉娩缅 miàn 面

miáo 苗描瞄 miǎo 秒渺藐 miào 妙庙

miè 灭蔑篾

mín 民 mǐn 皿抿泯闽悯敏

míng 名明鸣冥铭 mìng 命

miù 谬

mō 摸 mó 摹模膜摩磨蘑魔 mǒ 抹 mò 没磨抹末沫陌莫寞漠蓦墨默

móu 眸谋 mǒu 某

mú 模 mǔ 母亩牡姆拇 mù 木目沐牧募墓幕睦慕暮穆

**5. f**

fā 发 fá 乏伐罚阀筏 fǎ 法 fà 发

fān 帆番翻藩 fán 凡矾烦繁 fǎn 反返 fàn 犯泛饭范贩梵

fāng 方坊芳 fáng 防妨房肪 fǎng 仿访纺 fàng 放

fēi 飞妃非啡绯 féi 肥 fěi 匪诽翡 fèi 吠废沸肺费

fēn 分纷芬氛酚 fén 坟焚 fěn 粉 fèn 分份奋愤粪

fēng 丰风枫封疯峰烽锋蜂 féng 冯逢缝 fěng 讽 fèng 缝凤奉

fó 佛

fǒu 否

fū 夫肤孵敷 fú 佛弗伏扶芙拂服俘氟浮匐符幅福辐 fǔ 抚甫
府斧俯辅腑腐 fù 服父付妇负附咐复赴副富赋缚腹覆 fu 袱傅

## 6. d

dā 耷搭答 dá 达答打 dǎ 打 dà 大 da 瘩

dāi 呆待 dǎi 歹逮 dài 大代带待怠玳贷袋逮戴

dān 丹单担耽 dǎn 胆疸掸 dàn 担旦但诞弹惮淡蛋氮石

dāng 当裆 dǎng 挡党 dàng 当荡档

dāo 刀 dǎo 导岛倒捣祷蹈 dào 倒到悼盗道稻 dao 叨

dé 得德

děi 得

dēng 灯登蹬 děng 等 dèng 澄邓凳瞪

dī 低堤滴提 dí 的迪敌涤笛嫡 dǐ 诋底抵 dì 的地弟帝递第谛
缔蒂

diān 掂滇颠巅 diǎn 典点碘 diàn 电佃店垫惦淀奠殿

diāo 刁叼貂碉雕 diào 吊钓调掉

diē 爹跌 dié 迭谍叠碟蝶

dīng 丁叮盯钉 dǐng 顶鼎 dìng 钉订定锭

diū 丢

dōng 东冬 dǒng 董懂 dòng 动冻栋洞

dōu 都兜 dǒu 斗抖陡蚪 dòu 斗豆逗痘窦

dū 都嘟督 dú 毒读渎犊独 dǔ 笃堵赌睹肚 dù 妒杜肚度渡镀

duān 端 duǎn 短 duàn 段断缎煅锻

duī 堆 duì 队对兑

dūn 吨敦墩蹲 dǔn 盹 dùn 囤沌炖盾钝顿

duō 多 duó 度夺踱 duǒ 朵垛躲 duò 垛剁堕舵惰跺 duo 掇

## 7. t

tā 她他它塌 tǎ 塔獭 tà 榻踏蹋拓

tāi 胎苔 tái 台抬苔 tài 太汰态钛泰

tān 坍贪摊滩瘫 tán 弹坛谈痰谭潭 tǎn 坦毯 tàn 叹炭探碳

tāng 汤 táng 唐堂棠塘搪膛糖螗 tǎng 倘淌躺 tàng 烫趟

tāo 涛绦掏滔 táo 逃桃陶啕淘萄 tǎo 讨 tào 套

tè 特

téng 疼腾滕藤

tī 剔梯踢 tí 啼提题蹄 tǐ 体 tì 屉剃涕惕替嚏

tiān 天添 tián 田恬甜填 tiǎn 舔

tiāo 挑 tiáo 调条 tiǎo 挑窕 tiào 眺跳

tiē 贴 tiě 铁帖 tiè 帖

tīng 厅听 tíng 廷亭庭停蜓 tǐng 挺艇

tōng 通 tóng 同佟桐铜童瞳 tǒng 统捅桶筒 tòng 通同痛

tōu 偷 tóu 头投 tòu 透

tū 凸秃突 tú 图徒涂途屠 tǔ 土吐 tù 吐兔

tuān 湍 tuán 团

tuī 推 tuí 颓 tuǐ 腿 tuì 退蜕褪

tūn 吞 tún 囤屯豚臀

tuō 托拖脱 tuó 驮陀驼 tuǒ 妥椭 tuò 拓唾

## 8. n

ná 拿 nǎ 哪 nà 那纳娜钠捺

nǎi 乃奶氖 nài 奈耐

nán 男南难 nàn 难

náng 囊 nang 囔

náo 挠 nǎo 恼脑瑙 nào 闹

něi 馁 nèi 内

nèn 嫩

néng 能

ní 呢尼泥倪霓 nǐ 你拟 nì 泥昵逆溺腻

niān 拈蔫 nián 年黏 niǎn 捻撵碾 niàn 廿念

niáng 娘 niàng 酿

niǎo 鸟袅 niào 尿

niē 捏 niè 涅聂啮镊镍孽蘖

nín 您

níng 宁咛拧狞凝 nǐng 拧 nìng 宁拧泞

niú 牛 niǔ 扭纽钮 niù 拗

nóng 农浓脓 nòng 弄

nú 奴 nǔ 努 nù 怒

nuǎn 暖

nuó 挪 nuò 诺 懦 糯

nǔ 女

nüè 疟 虐

## 9. l

lā 拉 lá 拉 lǎ 喇 là 腊 蜡 辣 落

lái 来 徕 lài 睐 赖 癞

lán 兰 拦 栏 婪 蓝 澜 斓 篮 lǎn 览 揽 缆 榄 懒 làn 烂 滥

láng 郎 狼 廊 琅 螂 lǎng 朗 làng 浪

lāo 捞 láo 劳 牢 lǎo 老 姥 lào 涝 烙 落

lè 乐 勒

lēi 勒 léi 雷 镭 累 擂 lěi 垒 蕾 儡 累 lèi 肋 泪 类 累 擂

léng 棱 lěng 冷 lèng 愣

lí 厘 梨 离 犁 漓 璃 黎 篱 lǐ 礼 李 里 理 锂 鲤 lì 力 历 厉 立 吏 丽 利 励 沥 例 隶 俐 荔 栗 砾 笠 粒 蛎 痢 雳 li 狸

liǎ 俩

lián 连 帘 怜 涟 莲 联 廉 镰 liǎn 敛 脸 liàn 练 炼 恋 链

liáng 良 凉 梁 粮 量 liǎng 俩 两 liàng 凉 踉 亮 谅 辆 晾 量 liang 梁

liāo 撩 liáo 潦 辽 疗 聊 僚 嘹 撩 缭 燎 liǎo 燎 了 liào 廖 料 撂 瞭

liě 咧 liè 列 劣 烈 猎 裂

līn 拎 lín 邻 林 临 淋 琳 嶙 霖 磷 鳞 lìn 吝 赁 躏

líng 伶 灵 玲 凌 铃 陵 绫 羚 翎 聆 菱 零 龄 lǐng 岭 领 令 lìng 令 另

liū 溜 蹓 liú 刘 浏 流 留 琉 硫 馏 榴 瘤 liǔ 柳 绺 liù 溜 六 蹓 陆

lóng 龙 咙 珑 笼 聋 隆 lǒng 笼 陇 垄 拢 long 窿

lōu 搂 lóu 楼 lǒu 搂 篓 lòu 陋 漏 露

lú 卢 芦 炉 颅 lǔ 卤 虏 掳 鲁 lù 露 陆 录 赂 鹿 禄 碌 路 戮 麓 绿

luán 孪 恋 luǎn 卵 luàn 乱

lūn 抡 lún 伦 沦 纶 轮 lùn 论

luō 捋 luó 罗 萝 逻 锣 箩 骡 螺 luǒ 裸 luò 洛 络 骆 落 摞

lú 驴 桐 lǔ 吕 侣 旅 铝 屡 缕 履 捋 lù 滤 律 虑 率 绿 氯

lüè 掠 略

## 10. g

gāi 该 gǎi 改 gài 丐 钙 盖 溉 概

gān 干 甘 杆 肝 坩 柑 竿 gǎn 杆 秆 赶 敢 感 橄 擀 gàn 干 赣

gāng 刚 岗 纲 肛 缸 钢 gǎng 岗 港 gàng 杠

gāo 羔 高 膏 篙 糕 gǎo 搞 稿 镐 gào 膏 告

gē 戈 疙 哥 胳 鸽 割 搁 歌 gé 阁 革 格 葛 隔 膈 骼 gě 葛 gè 个 各

gěi 给

gēn 根 跟 gèn 亘

gēng 更 庚 耕 羹 gěng 哽 埂 耿 梗 颈 gèng 更

gōng 工 弓 公 功 攻 供 宫 恭 躬 龚 gǒng 巩 汞 拱 gòng 供 共 贡

gōu 勾 沟 钩 篝 gǒu 狗 苟 gòu 勾 构 购 垢 够

gū 估 姑 孤 辜 gǔ 古 谷 股 骨 鼓 贾 gù 固 故 顾 梏 雇 锢 gu 菇

guā 瓜 刮 guǎ 寡 guà 卦 挂 褂

guāi 乖 guǎi 拐 guài 怪

guān 关 观 官 冠 guǎn 馆 管 guàn 观 冠 贯 惯 灌 罐

guāng 光 胱 guǎng 广 犷 guàng 逛

guī 归 龟 规 皈 闺 硅 瑰 guǐ 轨 诡 鬼 guì 柜 贵 桂 跪

gǔn 滚 gùn 棍

guō 埚 郭 锅 guó 国 guǒ 果 裹 guò 过

## 11. k

kā 咖 kǎ 卡 咯

kāi 开 揩 kǎi 凯 慨 楷

kān 刊 勘 龛 堪 看 kǎn 槛 坎 砍 kàn 看 瞰

kāng 康 慷 糠 káng 扛 kàng 亢 抗 炕

kǎo 考 烤 kào 铐 靠

kē 苛 柯 科 棵 稞 颗 瞌 磕 蝌 ké 壳 咳 kě 坷 可 渴 kè 克 刻 客 恪 课

kěn 肯 垦 恳 啃

kēng 吭 坑 铿

kōng 空 kǒng 孔 恐 kòng 空 控

kōu 抠 kǒu 口 kòu 叩 扣 寇

kū 枯 哭 窟 kǔ 苦 kù 库 裤 酷

kuā 夸 kuǎ 垮 kuà 挎 跨

kuài 会 块 快 脍 筷

kuān 宽 kuǎn 款

kuāng 筐 kuáng 狂 kuàng 况 旷 矿 框 眶

kuī 亏 盔 窥 kuí 奎 葵 魁 傀 kuì 匮 愧 溃 馈

kūn 坤 昆 kǔn 捆 kùn 困

kuò 扩 括 阔 廓

## 12. h

hā 哈 há 蛤

hái 孩 还 hǎi 海 hài 骇 害 氦

hān 蚶 酣 憨 鼾 hán 含 函 涵 寒 韩 hǎn 罕 喊 hàn 汉 汗 旱 悍 捍 焊 憾 撼

háng 杭 航 行 hàng 巷

háo 毫 豪 嚎 壕 号 hǎo 好 郝 hào 好 号 浩 耗

hē 呵 喝 hé 禾 合 何 劾 和 河 阂 核 荷 涸 盒 颌 hè 喝 和 荷 贺 褐 赫 鹤 壑 吓

hēi 黑

hén 痕 hěn 很 狠 hèn 恨

héng 恒 横 衡 hèng 横

hōng 轰 哄 烘 hóng 弘 红 宏 洪 虹 鸿 hǒng 哄 hòng 哄

hóu 侯 喉 猴 hǒu 吼 hòu 侯 后 厚 候

hū 乎 呼 忽 惚 hú 和 核 弧 狐 胡 壶 湖 瑚 糊 蝴 hǔ 虎 唬 hù 互 户 护 沪

huā 花 huá 华 哗 滑 猾 划 huà 华 化 划 画 话 桦

huái 怀 淮 槐 huài 坏

huān 欢 huán 还 环 huǎn 缓 huàn 幻 宦 唤 换 涣 患 焕 痪 豢

huāng 荒 慌 huáng 皇 凰 黄 惶 煌 潢 蝗 磺 簧 huǎng 恍 晃 谎 幌 huàng 晃

huī 灰 诙 恢 挥 辉 徽 huí 回 洄 蛔 huǐ 悔 毁 huì 卉 汇 会 讳 绘 荟 海 贿 彗 晦 秽 喙 惠 慧

hūn 昏 荤 婚 hún 浑 魂 混 hùn 混

huō 豁 huó 和 活 huǒ 火 伙 huò 和 豁 或 货 获 祸 惑 霍

## 13. j

jī 讥 击 饥 机 肌 鸡 姬 积 基 畸 稽 激 羁 几 jí 及 吉 汲 级 即 极 急 疾 棘 集 嫉 辑 瘠 籍 jǐ 给 几 己 挤 脊 戟 麂 纪 济 jì 迹 绩 计 记 伎 纪 妓 忌 技 际 剂

季 既 济 继 寂 寄 悸 祭 暨 冀 髻 系 jì 箕

jiā 加 夹 佳 枷 浃 家 嘉 茄 jiá 夹 荚 颊 jiǎ 甲 胛 贾 钾 假 jià 价 驾 架 假 嫁 jia 稼

jiān 奸 尖 坚 歼 间 肩 艰 兼 监 缄 煎 jiǎn 拣 俭 柬 茧 捡 减 剪 检 睑 简 碱 jiàn 间 监 见 件 建 剑 荐 贱 健 涧 舰 渐 谏 毽 溅 腱 践 鉴 键 箭

jiāng 江 姜 将 浆 僵 缰 疆 jiǎng 讲 奖 桨 蒋 jiàng 将 匠 降 绛 酱 犟 强

jiāo 交 郊 娇 浇 骄 胶 椒 焦 跤 蕉 礁 教 jiáo 嚼 jiǎo 角 狡 绞 饺 皎 矫 脚 搅 剿 缴 jiào 叫 轿 较 教 窖 醮 觉 校

jiē 阶 皆 接 秸 揭 街 结 jié 节 劫 杰 洁 结 捷 睫 截 竭 jiě 姐 解 jiè 解 介 戒 届 界 诫 借 藉

jīn 巾 今 斤 金 津 矜 筋 襟 禁 jǐn 仅 紧 谨 锦 尽 jìn 尽 劲 近 进 晋 浸 烬 禁 靳 噤

jīng 京 经 茎 荆 惊 晶 睛 精 鲸 jǐng 井 阱 颈 景 憬 警 jìng 劲 净 径 胫 竞 竟 敬 境 静 镜

jiǒng 炯 窘

jiū 纠 究 揪 jiǔ 九 久 灸 韭 酒 jiù 旧 臼 疚 厩 救 就 舅

jū 车 居 拘 驹 鞠 jú 局 菊 橘 jǔ 咀 沮 举 矩 jù 句 巨 拒 具 炬 俱 剧 惧 据 距 锯 聚 踞 遽

juān 捐 鹃 圈 juǎn 卷 juàn 卷 倦 绢 眷 圈

juē 撅 jué 角 决 诀 抉 绝 觉 倔 崛 掘 厥 獗 蕨 爵 嚼 攫 juè 倔

jūn 军 君 均 钧 菌 jùn 俊 郡 峻 骏 竣

## 14. q

qī 七 沏 妻 凄 栖 戚 期 欺 漆 qí 齐 其 奇 歧 祈 崎 畦 骑 棋 旗 鳍 qǐ 乞 企 岂 启 起 绮 qì 气 迄 弃 汽 泣 契 砌 器

qiā 掐 qiǎ 卡 qià 恰 洽

qiān 千 扦 迁 牵 铅 谦 签 qián 前 虔 钱 钳 乾 潜 黔 qiǎn 浅 遣 谴 qiàn 欠 嵌 歉 纤

qiāng 呛 枪 腔 锵 qiáng 强 墙 qiǎng 强 抢 qiàng 呛 跄

qiāo 悄 跷 敲 锹 qiáo 乔 侨 桥 瞧 翘 qiǎo 悄 巧 qiào 壳 俏 峭 窍 翘 撬 鞘

qiē 切 qié 茄 qiě 且 qiè 切 妾 怯 窃 惬

qīn 亲 侵 钦 qín 秦 琴 禽 勤 噙 擒 qǐn 寝 qìn 沁

qīng 青 氢 轻 倾 卿 清 蜻 qíng 情 晴 擎 qǐng 顷 请 qìng 亲 庆 磬

qióng 穷 穹 琼

qiū 丘邱秋鳅 qiú 仇囚求酋球裘

qū 区曲岖驱屈祛蛆躯趋 qú 渠 qǔ 曲取娶 qù 去趣

quān 圈 quán 全权泉拳痊蜷 quǎn 犬 quàn 劝券

quē 缺 qué 瘸 què 却雀确阙鹊榷

qún 裙群

## 15. x

xī 夕兮汐西吸希昔析唏奚息牺悉惜晰犀稀溪皙锡熄蜥嬉膝曦 xí 习席袭媳 xǐ 洗铣喜 xì 戏系细隙

xiā 虾瞎 xiá 匣峡狭遐暇辖霞 xià 下吓夏

xiān 仙先纤掀锨鲜 xián 闲弦贤咸涎娴舷衔嫌 xiǎn 鲜显险 xiàn 县现线限宪陷馅羡献腺霰

xiāng 乡相香厢湘箱镶 xiáng 降详祥翔 xiǎng 享响饷想 xiàng 相向巷项象像橡

xiāo 削宵消逍萧硝销潇箫嚣肖 xiáo 淆 xiǎo 小晓 xiào 孝肖哮效校笑啸

xiē 些楔歇 xié 协邪胁挟偕斜谐携鞋 xiě 写血 xiè 解泄泻卸屑械亵谢懈蟹

xīn 心芯辛欣锌新薪馨 xìn 信衅

xīng 兴星猩腥 xíng 刑行邢形型 xǐng 省醒 xìng 兴杏姓幸性

xiōng 凶兄匈汹胸 xióng 雄熊

xiū 休修羞 xiǔ 宿朽 xiù 臭宿秀绣袖锈嗅

xū 戌须虚嘘需 xú 徐 xǔ 许 xù 旭序叙畜绪续絮蓄 xu 婿

xuān 宣喧暄 xuán 玄悬旋 xuǎn 选癣 xuàn 旋炫绚眩渲

xuē 削靴薛 xué 穴学 xuě 雪 xuè 血谑

xūn 勋熏薰 xún 寻巡旬询峋循 xùn 驯训讯汛迅逊

## 16. zh

zhā 渣楂扎 zhá 轧闸铡炸 zhǎ 眨 zhà 乍诈栅炸蚱榨

zhāi 斋摘 zhái 择宅 zhǎi 窄 zhài 债寨

zhān 沾毡粘瞻占 zhǎn 斩展盏崭辗 zhàn 颤占战站绽湛蘸

zhāng 张章彰樟 zhǎng 长涨掌 zhàng 涨丈仗帐杖胀账障

zhāo 朝招昭着 zháo 着 zhǎo 找沼爪 zhào 召兆诏赵照罩肇

zhē 遮折 zhé 蜇折哲辄辙 zhě 者褶 zhè 这浙蔗

zhēn 贞针侦珍真砧斟臻 zhěn 诊枕疹 zhèn 阵振朕镇震

zhēng 争 征 挣 睁 蒸 正 症 zhěng 拯 整 zhèng 挣 正 证 郑 政 症 zheng 筝

zhī 之 支 汁 芝 枝 知 织 肢 脂 只 zhí 执 侄 直 值 职 植 殖 zhǐ 止 只 旨 址 纸 指 趾 zhì 至 志 制 帜 治 炙 质 峙 挚 桎 秩 致 掷 窒 智 滞 稚 置

zhōng 中 忠 终 盅 钟 衷 zhǒng 肿 种 冢 zhòng 中 种 仲 众 重

zhōu 州 舟 周 洲 粥 zhóu 轴 zhǒu 肘 zhòu 咒 宙 昼 皱 骤 zhou 帚

zhū 朱 诛 株 珠 诸 猪 蛛 zhú 竹 烛 逐 zhǔ 主 拄 属 煮 嘱 瞩 zhù 伫 住 助 注 贮 驻 柱 祝 著 蛀 筑 铸

zhuā 抓 zhuǎ 爪

zhuài 拽

zhuān 专 砖 zhuǎn 转 zhuàn 传 转 赚 撰 篆

zhuāng 妆 庄 桩 装 zhuàng 壮 状 幢 撞

zhuī 追 椎 锥 zhuì 坠 缀 赘

zhǔn 准

zhuō 拙 捉 桌 zhuó 卓 灼 茁 浊 酌 啄 着 琢

## 17. ch

chā 叉 杈 插 差 chá 查 茬 茶 察 chǎ 叉 chà 杈 岔 诧 差 刹

chāi 差 拆 chái 柴

chān 掺 搀 chán 禅 馋 缠 蝉 潺 蟾 chǎn 产 铲 阐 chàn 忏 颤

chāng 昌 娼 猖 cháng 长 肠 尝 偿 常 场 chǎng 厂 场 敞 chàng 怅 畅 倡 唱

chāo 抄 钞 超 剿 cháo 巢 朝 嘲 潮 chǎo 吵 炒

chē 车 chě 扯 chè 彻 掣 撤 澈

chēn 抻 chén 尘 臣 忱 沉 辰 陈 晨 chèn 衬 称 趁

chēng 称 撑 chéng 丞 成 呈 承 诚 城 乘 惩 程 澄 橙 盛 chěng 逞 骋 chèng 秤

chī 吃 嗤 痴 chí 池 驰 迟 持 chǐ 尺 侈 齿 耻 chì 斥 赤 炽 翅 啻

chōng 充 冲 舂 憧 chóng 虫 崇 重 chǒng 宠 chòng 冲

chōu 抽 chóu 仇 惆 绸 畴 愁 稠 筹 酬 踌 chǒu 丑 chòu 臭

chū 出 初 chú 刍 除 厨 锄 蜍 雏 橱 蹰 chǔ 础 储 楚 处 chù 处 搐 触 矗 畜

chuāi 揣 chuǎi 揣 chuài 踹

chuān 川 穿 chuán 传 船 chuǎn 喘 chuàn 串

chuāng 疮 窗 创 chuáng 床 幢 chuǎng 闯 chuàng 创

69

chuī 吹炊 chuí 垂陲捶锤 chui 槌

chūn 春 chún 纯唇淳醇 chǔn 蠢

chuō 戳 chuò 啜绰

## 18. sh

shā 杀沙纱刹砂煞杉 shǎ 傻 shà 煞霎厦

shāi 筛 shǎi 色 shài 晒

shān 山杉衫珊煽扇 shǎn 闪陕 shàn 禅单讪扇善缮擅膳赡

shāng 伤商 shǎng 晌赏上 shàng 上尚 shang 裳

shāo 捎梢烧稍 sháo 勺 shǎo 少 shào 少绍哨

shē 奢 shé 舌蛇折 shě 舍 shè 舍设社射涉赦摄麝

shéi 谁

shēn 参申伸身呻绅娠砷深 shén 神什 shěn 沈审婶 shèn 肾甚渗慎蜃

shēng 升生声牲笙 shéng 绳 shěng 省 shèng 胜圣盛剩

shī 尸失师虱诗施狮湿 shí 十什石时识实拾蚀食 shǐ 史矢使始驶屎 shì 士氏世仕市示式事侍势视试饰室恃拭是柿适舐逝释嗜誓噬螫似 shi 匙

shōu 收 shóu 熟 shǒu 手守首 shòu 寿受狩兽售授瘦

shū 书抒叔枢倏殊梳疏舒输蔬 shú 孰赎塾熟 shǔ 暑署鼠蜀薯曙数属 shù 术束述树竖恕庶数墅

shuā 刷 shuǎ 耍

shuāi 衰摔 shuǎi 甩 shuài 率帅

shuān 拴栓 shuàn 涮

shuāng 双霜 shuǎng 爽

shuí 谁 shuǐ 水 shuì 税睡

shǔn 吮 shùn 顺舜瞬

shuō 说 shuò 烁硕

## 19. r

rán 然燃 rǎn 冉染

rǎng 嚷壤 ràng 让

ráo 饶 rǎo 扰 rào 绕

rě 惹 rè 热

rén 人仁任 rěn 忍 rèn 刃认任纫妊韧饪

rēng 扔 réng 仍

rì 日

róng 绒荣容溶蓉熔融 rǒng 冗

róu 柔揉蹂 ròu 肉

rú 如儒蠕 rǔ 汝乳辱 rù 入褥

ruǎn 软

ruǐ 蕊 ruì 锐瑞

rùn 闰润

ruò 若弱

## 20. z

zā 咂扎 zá 杂砸

zāi 灾哉栽 zǎi 宰载崽仔 zài 载再在

zán 咱 zǎn 攒 zàn 暂赞

zāng 脏 zàng 藏脏葬

zāo 遭糟 záo 凿 zǎo 早枣澡藻 zào 灶皂造噪燥躁 zao 蚤

zé 则择泽责啧 zè 仄

zéi 贼

zěn 怎

zēng 曾增憎 zèng 赠

zī 兹咨姿资滋 zǐ 仔籽子姊紫滓 zì 字自渍

zōng 宗综棕踪鬃 zǒng 总 zòng 纵粽

zǒu 走 zòu 奏揍

zū 租 zú 足卒族 zǔ 诅阻组祖

zuān 钻 zuǎn 纂 zuàn 钻攥

zuǐ 嘴 zuì 最罪醉

zūn 尊遵

zuō 作 zuó 琢昨 zuǒ 撮左佐 zuò 作坐座做

## 21. c

cā 擦

cāi 猜 cái 才材财裁 cǎi 采彩睬踩 cài 菜蔡

cān 参餐 cán 残蚕惭 cǎn 惨 càn 灿璨

cāng 仓沧苍舱 cáng 藏

cāo 操糙 cáo 曹嘈槽 cǎo 草

cè 册 侧 厕 测 策

céng 层 曾 cèng 蹭

cí 词 祠 瓷 慈 辞 磁 雌 cǐ 此 cì 次 刺 赐

cōng 囱 匆 葱 聪 cóng 从 丛

còu 凑

cū 粗 cù 促 醋 簇

cuān 蹿 cuán 攒 cuàn 窜 篡

cuī 崔 催 摧 cuǐ 璀 cuì 脆 啐 淬 萃 瘁 粹 翠

cūn 村 皴 cún 存 cǔn 忖 cùn 寸

cuō 搓 磋 撮 cuò 挫 措 锉 错

## 22. s

sā 仨 撒 sǎ 撒 洒 sà 卅 萨

sāi 塞 腮 鳃 sài 塞 赛

sān 三 sǎn 伞 散 sàn 散

sāng 桑 丧 sǎng 嗓 sàng 丧

sāo 搔 骚 缲 臊 sǎo 扫 嫂 sào 臊 扫

sè 塞 色 涩 啬 瑟

sēn 森

sēng 僧

sī 丝 司 私 思 斯 厮 嘶 撕 sǐ 死 sì 四 寺 伺 似 祀 饲 俟 嗣 肆

sōng 松 sǒng 丛 悚 耸 sòng 讼 宋 诵 送 颂

sōu 搜 艘 sǒu 叟 擞 sou 嗽

sū 苏 酥 稣 sú 俗 sù 诉 肃 素 速 宿 粟 塑 溯

suān 酸 suàn 蒜 算

suī 虽 suí 绥 隋 随 遂 suǐ 髓 suì 岁 祟 遂 碎 隧 穗 邃

sūn 孙 sǔn 损 笋

suō 唆 梭 蓑 缩 suǒ 所 索 琐 锁

## 附录二　普通话水平测试用字声母对比字表

### 一、z/c/s 与 zh/ch/sh

| z | zh |
|---|---|
| zā 咂扎 zá 杂砸 | zhā 渣楂扎 zhá 轧闸铡炸 zhǎ 眨 zhà 乍诈栅炸蚱榨 |
| zāi 灾哉栽 zǎi 宰载崽仔 zài 载再在 | zhāi 斋摘 zhái 择宅 zhǎi 窄 zhài 债寨 |
| zán 咱 zǎn 攒 zàn 暂赞 | zhān 沾毡粘瞻占 zhǎn 斩展盏崭辗 zhàn 颤占战站绽湛蘸 |
| zāng 脏 zàng 藏脏葬 | zhāng 张章彰樟 zhǎng 长涨掌 zhàng 涨丈仗帐杖胀账障 |
| zāo 遭糟 záo 凿 zǎo 早枣澡藻 zào 灶皂造噪燥躁 zao 蚤 | zhāo 朝招昭着 zháo 着 zhǎo 找沼爪 zhào 召兆诏赵照罩肇 |
| zé 则择泽责啧 zè 仄 | zhē 遮折 zhé 蜇折哲辄辙 zhě 者褶 zhè 这浙蔗 |
| zéi 贼 | |
| zěn 怎 | zhēn 贞针侦珍真砧斟臻 zhěn 诊枕疹 zhèn 阵振朕镇震 |
| zēng 曾增憎 zèng 赠 | zhēng 争征挣蒸正症 zhěng 拯整 zhèng 挣正证郑政症 zheng 筝 |
| zī 兹咨姿资滋 zǐ 仔籽子姊紫滓 zì 字自渍 | zhī 之支汁芝枝知织肢脂只 zhí 执侄直值职植殖 zhǐ 止只旨址纸指趾 zhì 至志制帜治炙质峙挚栉秩致掷窒智滞稚置 |
| zōng 宗综棕踪鬃 zǒng 总 zòng 纵粽 | zhōng 中忠终盅钟衷 zhǒng 肿种冢 zhòng 中种仲众重 |
| zǒu 走 zòu 奏揍 | zhōu 州舟周洲粥 zhóu 轴 zhǒu 肘 zhòu 咒宙昼皱骤 zhou 帚 |
| zū 租 zú 足卒族 zǔ 诅阻组祖 | zhū 朱诛株珠诸猪蛛 zhú 竹烛逐 zhǔ 主拄属煮嘱瞩 zhù 伫住助注贮驻柱祝著蛀筑铸 |
| | zhuā 抓 zhuǎ 爪 |
| | zhuài 拽 |

（续上表）

| z | zh |
|---|---|
| zuān 钻 zuǎn 纂 zuàn 钻攥 | zhuān 专砖 zhuǎn 转 zhuàn 传转赚撰篆 |
| | zhuāng 妆庄桩装 zhuàng 壮状幢撞 |
| zuǐ 嘴 zuì 最罪醉 | zhuī 追椎锥 zhuì 坠缀赘 |
| zūn 尊遵 | zhǔn 准 |
| zuō 作 zuó 琢昨 zuǒ 撮左佐 zuò 作坐座做 | zhuō 拙捉桌 zhuó 卓灼茁浊酌啄着琢 |

| c | ch |
|---|---|
| cā 擦 | chā 叉杈插差 chá 查茬茶察 chǎ 叉 chà 杈岔诧差刹 |
| cāi 猜 cái 才材财裁 cǎi 采彩睬踩 cài 菜蔡 | chāi 差拆 chái 柴 |
| cān 参餐 cán 残蚕惭 cǎn 惨 càn 灿璨 | chān 掺搀 chán 禅馋缠蝉潺蟾 chǎn 产铲阐 chàn 忏颤 |
| cāng 仓沧苍舱 cáng 藏 | chāng 昌娼猖 cháng 长肠尝偿常场 chǎng 厂场敞 chàng 怅畅倡唱 |
| cāo 操糙 cáo 曹嘈槽 cǎo 草 | chāo 抄钞超剿 cháo 巢朝嘲潮 chǎo 吵炒 |
| cè 册侧厕测策 | chē 车 chě 扯 chè 彻掣撤澈 |
| cén 岑 | chēn 抻 chén 尘臣忱沉辰陈晨 chèn 衬称趁 |
| céng 层曾 cèng 蹭 | chēng 称撑 chéng 丞成呈承诚城乘惩程澄橙盛 chěng 逞骋 chèng 秤 |
| cí 词祠瓷慈辞磁雌 cǐ 此 cì 次刺赐 | chī 吃嗤痴 chí 池驰迟持 chǐ 尺侈齿耻 chì 斥赤炽翅啻 |
| cōng 囱匆葱聪 cóng 从丛 | chōng 充冲舂憧 chóng 虫崇重 chǒng 宠 chòng 冲 |
| còu 凑 | chōu 抽 chóu 仇惆绸畴愁稠筹酬踌 chǒu 丑 chòu 臭 |
| cū 粗 cù 促醋簇 | chū 出初 chú 刍除厨锄蜍雏橱蹰 chǔ 础储楚处 chù 处搐触矗畜 |
| | chuāi 揣 chuǎi 揣 chuài 踹 |
| cuān 蹿 cuán 攒 cuàn 窜篡 | chuān 川穿 chuán 传船 chuǎn 喘 chuàn 串 |
| | chuāng 疮窗创 chuáng 床幢 chuǎng 闯 chuàng 创 |

（续上表）

| c | ch |
|---|---|
| cuī 崔催摧 cuǐ 璀 cuì 脆啐淬萃瘁粹翠 | chuī 吹炊 chuí 垂陲捶锤 chui 槌 |
| cūn 村皴 cún 存 cǔn 忖 cùn 寸 | chūn 春 chún 纯唇淳醇 chǔn 蠢 |
| cuō 搓磋撮 cuò 挫措锉错 | chuō 戳 chuò 啜绰 |

| s | sh |
|---|---|
| sā 仨撒 sǎ 撒洒 sà 卅萨 | shā 杀沙纱刹砂煞杉 shǎ 傻 shà 煞霎厦 |
| sāi 塞腮鳃 sài 塞赛 | shāi 筛 shǎi 色 shài 晒 |
| sān 三 sǎn 伞散 sàn 散 | shān 山杉衫珊煽扇 shǎn 闪陕 shàn 禅单讪扇善缮擅膳赡 |
| sāng 桑丧 sǎng 嗓 sàng 丧 | shāng 伤商 shǎng 晌赏上 shàng 上尚 shang 裳 |
| sāo 搔骚缫臊 sǎo 扫嫂 sào 臊扫 | shāo 捎梢烧稍 sháo 勺 shǎo 少 shào 少绍哨 |
| sè 塞色涩啬瑟 | shē 奢 shé 舌蛇折 shě 舍 shè 舍设社射涉赦摄麝 |
| | shéi 谁 |
| sēn 森 | shēn 参申伸身呻绅娠砷深 shén 神什 shěn 沈审婶 shèn 肾甚渗慎蜃 |
| sēng 僧 | shēng 升生声牲笙 shéng 绳 shěng 省 shèng 胜圣盛剩 |
| sī 丝司私思斯厮嘶撕 sǐ 死 sì 四寺伺似祀饲俟嗣肆 | shī 尸失师虱诗施狮湿 shí 十什石时识实拾蚀食 shǐ 史矢使始驶屎 shì 士氏世仕市示式事侍势视试饰室恃拭是柿适舐逝释嗜誓噬螫似 shi 匙 |
| sōng 松 sǒng 怂悚耸 sòng 讼宋诵送颂 | |
| sōu 搜艘 sǒu 擞 sou 嗽 | shōu 收 shóu 熟 shǒu 手守首 shòu 寿受狩兽售授瘦 |
| sū 苏酥稣 sú 俗 sù 诉肃素速宿粟塑溯 | shū 书抒叔枢倏殊梳疏舒输蔬 shú 孰赎塾熟 shǔ 暑署鼠蜀薯曙数属 shù 术束述树竖恕庶数墅 |
| | shuā 刷 shuǎ 耍 |

（续上表）

| s | sh |
|---|---|
| | shuāi 衰摔 shuǎi 甩 shuài 率帅 |
| suān 酸 suàn 蒜算 | shuān 拴栓 shuàn 涮 |
| | shuāng 双霜 shuǎng 爽 |
| suī 虽 suí 绥隋随遂 suǐ 髓 suì 岁祟遂碎隧穗邃 | shuí 谁 shuǐ 水 shuì 税睡 |
| sūn 孙 sǔn 损笋 | shǔn 吮 shùn 顺舜瞬 |
| suō 唆梭蓑缩 suǒ 所索琐锁 | shuō 说 shuò 烁硕 |

## 二、n 与 l

| n | l |
|---|---|
| ná 拿 nǎ 哪 nà 那纳娜钠捺 | lā 拉 lá 拉 lǎ 喇 là 腊蜡辣落 |
| nǎi 乃奶氖 nài 奈耐 | lái 来徕 lài 睐赖癞 |
| nán 男南难 nàn 难 | lán 兰拦栏婪蓝澜斓篮 lǎn 览揽缆榄懒 làn 烂滥 |
| náng 囊 nang 囔 | láng 郎狼廊琅螂 lǎng 朗 làng 浪 |
| náo 挠 nǎo 恼脑瑙 nào 闹 | lāo 捞 láo 劳牢 lǎo 老姥 lào 涝烙落 |
| | lè 乐勒 |
| něi 馁 nèi 内 | lēi 勒 léi 雷镭累擂 lěi 垒蕾儡累 lèi 肋泪类累擂 |
| nèn 嫩 | |
| néng 能 | léng 棱 lěng 冷 lèng 愣 |
| ní 呢尼泥倪霓 nǐ 你拟 nì 泥昵逆溺腻 | lí 厘梨离犁漓璃黎篱 lǐ 礼李里理锂鲤 lì 力历厉立吏丽利励沥例隶俐荔栗砾笠粒蛎痢雳 li 狸 |
| | liǎ 俩 |
| niān 拈蔫 nián 年黏 niǎn 捻撵碾 niàn 廿念 | lián 连帘怜涟莲联廉镰 liǎn 敛脸 liàn 练炼恋链 |
| niáng 娘 niàng 酿 | liáng 良凉梁粮量 liǎng 俩两 liàng 凉踉亮谅辆晾量 liang 粱 |

（续上表）

| n | l |
|---|---|
| niǎo 鸟袅 niào 尿 | liāo 撩 liáo 潦辽疗聊僚嘹撩缭燎 liǎo 燎了 liào 廖料撂瞭 |
| niē 捏 niè 涅聂啮镊镍孽蘖 | liē 咧 liè 列劣烈猎裂 |
| nín 您 | līn 拎 lín 邻林临淋琳嶙霖磷鳞 lìn 吝赁躏 |
| níng 宁咛拧狞凝 nǐng 拧 nìng 宁拧泞 | líng 伶灵玲凌铃陵绫羚翎聆菱零龄 lǐng 岭领 lìng 令另 |
| niú 牛 niǔ 扭纽钮 niù 拗 | liū 溜蹓 liú 刘浏流留琉硫馏榴瘤 liǔ 柳绺 liù 溜六蹓陆 |
| nóng 农浓脓 nòng 弄 | lóng 龙咙珑笼聋隆 lǒng 笼陇垄拢 long 窿 |
| | lōu 搂 lóu 楼 lǒu 搂篓 lòu 陋漏露 |
| nú 奴 nǔ 努 nù 怒 | lú 卢芦炉颅 lǔ 卤房掳鲁 lù 露陆录赂鹿禄碌路戮麓绿 |
| nuǎn 暖 | luán 李峦 luǎn 卵 luàn 乱 |
| | lūn 抡 lún 伦沦纶轮 lùn 论 |
| nuó 挪 nuò 诺懦糯 | luō 捋 luó 罗萝逻锣箩骡螺 luǒ 裸 luò 洛络骆落摞 |
| nǚ 女 | lú 驴榈 lǚ 吕侣旅铝屡缕履捋 lǜ 滤律虑率绿氯 |
| nüè 疟虐 | lüè 掠略 |

## 三、f 与 h

| f | h |
|---|---|
| fā 发 fá 乏伐罚阀筏 fǎ 法 fà 发 | hā 哈 há 蛤 |
| | hái 孩还 hǎi 海 hài 骇害氦 |
| fān 帆番翻藩 fán 凡矾烦繁 fǎn 反返 fàn 犯泛饭范贩梵 | hān 蚶酣憨鼾 hán 含函涵寒韩 hǎn 罕喊 hàn 汉汗旱悍捍焊憾撼 |
| fāng 方坊芳 fáng 防妨房肪 fǎng 仿访纺 fàng 放 | háng 杭航行 hàng 巷 |

77

（续上表）

| f | h |
|---|---|
| | háo 毫豪嚎壕号 hǎo 好郝 hào 好号浩耗 |
| | hē 呵喝 hé 禾合何劾和河阂核荷涸盒颌 hè 喝和荷贺褐赫鹤壑吓 |
| fēi 飞妃非啡绯 féi 肥 fěi 匪诽翡 fèi 吠废沸肺费 | hēi 黑 |
| fēn 分纷芬氛酚 fén 坟焚 fěn 粉 fèn 分份奋愤粪 | hén 痕 hěn 很狠 hèn 恨 |
| fēng 丰风枫封疯峰烽锋蜂 féng 冯逢缝 fěng 讽 fèng 缝凤奉 | héng 恒横衡 hèng 横 |
| fó 佛 | |
| | hōng 轰哄烘 hóng 弘红宏洪虹鸿 hǒng 哄 hòng 哄 |
| fǒu 否 | hóu 侯喉猴 hǒu 吼 hòu 侯后厚候 |
| fū 夫肤孵敷 fú 佛弗伏扶芙拂服俘氟浮匍符幅福辐 fǔ 抚甫府斧俯辅腑腐 fù 服父付妇负附咐复赴副富赋缚腹覆 fu 袱傅 | hū 乎呼忽惚 hú 和核弧狐胡壶湖瑚糊蝴 hǔ 虎唬 hù 互户护沪 |
| | huā 花 huá 华哗滑猾划 huà 华化划画话桦 |
| | huái 怀淮槐 huài 坏 |
| | huān 欢 huán 还环 huǎn 缓 huàn 幻宦唤换涣患焕痪豢 |
| | huāng 荒慌 huáng 皇凰黄惶煌潢蝗磺簧 huǎng 恍晃谎幌 huàng 晃 |
| | huī 灰诙恢挥辉徽 huí 回洄蛔 huǐ 悔毁 huì 卉汇会讳绘荟诲贿彗晦秽喙惠慧 |
| | hūn 昏荤婚 hún 浑魂混 hùn 混 |
| | huō 豁 huó 和活 huǒ 火伙 huò 和豁或货获祸惑霍 |

## 四、ji / qi / xi 与 zi / ci / si、zhi/chi/shi

| ji | zi | zhi |
|---|---|---|
| jī 讥击饥机肌鸡姬积基畸稽激羁几 jí 及吉汲级即极急疾棘集嫉辑瘠籍 jǐ 给几己挤脊戟麂纪济 jì 迹绩计记伎纪妓忌技际剂季既济继寂寄悸祭暨冀髻系 jī 箕 | zī 兹咨姿资滋 zǐ 仔籽子姊紫滓 zì 字自渍 | zhī 之支汁芝枝知织肢脂只 zhí 执侄直值职植殖 zhǐ 止只旨址纸指趾 zhì 至志制帜治炙质峙挚桎秩致掷室智滞稚置 |
| qī 七沏妻凄栖戚期欺漆 qí 齐其奇歧祈崎畦骑棋旗鳍 qǐ 乞企岂启起绮 qì 气迄弃汽泣契砌器 | cí 词祠瓷慈辞磁雌 cǐ 此 cì 次刺赐 | chī 吃嗤痴 chí 池驰迟持 chǐ 尺侈齿耻 chì 斥赤炽翅啻 |

| xi | si | shi |
|---|---|---|
| xī 夕兮汐西吸希昔析唏奚息牺悉惜晰犀稀溪皙锡熄蜥嬉膝曦 xí 习席袭媳 xǐ 洗铣喜 xì 戏系细隙 | sī 丝司私思斯厮嘶撕 sǐ 死 sì 四寺伺似祀饲俟嗣肆 | shī 尸失师虱诗施狮湿 shí 十什石时识实拾蚀食 shǐ 史矢使始驶屎 shì 士氏世仕市示式事侍势视试饰室恃拭是柿适舐逝释嗜誓噬螫似 shi 匙 |

## 附录三　普通话水平测试用字声母类推字表

### 一、z／c／s 与 zh／ch／sh 代表字

#### 1. z／c／s 代表字

匝——匝咂砸

兹——兹滋孳

子——子孜仔籽字

宗——宗综棕踪鬃粽淙琮，例外：
　　　chóng 崇

卒——卒醉

祖——祖租诅阻组俎，例外：助 zhù

尊——尊遵樽鳟

次——次咨姿资趑恣

从——从苁丛纵

醋——醋措错

窜——窜撺蹿

崔——崔催摧璀

寸——寸村忖

散——散撒

司——司伺饲词祠

思——思锶腮鳃

斯——斯厮撕嘶澌

四——四泗驷

松——松淞讼颂

孙——孙狲狲

赞——赞攒

澡——澡藻噪燥躁操臊

造——造糙

则——则侧厕测恻，例外：
　　　铡 zhá

责——责啧帻箦，例外：债 zhài

曾——曾增憎缯赠蹭僧

才——才材财，例外：豺 chái

采——采彩睬踩菜

参——参惨，例外：渗 shèn

仓——仓伧苍沧舱，例外：疮创怆

曹——曹嘈漕槽螬

此——此疵雌，例外：柴 chái

叟——叟嫂搜嗖溲馊飕螋艘，例
　　外：瘦 shòu

桑——桑搡嗓

素——素嗉愫

遂——遂隧燧

唆——唆梭逡酸

锁——锁唢琐

#### 2. zh／ch／sh 代表字

占——占沾毡粘战站砧，例外：
　　　钻 zuàn

章——章獐彰漳嫜璋蟑嶂幛瘴

长——长张涨帐胀账怅

丈——丈仗杖

珍——珍诊疹轸

真——真镇缜

贞——贞侦桢帧祯

争——争挣峥狰铮睁筝净

正——正征怔症整证政

支——支枝肢
止——止芷址趾

只——只织职帜
志——志痣

知——知蜘智
至——至郅致窒

直——直值植殖置
中——中忠盅钟衷种肿仲

召——召招昭沼诏照超
朱——朱侏诛茱洙珠株铢蛛

折——折蜇哲浙誓
主——主拄住注驻柱炷疰蛀

者——者锗赭诸猪潴煮渚褚著箸
专——专砖转传啭
楮储

啄——啄涿诼琢

执——执贽挚蛰

叉——叉权衩汊钗
斥——斥坼拆，例外：诉 sù

馋——馋搀谗
筹——筹俦畴踌

产——产铲
绸——绸惆稠

昌——昌菖猖阊娼鲳倡唱
出——出础绌黜

场——场肠畅
厨——厨橱蹰

抄——抄吵钞炒
除——除滁蜍

朝——朝嘲潮
喘——喘揣

辰——辰晨唇
垂——垂陲捶棰锤

成——成诚城盛
春——春椿蠢

呈——呈程酲逞
啜——啜辍

池——池驰弛

山——山舢讪汕疝
诗——诗侍恃痔，例外：寺 sì

珊——珊删姗栅跚，例外：册 cè
师——师狮筛，例外：蛳 sī

扇——扇煽
市——市柿铈

善——善鄯缮膳蟮鳝
式——式试拭轼弒

尚——尚坰晌赏绱裳徜
受——受授绶

捎——捎梢稍筲艄鞘哨
抒——抒纾舒

少——少沙纱砂莎痧鲨，例外：
叔——叔淑菽
娑 suō

舍——舍啥猞
孰——孰塾熟

申——申伸呻绅神审婶
暑——暑署薯曙

生——牲牲笙甥胜
刷——刷涮

率——率摔蟀

## 二、n 与 l 代表字

1. n

那——那哪挪娜　　　　　　　捏——捏涅

乃——乃奶芐氖　　　　　　　聂——聂蹑慑嗫

奈——奈萘捺　　　　　　　　宁——宁柠咛狞泞

南——南喃楠　　　　　　　　纽——纽妞扭钮

脑——脑恼瑙　　　　　　　　农——农浓脓侬

内——内讷呐纳衲钠　　　　　奴——奴孥驽努怒

尼——尼泥呢伲泥　　　　　　虐——虐疟

倪——倪霓猊　　　　　　　　诺——诺喏锘匿

念——念捻埝　　　　　　　　懦——懦糯

2. l

剌——剌喇辣瘌赖癞籁　　　　恋——恋峦娈孪鸾滦

腊——腊蜡猎　　　　　　　　良——良粮廊狼琅榔螂朗浪

兰——兰拦栏烂　　　　　　　凉——凉谅晾掠

蓝——蓝篮滥　　　　　　　　梁——梁粱

览——览揽缆榄　　　　　　　两——两俩魉辆

劳——劳捞痨唠涝　　　　　　列——列咧烈裂例

老——老佬姥　　　　　　　　林——林淋琳霖婪

乐——乐砾栎　　　　　　　　嶙——嶙辚鳞麟磷

雷——雷擂镭蕾　　　　　　　令——令伶玲铃羚聆蛉零龄岭领

累——累骡螺瘰漯摞　　　　　　　冷邻怜

离——离漓篱璃　　　　　　　菱——菱凌陵棱

里——里厘狸理鲤量　　　　　流——流琉硫

力——力荔劣肋勒　　　　　　留——留溜馏榴瘤

历——历厉励砺沥雳　　　　　柳——柳聊

粒——粒笠拉垃啦　　　　　　龙——龙咙聋笼胧珑陇垄拢

利——利梨犁蜊俐痢莉猁　　　隆——隆癃窿

连——连莲涟琏链　　　　　　娄——娄喽楼搂蒌缕屡

廉——廉濂镰　　　　　　　　卢——卢泸栌颅胪鲈轳

脸——脸敛殓检潋　　　　　　鲁——鲁橹

炼——炼练　　　　　　　　　录——录碌绿氯

鹿——漉麓辘　　　　　　　　仑——仑抡伦沦论

路——路鹭露潞璐　　　　　　罗——罗逻萝锣箩

吕——吕侣铝　　　　　　　　洛——洛落络骆烙酪略

虑——虑滤

## 三、f 与 h 代表字

### 1. f

发——发废　　　　　　　　　蜂——蜂烽锋

乏——乏泛　　　　　　　　　夫——夫肤麸芙扶呋

伐——伐阀筏垡　　　　　　　弗——弗拂佛氟沸狒费

凡——凡帆矾钒　　　　　　　伏——伏茯袱

反——反返饭贩畈　　　　　　孚——孚孵俘浮

番——番蕃藩翻　　　　　　　福——福幅辐蝠副富

方——方芳坊钫防妨房肪舫放　甫——甫敷辅傅缚

非——非菲啡绯霏诽匪榧斐蜚翡痱　父——父斧釜

分——分芬吩纷粉份忿　　　　付——付符府俯腑腐附驸咐

愤——愤坟　　　　　　　　　复——复腹覆

风——风枫疯讽

### 2. h

禾——禾和　　　　　　　　　荒——荒慌谎

红——红虹鸿　　　　　　　　皇——皇凰湟惶徨煌蝗隍

洪——洪哄烘　　　　　　　　黄——黄璜癀磺蝗簧

乎——乎呼滹　　　　　　　　晃——晃恍幌

忽——忽唿　　　　　　　　　灰——灰恢诙

胡——胡湖葫猢瑚糊蝴　　　　挥——挥辉荤浑珲

狐——狐弧　　　　　　　　　回——回茴蛔徊

虎——虎唬琥　　　　　　　　悔——悔海晦

户——户沪护戽扈　　　　　　会——会绘烩

化——化花华哗铧桦货　　　　惠——惠蕙

话——话活　　　　　　　　　昏——昏阍婚

怀——怀坏　　　　　　　　　混——混馄

还——还环　　　　　　　　　火——火伙钬

奂——奂涣换唤焕痪　　　　　或——或惑

# 第三章 普通话韵母训练

## 第一节 韵母概述

韵母是汉语音节中声母后面的部分，由元音或者元音加上辅音构成，元音在韵母中扮演着重要角色。与辅音相比，元音发音清晰响亮，没有呼读音。例如：

$$bie = b + ie \qquad zhang = zh + ang$$

韵母由韵头、韵腹和韵尾构成。韵腹是韵母的主干，又叫作主要元音，由元音充当。韵头是韵腹前面的元音，介于声母和韵腹之间，又叫作介音、介母，由 i、u、ü 三个元音充当。韵尾是韵腹后面的部分，由 i、u（o）、n、ng 充当。①

$$韵母 = 韵头 + 韵腹 + 韵尾$$

有的韵母有韵头、韵腹和韵尾（iao），有的只有韵头和韵腹（ia），有的只有韵腹和韵尾（ai），有的只有韵腹（i），但是所有的韵母都有韵腹。

根据韵母开头元音的发音口形划分出来的种类，叫作四呼。②

开口呼，非 i、u、ü 或不是以 i、u、ü 开头的韵母。

齐齿呼，i 或 i 开头的韵母。

合口呼，u 或 u 开头的韵母。

撮口呼，ü 或 ü 开头的韵母。

四呼 {
开口呼：-i [ɿ] -i [ʅ] a o e ê er ai ei ao ou an en ang eng③
齐齿呼：i ia ie iao iou ian in iang ing
合口呼：u ua uo uai uei uan uen uang ueng ong
撮口呼：ü üe üan ün iong
}

———————————

① 这里的 o 仅指 ao、iao 中的 o，而不包括 uo 等中的 o。

② 按照实际发音，ong 中的 o 发 [u]，故归入合口呼，iong 中的 io 发 [y]，故归入撮口呼。

③ -i [ɿ] 是 zi、ci、si 中的 i，-i [ʅ] 是 zhi、chi、shi、ri 中的 i。

普通话的韵母共有 39 个：

a o e ê i u ü  –i [ɿ]  –i [ʅ] er

ai ei ou ao ia ua uo ie ue iao iou uei uai

an ian uan en in uen uan un ang iang uang

eng ueng ing iong ong

## 一、单韵母、复韵母和鼻韵母

单韵母是由一个元音构成的韵母，又叫作单元音韵母。根据元音的性质，单韵母又分为舌面元音单韵母、卷舌元音单韵母和舌尖元音单韵母。舌面元音单韵母，由舌面元音构成，共有 7 个：a、o、e、ê、i、u、ü。卷舌元音单韵母，由卷舌元音构成，只有 1 个：er。舌尖元音单韵母，由舌尖元音构成，共有 2 个：–i [ɿ]、–i [ʅ]。

单韵母 { 舌面元音：a o e ê i u ü
卷舌元音：er
舌尖元音：–i [ɿ]  –i [ʅ]

复韵母是由两个或三个元音构成的韵母，又叫作复元音韵母。复韵母各个元音的发音并不完全相同，其中一个发得比较响亮，叫作响元音。根据响元音在韵母中的位置，复韵母又分为前响复韵母、中响复韵母和后响复韵母。前响复韵母是响元音处在前面的复韵母，共有 4 个：ao、ai、ou、ei。中响复韵母是响元音处在中间的复韵母，共有 4 个：iao、iou、uai、uei。后响复韵母是响元音处在后面的复韵母，共有 5 个：ia、ie、ua、uo、üe。

复韵母 { 前响复韵母：ao  ai  ou  ei
中响复韵母：iao  iou  uai  uei
后响复韵母：ia  ie  ua  uo  üe

鼻韵母是带有鼻辅音的韵母，又叫作鼻音尾韵母。根据鼻辅音的性质，鼻韵母可以分为前鼻音鼻韵母和后鼻音鼻韵母。前鼻音鼻韵母由舌尖中、浊、鼻音 n 构成，共有 8 个：an、en、ian、in、uan、uen、üan、ün。后鼻音鼻韵母由舌面后、浊、鼻音 ng 构成，共有 8 个：ang、ong、eng、iang、iong、ing、uang、ueng。

前鼻音鼻韵母和后鼻音鼻韵母基本上成为对应关系，有一个前鼻音鼻韵母就有一个后鼻音鼻韵母，[①] 了解这一点，对发好鼻韵母有帮助。

| an | ian | uan | üan | in | en | uen | ün |
|----|-----|-----|-----|----|----|-----|----|
| ↓ | ↓ | ↓ | × | ↓ | ↓ | ↓ | ↓ |
| ang | iang | uang | ong | ing | eng | ueng | iong |

## 二、元音的发音条件

普通话韵母主要由元音构成，了解元音的发音条件有助于发好韵母。不同的元音由不同的舌位和唇形决定，舌位是舌面上隆起的最高点，舌位有舌位前后和高低之分，唇形主要体现为圆展程度。具体而言，有以下三个方面：

（1）舌位前后，根据舌位的前后不同，元音分为前元音、央元音和后元音。

（2）舌位高低，舌位的高低跟开口度的大小有关，开口度越大，舌位越低；开口度越小，舌位越高。根据舌位的高低，元音分为高元音、半高元音、半低元音和低元音。

（3）圆唇不圆唇。根据圆唇不圆唇，元音分为圆唇元音和不圆唇元音。

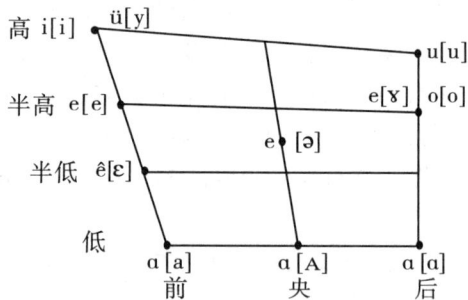

图 3-1　舌面元音示意图

---

① 只有 üan 和 ong 没有对应上，ün［yn］和 iong［yŋ］从国际音标看也是对应的。

普通话韵母概括如下：

**表 3-1　普通话韵母发音总表**

| 结构类 | 口形类 | | | |
|---|---|---|---|---|
| | 开口呼 | 齐齿呼 | 合口呼 | 撮口呼 |
| 单韵母 | -i[ɿ] -i[ʅ] | i[i] | u[u] | ü[y] |
| | a[A] | ia[iA] | ua[uA] | |
| | o[o] | | uo[uo] | |
| | e[ɤ] | | | |
| | ê[ε] | ie[iε] | | üe[yε] |
| | er[ər] | | | |
| 复韵母 | ai[ai] | | uai[uai] | |
| | ei[ei] | | uei[uei] | |
| | ao[au] | iao[iau] | | |
| | ou[ou] | iou[iou] | | |
| 鼻韵母 | an[an] | ian[iεn] | uan[uan] | üan[yan] |
| | en[ən] | | uen[uən] | |
| | | in[in] | | ün[yn] |
| | ang[aŋ] | iang[iaŋ] | uang[uaŋ] | |
| | eng[əŋ] | | ueng[uəŋ] | |
| | | ing[iŋ] | ong[uŋ] | iong[yŋ] |

# 第二节　韵母发音训练

## 第一组　a/o/e/ê

a[A]：舌面、央、低、不圆唇元音

o[o]：舌面、后、半高、圆唇元音

e[ɤ]：舌面、后、半高、不圆唇元音

ê[ε]：舌面、前、半低、不圆唇元音

**【温馨提示】**

单韵母的发音特点是发音过程中舌位和唇形始终不变，若有一点变化，就不是纯正的单韵母了。所以，单韵母发音时要保持固定的口形。

**【发音描述】**

a 发音时，口自然大开，舌头居中央，舌尖在下齿龈，扁唇，软腭上升，关闭鼻腔通道，声带颤动。

o、e发音时，口半开（接近食指的宽度），舌头略后缩，软腭上升，关闭鼻腔通道，声带颤动，e为扁唇，o为圆唇。

ê发音时，口半开（比e大一点），舌头前伸，舌尖抵住下齿背，扁唇，软腭上升，关闭鼻腔通道，声带颤动。①

各韵母发音示意图如下：

   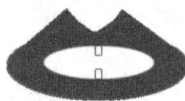

　　　a发音示意图　　　　o发音示意图　　　　e发音示意图　　　　ê发音示意图

**1. 单音节字词练习**

爸 bà　　怕 pà　　骂 mà　　发 fā　　大 dà　　沓 tà

博 bó　　破 pò　　莫 mò　　佛 fó

德 dé　　特 tè　　讷 nè　　勒 lè　　个 gè　　课 kè

**2. 双音节词语练习**

马达 mǎdá　　沙发 shāfā　　大麻 dàmá　　发达 fādá

打岔 dǎchà　　大厦 dàshà　　大法 dàfǎ　　大妈 dàmā

默默 mòmò　　婆婆 pópo　　剥削 bōxuē　　佛寺 fósì

客车 kèchē　　折合 zhéhé　　特赦 tèshè　　苛刻 kēkè

隔阂 géhé　　特色 tèsè　　折射 zhéshè　　合格 hégé

裂变 lièbiàn　　解体 jiětǐ　　绝技 juéjì　　雪白 xuěbái

## 第二组　i/ü/u

i [i]：舌面、前、高、不圆唇元音

ü [y]：舌面、前、高、圆唇元音

u [u]：舌面、后、高、圆唇元音

**【发音描述】**

i、ü发音时，口微开（开口度最小），舌头前伸，舌尖抵住下齿背，i为扁唇（扁平形），ü为圆唇（圆唇度不及u，椭圆形），软腭上升，关闭鼻腔通

---

　　① ie和üe中的e实际为ê，故用ie、üe构成的词语代替。ê只有零声母音节，不与声母相拼。ê，常用字就只有"欸"。

道，声带颤动。

　　u 发音时，口微开，舌头后缩，圆唇，软腭上升，关闭鼻腔通道，声带颤动。

　　各韵母发音示意图如下：

　　　i 发音示意图　　　　　　ü 发音示意图　　　　　　u 发音示意图

**1．单音节字词练习**

碧 bì　　　屁 pì　　　密 mì　　　第 dì　　　替 tì　　　尼 ní
女 nǚ　　　绿 lǜ　　　剧 jù　　　去 qù　　　续 xù　　　玉 yù
步 bù　　　铺 pū　　　木 mù　　　复 fù　　　度 dù　　　兔 tù

**2．双音节词语练习**

比例 bǐlì　　　地皮 dìpí　　　契机 qìjī　　　气息 qìxī
屹立 yìlì　　　笔迹 bǐjì　　　体系 tǐxì　　　细腻 xìnì
序曲 xùqǔ　　　语句 yǔjù　　　区域 qūyù　　　聚居 jùjū
居于 jūyú　　　须臾 xūyú　　　寓于 yùyú
部署 bùshǔ　　　幅度 fúdù　　　入股 rùgǔ　　　住户 zhùhù
部属 bùshǔ　　　目录 mùlù　　　孤独 gūdú　　　入伍 rùwǔ

## 第三组　er/ –i［ʅ］／–i［ʅ］

er［ər］：卷舌、央、中、不圆唇元音
–i［ʅ］：舌尖、前、高、不圆唇元音
–i［ʅ］：舌尖、后、高、不圆唇元音

**【发音描述】**

　　er 是在央元音［ə］的基础上加卷舌动作而成，发音时口半开（a 开口度的一半），舌头居中央，扁唇，舌尖向硬腭中部上卷，软腭上升，关闭鼻腔通道，声带颤动。

　　–i［ʅ］、–i［ʅ］发音时，口微开，扁唇，–i［ʅ］舌头平伸，舌尖靠近上齿背或下齿背，–i［ʅ］舌尖上翘，靠近硬腭前部，软腭上升，关闭鼻腔通道，声带颤动。

　　–i［ʅ］、–i［ʅ］不太好发音，可以利用别的字体会它们的发音。"思"

发音拉长，后面部分即 −i［ʅ］，"师"发音拉长，后面部分即 −i［ʅ］。

**【温馨提示】**

这三个元音是特殊元音，er 是卷舌元音，不与声母相拼，只能自成音节，−i［ɿ］、−i［ʅ］是舌尖元音，不能自成音节，分别只同 z、c、s 和 zh、ch、sh、r 相拼。

各韵母发音示意图如下：

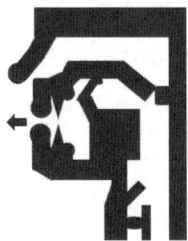

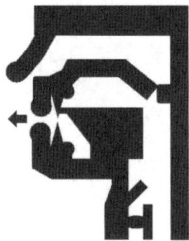

er 发音示意图 　　　 −i［ɿ］发音示意图 　　　 −i［ʅ］发音示意图

**1. 单音节字词练习**

| | | | | | |
|---|---|---|---|---|---|
| 儿 ér | 而 ér | 尔 ěr | 耳 ěr | 饵 ěr | 二 èr |
| 字 zì | 次 cì | 四 sì | | | |
| 至 zhì | 翅 chì | 是 shì | 日 rì | | |

**2. 双音节词语练习**

| | | | |
|---|---|---|---|
| 然而 rán'ér | 饵料 ěrliào | 二胡 èrhú | 儿童 értóng |
| 自私 zìsī | 私自 sīzì | 辞职 cízhí | 姿势 zīshì |
| 支持 zhīchí | 试纸 shìzhǐ | 时日 shírì | 指使 zhǐshǐ |
| 史诗 shǐshī | 日食 rìshí | 制止 zhìzhǐ | 失职 shīzhí |

## 第四组　ai/ao/ei/ou

ai［ai］、ao［ɑu］、ei［ei］、ou［ou］

**【发音描述】**

ai、ao、ei、ou 是前响复韵母，发音时前头的元音清晰响亮，时间略长，后头的元音含混，时间很短，表示舌位滑动的方向，前、后元音发音过渡自然。

**【温馨提示】**

复韵母的发音有两个特点：一是发音过程中舌位、唇形一直在变化，由一个元音的发音快速地向另一个元音的发音过渡。二是元音之间的发音有主次之分，主要元音清晰响亮，其他元音轻短或含混。

各韵母发音示意图如下：①

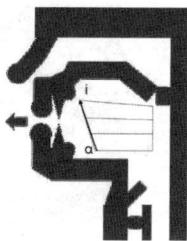

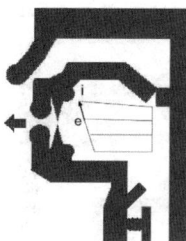

ai 发音示意图　　ao 发音示意图　　ei 发音示意图　　ou 发音示意图

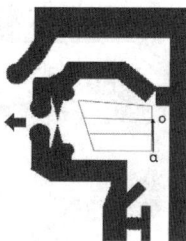

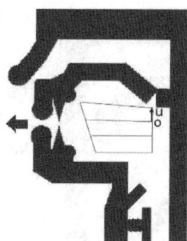

### 1. 单音节字词练习

爱 ài　　　奥 ào　　　鸥 ōu

败 bài　　派 pài　　麦 mài　　带 dài　　太 tài　　奈 nài

冒 mào　　道 dào　　套 tào　　闹 nào　　涝 lào　　告 gào

被 bèi　　配 pèi　　妹 mèi　　费 fèi　　类 lèi　　给 gěi

剖 pōu　　谋 móu　　斗 dòu　　透 tòu　　漏 lòu　　够 gòu

### 2. 双音节词语练习

灾害 zāihài　　　爱戴 àidài　　　择菜 zháicài　　　拍卖 pāimài

白菜 báicài　　　皑皑 ái′ái　　　海带 hǎidài　　　采摘 cǎizhāi

报道 bàodào　　懊恼 àonǎo　　草帽 cǎomào　　逃跑 táopǎo

报导 bàodǎo　　吵闹 chǎonào　　高潮 gāocháo　　暴躁 bàozào

配备 pèibèi　　非得 fēiděi　　沸腾 fèiténg　　内涵 nèihán

抖擞 dǒusǒu　　守候 shǒuhòu　　叩头 kòutóu　　丑陋 chǒulòu

收购 shōugòu　　漏斗 lòudǒu　　口头 kǒutóu　　偷偷 tōutōu

## 第五组　iao/iou/uai/uei

iao〔iɑu〕、iou〔iou〕、uai〔uai〕、uei〔uei〕

### 【发音描述】

iao、iou、uai、uei 是中响复韵母，发音时前头的元音轻短，时间很短；中间的元音清晰响亮，时间略长；后头的元音含混，表示舌位滑动的方向，时

---

① 根据国际音标制作。

间很短，前、中、后元音发音过渡自然。

各韵母发音示意图如下：

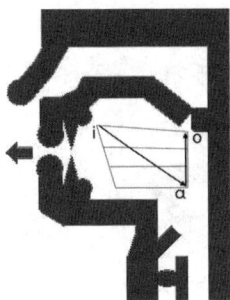

iao 发音示意图　　　iou 发音示意图　　　uai 发音示意图　　　uei 发音示意图

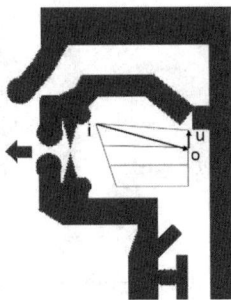

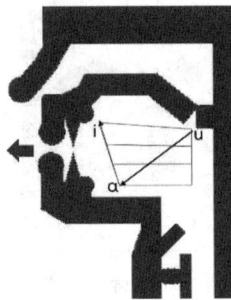

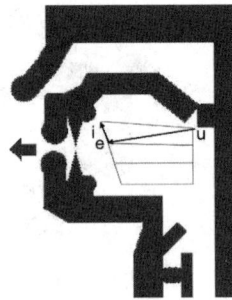

### 1. 单音节字词练习

| | | | | | |
|---|---|---|---|---|---|
| 要 yào | 又 yòu | 外 wài | 位 wèi | | |
| 表 biǎo | 漂 piāo | 妙 miào | 掉 diào | 跳 tiào | 笑 xiào |
| 谬 miù | 丢 diū | 六 liù | 就 jiù | 求 qiú | 秀 xiù |
| 怪 guài | 快 kuài | 坏 huài | 拽 zhuài | 踹 chuài | 帅 shuài |
| 对 duì | 退 tuì | 贵 guì | 溃 kuì | 惠 huì | 最 zuì |

### 2. 双音节词语练习

| | | | |
|---|---|---|---|
| 渺小 miǎoxiǎo | 疗效 liáoxiào | 窈窕 yǎotiǎo | 巧妙 qiǎomiào |
| 教条 jiàotiáo | 逍遥 xiāoyáo | 萧条 xiāotiáo | 小巧 xiǎoqiǎo |
| 求救 qiújiù | 悠久 yōujiǔ | 优秀 yōuxiù | 流通 liútōng |
| 外婆 wàipó | 衰落 shuāiluò | 情怀 qínghuái | 作怪 zuòguài |
| 退回 tuìhuí | 未遂 wèisuì | 垂危 chuíwēi | 摧毁 cuīhuǐ |
| 退位 tuìwèi | 尾随 wěisuí | 归队 guīduì | 荟萃 huìcuì |

## 第六组　ia/ie/ua/uo/üe

ia［iA］、ie［iɛ］、ua［uA］、uo［uo］、üe［yɛ］

### 【发音描述】

ia、ie、ua、uo、üe 是后响复韵母，发音时前头的元音轻短，时间很短，表示舌位滑动的起点；后头的元音清晰响亮，时间略长，前、后元音发音过渡自然。

各韵母发音示意图如下：

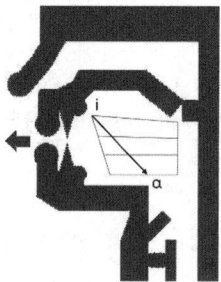

ia 发音示意图　　　　ie 发音示意图　　　　ua 发音示意图

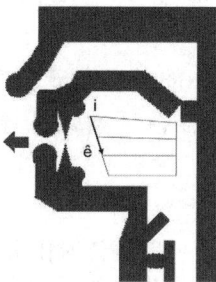

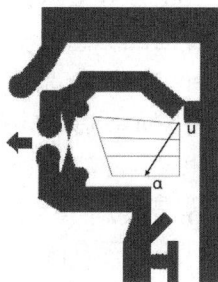

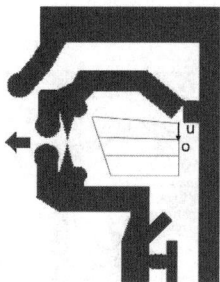

uo 发音示意图　　　　üe 发音示意图

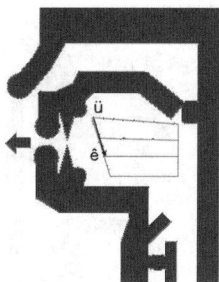

## 1．单音节字词练习

亚 yà　　夜 yè　　娃 wá　　卧 wò　　月 yuè

嫁 jià　　恰 qià　　下 xià

灭 miè　　叠 dié　　谢 xiè　　列 liè　　界 jiè　　窃 qiè

挂 guà　　跨 kuà　　话 huà　　抓 zhuā　　耍 shuǎ

夺 duó　　脱 tuō　　络 luò　　过 guò　　扩 kuò　　或 huò

虐 nüè　　略 lüè　　倔 juè　　确 què　　血 xuè

## 2．双音节词语练习

夏天 xiàtiān　　假象 jiǎxiàng　　惊讶 jīngyà　　关卡 guānqiǎ

贴切 tiēqiè　　结业 jiéyè　　接洽 jiēqià　　熄灭 xīmiè

挂帅 guàshuài　　华贵 huáguì　　书画 shūhuà　　印刷 yìnshuā

堕落 duòluò　　错过 cuòguò　　国货 guóhuò　　陀螺 tuóluó

着落 zhuóluò　　懦弱 nuòruò　　过错 guòcuò　　活捉 huózhuō

攫取 juéqǔ　　乐章 yuèzhāng　　缔约 dìyuē　　的确 díquè

## 第七组　an/en/in/ün

an〔an〕、en〔ən〕、in〔in〕、ün〔yn〕

### 【发音描述】

an、en、in、ün 是前鼻音鼻韵母，由元音和鼻辅音 n 构成，发音时，先发元音，发完元音后，软腭逐渐下降，增强鼻音色彩，舌尖迅速移到上齿龈，抵住上齿龈发 n。

### 【温馨提示】

鼻韵母的发音有两个特点：一是发音时由元音向鼻辅音过渡，逐渐增加鼻音色彩，最后发音部位闭塞，形成鼻辅音。二是鼻韵母的发音不是以鼻辅音为主，而是以元音为主，元音清晰响亮，鼻辅音发音不太明显。

各韵母发音示意图如下：

an 发音示意图　　　en 发音示意图　　　in 发音示意图　　　ün 发音示意图

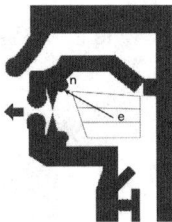

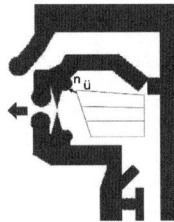

#### 1. 单音节字词练习

| 岸 àn | 恩 ēn | 印 yìn | 运 yùn | | |
| 办 bàn | 判 pàn | 慢 màn | 饭 fàn | 但 dàn | 碳 tàn |
| 笨 bèn | 盆 pén | 扪 mén | 份 fèn | 扽 dèn | 嫩 nèn |
| 聘 pìn | 闵 mǐn | 拎 līn | 尽 jìn | 侵 qīn | 信 xìn |
| 俊 jùn | 群 qún | 训 xùn | | | |

#### 2. 双音节词语练习

| 斑斓 bānlán | 黯然 ànrán | 参展 cānzhǎn | 贪婪 tānlán |
| 栏杆 lángān | 暗淡 àndàn | 攀谈 pāntán | 难看 nánkàn |
| 本分 běnfèn | 粉尘 fěnchén | 沉闷 chénmèn | 恩人 ēnrén |
| 本身 běnshēn | 门诊 ménzhěn | 愤恨 fènhèn | 审慎 shěnshèn |
| 濒临 bīnlín | 殷勤 yīnqín | 亲信 qīnxìn | 拼音 pīnyīn |
| 贫民 pínmín | 信心 xìnxīn | 近亲 jìnqīn | 薪金 xīnjīn |
| 军训 jūnxùn | 均匀 jūnyún | 围裙 wéiqún | 俊美 jùnměi |

## 第八组　ian/uan/uen/üan

ian［iɛn］、uan［uan］、uen［uən］、üan［yan］

### 【发音描述】

ian、uan、uen、üan 是前鼻音鼻韵母，由两个元音和鼻辅音 n 构成，发音时，第 1 个元音轻而短，表示舌位滑动的起点，第 2 个元音清晰响亮，发完第 2 个元音后，软腭逐渐下降，鼻腔通道打开，舌尖迅速移到上齿龈，抵住上齿龈发 n。

各韵母发音示意图如下：

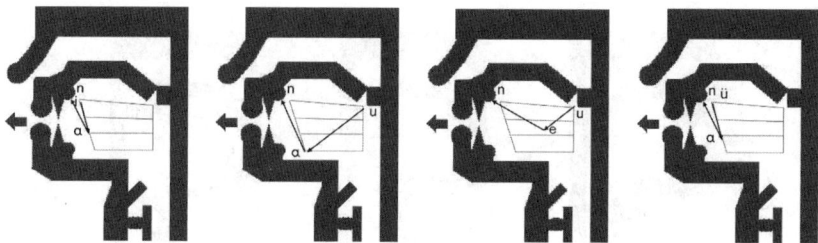

ian 发音示意图　　uan 发音示意图　　uen 发音示意图　　üan 发音示意图

### 1．单音节字词练习

| | | | | | |
|---|---|---|---|---|---|
| 艳 yàn | 万 wàn | 问 wèn | 愿 yuàn | | |
| 便 biàn | 骗 piàn | 面 miàn | 电 diàn | 甜 tián | 念 niàn |
| 段 duàn | 团 tuán | 乱 luàn | 灌 guàn | 宽 kuān | 换 huàn |
| 盾 dùn | 豚 tún | 论 lùn | 棍 gùn | 困 kùn | 混 hún |
| 倦 juàn | 劝 quàn | 炫 xuàn | | | |

### 2．双音节词语练习

| | | | |
|---|---|---|---|
| 变迁 biànqiān | 沿线 yánxiàn | 简练 jiǎnliàn | 惦念 diànniàn |
| 电线 diànxiàn | 年间 niánjiān | 连绵 liánmián | 演变 yǎnbiàn |
| 贯穿 guànchuān | 婉转 wǎnzhuǎn | 专款 zhuānkuǎn | 换算 huànsuàn |
| 宦官 huànguān | 专断 zhuānduàn | 转换 zhuǎnhuàn | 转弯 zhuǎnwān |
| 论文 lùnwén | 混沌 hùndùn | 温存 wēncún | 温顺 wēnshùn |
| 全权 quánquán | 圆圈 yuánquān | 渊源 yuānyuán | 源泉 yuánquán |

### 第九组　ang/eng/ing/iong/ong

ang［ɑŋ］、eng［əŋ］、ing［iŋ］、iong［yŋ］、ong［uŋ］

**【发音描述】**

ng 是舌面后、浊、鼻音。发音时，软腭下降，打开鼻腔通道，舌面后部后缩并抵住软腭，声带颤动，气流从鼻腔通过。

ang、eng、ing、iong、ong 是后鼻音鼻韵母，由元音和鼻辅音 ng 构成，发音时，先发元音，发完元音后，软腭逐渐下降，舌面后部朝软腭移动，抵住软腭发 ng。注意：iong 的元音是 ü，ong 的元音是 u。

各韵母发音示意图如下：

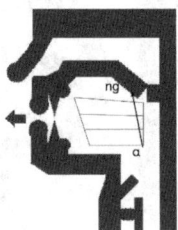

ang 发音示意图　　　eng 发音示意图　　　ing 发音示意图

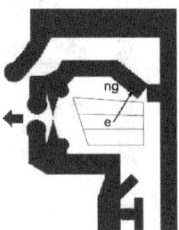

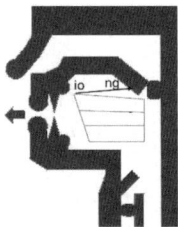

iong 发音示意图　　　ong 发音示意图

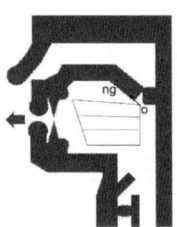

### 1. 单音节字词练习

| | | | | | |
|---|---|---|---|---|---|
| 盎 àng | 硬 yìng | 用 yòng | | | |
| 磅 bàng | 胖 pàng | 盲 máng | 放 fàng | 档 dàng | 烫 tàng |
| 泵 bèng | 碰 pèng | 梦 mèng | 奉 fèng | 邓 dèng | 疼 téng |
| 病 bìng | 平 píng | 命 mìng | 定 dìng | 亭 tíng | 凝 níng |
| 窘 jiǒng | 琼 qióng | 雄 xióng | | | |
| 冻 dòng | 痛 tòng | 农 nóng | 隆 lóng | 共 gòng | 控 kòng |

### 2. 双音节词语练习

帮忙 bāngmáng　　上场 shàngchǎng　　账房 zhàngfáng　　螳螂 tángláng

盲肠 mángcháng　　上涨 shàngzhǎng　　厂商 chǎngshāng　　商场 shāngchǎng
萌生 méngshēng　　省城 shěngchéng　　整风 zhěngfēng　　更正 gēngzhèng
声称 shēngchēng　　成风 chéngfēng　　增生 zēngshēng　　丰盛 fēngshèng
冰晶 bīngjīng　　硬性 yìngxìng　　精明 jīngmíng　　评定 píngdìng
明净 míngjìng　　灵性 língxìng　　荧屏 yíngpíng　　庆幸 qìngxìng
炯炯 jiǒngjiǒng　　汹涌 xiōngyǒng　　贫穷 pínqióng
甬道 yǒngdào　　动工 dònggōng　　溶洞 róngdòng　　从中 cóngzhōng
瞳孔 tóngkǒng　　松动 sōngdòng　　隆重 lóngzhòng　　恐龙 kǒnglóng
总统 zǒngtǒng

## 第十组　iang/uang/ueng

iang [iaŋ]、uang [uaŋ]、ueng [uəŋ]

### 【发音描述】

iang、uang、ueng 是后鼻音鼻韵母，由两个元音和鼻辅音 ng 构成，发音时，第1个元音轻而短，表示舌位滑动的起点，第2个元音清晰响亮，发完第2个元音后，软腭逐渐下降，舌面后部后缩并抵住软腭发 ng。

各韵母发音示意图如下：

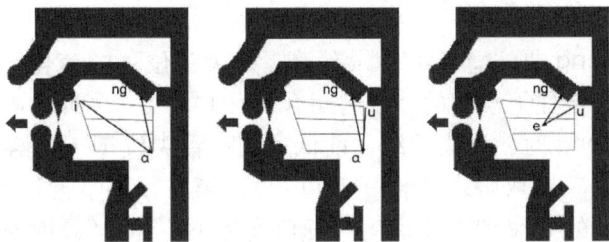

iang 发音示意图　　uang 发音示意图　　ueng 发音示意图

1. **单音节字词练习**

样 yàng　望 wàng　瓮 wèng
酿 niàng　亮 liàng　酱 jiàng　呛 qiàng　象 xiàng
逛 guàng　矿 kuàng　晃 huǎng　撞 zhuàng　创 chuàng　霜 shuāng

2. **双音节词语练习**

踉跄 liàngqiàng　像样 xiàngyàng　想象 xiǎngxiàng　响亮 xiǎngliàng
亮相 liàngxiàng　两样 liǎngyàng　向阳 xiàngyáng
矿床 kuàngchuáng　往往 wǎngwǎng　装潢 zhuānghuáng　狂妄 kuángwàng

状况 zhuàngkuàng

富翁 fùwēng

# 第三节　韵母方音辨正训练

韵母主要问题
- 不会发 ing／eng
- an／uan 与 ang／uang 混淆
- i／ie／ian／in 与 ü／üe／üan／ün 混淆
- 丢掉韵头 u 与合口呼韵母圆唇问题

## 第一组　in／en 与 ing／eng

【温馨提示】

全国比较多的方言韵母只有 in、en，没有对应的 ing、eng，甚至可以说是全国性的问题。ing、eng 发音有难度，尤其是 ing 难度更大，很多人发不了这个音。发 ing、eng 时容易出现的问题：第一，无法发这两个韵母，发出来的仍是对应的 in、en。第二，舌头后退不到位，发出的音介于前后鼻音之间，是一个中间过渡音。第三，ing、eng 开口度控制不好，开口略大，扁唇度不够。

发好 ing、eng 要注意：第一，要掌握好舌头位置的变化。发 in、en 时，最后阶段舌尖是抵住上齿龈的，双唇闭合（闭口音），舌头基本上是平伸在口腔里；发 ing、eng 时，舌头后缩，前低后高，舌尖置于下齿龈的下面，并且下颌肌肉有紧张感，双唇未闭合（开口音）。第二，要掌握好 ing、eng 中的元音发音。其中的 i、e 都是扁唇音，开口度都小，i 的开口度更小。第三，大家或多或少都会发一些前鼻音鼻韵母和后鼻音鼻韵母，不是一个鼻韵母都不会发，所以，要利用自己会发的鼻韵母来辅助发好不会发的鼻韵母。

in、en 大家都会发音，所以这里主要就 ing、eng 进行训练。

可以利用 ang 来体会 eng、ing 的发音，ang 开口度最大，在发 ang 的状态下，舌头前后不变，逐渐缩小开口度，先后发出 eng、ing。即：ang→eng→ing。

－n 发音示意图　　　　　　　－ng 发音示意图

## 【发音训练】

### 1. 基本音节练习

{ beng　peng　meng　feng　deng　teng　neng　leng　geng　keng

{ heng　zeng　ceng　seng　zheng　cheng　sheng　reng

bing　ping　ming　ding　ting　ning　ling　jing　qing　xing

### 2. 对应单字练习

| | | | | | |
|---|---|---|---|---|---|
| 蹦 bèng | 彭 péng | 孟 mèng | 俸 fèng | 凳 dèng | 腾 téng |
| 能 néng | 冷 lěng | 耕 gēng | 吭 kēng | 恒 héng | 增 zēng |
| 层 céng | 僧 sēng | 正 zhèng | 成 chéng | 升 shēng | 扔 rēng |
| 并 bìng | 屏 píng | 鸣 míng | 腚 dìng | 听 tīng | 佞 nìng |
| 令 lìng | 竟 jìng | 情 qíng | 性 xìng | | |

### 3. 对应词语练习

| | | | |
|---|---|---|---|
| 蹦跳 bèngtiào | 彭家 péngjiā | 孔孟 kǒngmèng | 俸禄 fènglù |
| 板凳 bǎndèng | 腾飞 téngfēi | 能力 nénglì | 冷气 lěngqì |
| 耕作 gēngzuò | 吭气 kēngqì | 恒心 héngxīn | 增加 zēngjiā |
| 层级 céngjí | 僧侣 sēnglǚ | 正在 zhèngzài | 成为 chéngwéi |
| 升级 shēngjí | 扔掉 rēngdiào | 并且 bìngqiě | 屏幕 píngmù |
| 鸣叫 míngjiào | 光腚 guāngdìng | 听写 tīngxiě | 奸佞 jiānnìng |
| 令尊 lìngzūn | 竟然 jìngrán | 情绪 qíngxù | 性别 xìngbié |

**4. 混合练习**

eng – ing

| | | | |
|---|---|---|---|
| 成行 chéngxíng | 争鸣 zhēngmíng | 生平 shēngpíng | 梦境 mèngjìng |
| 证明 zhèngmíng | 恒定 héngdìng | 奉行 fèngxíng | 生硬 shēngyìng |
| 生病 shēngbìng | 风情 fēngqíng | 声明 shēngmíng | 盛名 shèngmíng |
| 曾经 céngjīng | 风行 fēngxíng | 圣经 shèngjīng | 冷静 lěngjìng |
| 棱镜 léngjìng | 横行 héngxíng | 生性 shēngxìng | 澄清 chéngqīng |

ing – eng

| | | | |
|---|---|---|---|
| 应征 yìngzhēng | 冰冷 bīnglěng | 京城 jīngchéng | 平整 píngzhěng |
| 订正 dìngzhèng | 平衡 pínghéng | 性能 xìngnéng | 病症 bìngzhèng |
| 迎风 yíngfēng | 轻声 qīngshēng | 清冷 qīnglěng | 平生 píngshēng |
| 竞争 jìngzhēng | 行政 xíngzhèng | 鼎盛 dǐngshèng | 病程 bìngchéng |
| 形成 xíngchéng | 兴盛 xīngshèng | 清风 qīngfēng | 凭证 píngzhèng |

**【对比训练】**

**1. 基本音节练习**

| b p m f n g k h z c s zh ch sh r | en |
|---|---|
| | eng |

| b p m n l j q x | in |
|---|---|
| | ing |

**2. 双音节词语练习**

| | |
|---|---|
| 本事 běnshì ~ 崩溃 bēngkuì | 喷射 pēnshè ~ 朋党 péngdǎng |
| 门框 ménkuàng ~ 蒙面 méngmiàn | 粉色 fěnsè ~ 峰会 fēnghuì |
| 嫩芽 nènyá ~ 能干 nénggàn | 根源 gēnyuán ~ 耕牛 gēngniú |
| 垦荒 kěnhuāng ~ 坑底 kēngdǐ | 痕迹 hénjì ~ 横竖 héngshù |
| 怎样 zěnyàng ~ 赠送 zèngsòng | 岑家 cénjiā ~ 层级 céngjí |
| 森林 sēnlín ~ 僧侣 sēnglǚ | 真实 zhēnshí ~ 争斗 zhēngdòu |
| 趁早 chènzǎo ~ 呈现 chéngxiàn | 深入 shēnrù ~ 升降 shēngjiàng |
| 认得 rènde ~ 仍然 réngrán | |
| 宾客 bīnkè ~ 病号 bìnghào | 品德 pǐndé ~ 瓶口 píngkǒu |
| 民众 mínzhòng ~ 明月 míngyuè | 您好 nínhǎo ~ 宁愿 nìngyuàn |

林木 línmù ~ 灵气 língqì          金属 jīnshǔ ~ 经过 jīngguò
侵略 qīnlüè ~ 氢气 qīngqì          新旧 xīnjiù ~ 幸福 xìngfú

### 3. 混合练习

en – eng

奔腾 bēnténg      门生 ménshēng      深层 shēncéng      分成 fēnchéng

eng – en

缝纫 féngrèn      诚恳 chéngkěn      城镇 chéngzhèn      横亘 hénggèn

in – ing

拼命 pīnmìng      印行 yìnxíng      新兴 xīnxīng      禁令 jìnlìng

ing – in

行进 xíngjìn      听信 tīngxìn      病因 bìngyīn

in – eng

音程 yīnchéng      晋升 jìnshēng      亲朋 qīnpéng      信封 xìnfēng

eng – in

增进 zēngjìn      声音 shēngyīn      恒心 héngxīn      成品 chéngpǐn

en – ing

恩情 ēnqíng      本领 běnlǐng      分兵 fēnbīng      门铃 ménlíng

ing – en

病根 bìnggēn      定神 dìngshén      平分 píngfēn      星辰 xīngchén

### 4. 比较练习

陈旧 chénjiù ~ 成就 chéngjiù          木盆 mùpén ~ 木棚 mùpéng
瓜分 guāfēn ~ 刮风 guāfēng          人身 rénshēn ~ 人生 rénshēng
绅士 shēnshì ~ 声势 shēngshì          申明 shēnmíng ~ 声明 shēngmíng
门牙 ményá ~ 萌芽 méngyá          粉刺 fěncì ~ 讽刺 fěngcì
信服 xìnfú ~ 幸福 xìngfú          银河 yínhé ~ 迎合 yínghé
心细 xīnxì ~ 星系 xīngxì          频繁 pínfán ~ 平凡 píngfán
人民 rénmín ~ 人名 rénmíng          进化 jìnhuà ~ 净化 jìnghuà
金银 jīnyín ~ 经营 jīngyíng          亲近 qīnjìn ~ 清静 qīngjìng
辛勤 xīnqín ~ 心情 xīnqíng          亲生 qīnshēng ~ 轻声 qīngshēng

**【诗词训练】**

轻轻的我走了，

正如我轻轻的来；

我轻轻的招手，

作别西天的云彩。


那河畔的金柳，

是夕阳中的新娘；

波光里的艳影，

在我的心头荡漾。

软泥上的青荇，

油油的在水底招摇；

在康河的柔波里，

我甘心做一条水草！

那榆荫下的一潭，

不是清泉，是天上虹；

揉碎在浮藻间，

沉淀着彩虹似的梦。


寻梦？撑一支长篙，

向青草更青处漫溯；

满载一船星<sup>xīng</sup>辉，

在星<sup>xīng</sup>辉斑斓里放歌。


但我不能<sup>néng</sup>放歌，

悄悄是别离的笙<sup>shēng</sup>箫；

夏虫也为我沉<sup>chén</sup>默，

沉<sup>chén</sup>默是今<sup>jīn</sup>晚的康桥！


悄悄的我走了，

正<sup>zhèng</sup>如我悄悄的来；


我挥一挥衣袖，


不带走一片云彩。

徐志摩《再别康桥》

## 【绕口令训练】

◇老彭<sup>péng</sup>拿着一个盆<sup>pén</sup>，路过老陈<sup>chén</sup>住的棚<sup>péng</sup>，盆碰棚<sup>pénpèngpéng</sup>，棚碰盆<sup>péngpèngpén</sup>，棚<sup>péng</sup>倒盆碎棚压盆<sup>pén péng pén</sup>。

◇春风<sup>fēng</sup>送暖化冰层<sup>bīngcéng</sup>，黄河上游漂冰凌<sup>bīnglíng</sup>，水中冰凌碰冰凌<sup>bīnglíngpèngbīnglíng</sup>，形成<sup>xíngchéng</sup>冰<sup>bīng</sup>坝出险情<sup>qíng</sup>。

◇天上一颗星<sup>xīng</sup>，地上一个钉<sup>dīng</sup>，树上一只鹰<sup>yīng</sup>，架上一部经<sup>jīng</sup>，河上一块冰<sup>bīng</sup>，门前一个厅<sup>tīng</sup>，海里一头鲸<sup>jīng</sup>。

◇明<sup>míng</sup>天就要去重庆<sup>qìng</sup>了，我很高兴<sup>xìng</sup>。那儿有我一个学生<sup>shēng</sup>，他叫冯<sup>féng</sup>军，成<sup>chéng</sup>绩很好，英<sup>yīng</sup>语说得特棒。他住在沙坪<sup>píng</sup>坝一个安静<sup>jìng</sup>的小区。他不怕冷<sup>lěng</sup>，

bīng yǐng
喜欢滑冰，看电影。

### 第二组 an／uan 与 ang／uang

**【温馨提示】**

　　有的方言存在 an／ang 与 uan／uang 部分混淆的情况，把 an、uan 读成 ang、uang，或者把 ang、uang 读成 an、uan。① 例如担心读成当心，开放读成开饭。an、uan 与 ang、uang 的发音要领跟 in、en 与 ing、eng 是一样的，只是开头元音的开口度大小不同而已。简单而言，在发音的最后阶段，an、uan 舌头前伸，舌尖回到上齿龈，闭口，ang、uang 舌头后退，舌根接近软腭，舌尖在下齿龈，舌头后高前低，开口。

−n 发音示意图　　−ng 发音示意图

**【发音训练】**

**1. 基本音节练习**

an ang uan uang

ban pan man fan dan tan nan lan gan kan han

zan can san zhan chan shan ran

bang pang mang fang dang tang nang lang gang kang hang

zang cang sang zhang chang shang rang

duan tuan nuan luan guan kuan huan zuan

cuan suan zhuan chuan shuan ruan

guang kuang huang zhuang chuang shuang

**2. 对应单字练习**

岸 àn　　盎 àng　　万 wàn　　望 wàng

---

① 其实还包含 ian 与 iang 的混淆，只是涉及的字词很少，这里不单独练习。

| 办 bàn | 判 pàn | 慢 màn | 饭 fàn | 但 dàn | 碳 tàn |
|---|---|---|---|---|---|
| 南 nán | 烂 làn | 干 gàn | 看 kàn | 汗 hàn | 赞 zàn |
| 残 cán | 伞 sǎn | 站 zhàn | 禅 chán | 善 shàn | 然 rán |
| 磅 bàng | 胖 pàng | 盲 máng | 放 fàng | 档 dàng | 烫 tàng |
| 囊 náng | 浪 làng | 港 gǎng | 炕 kàng | 航 háng | 葬 zàng |
| 仓 cāng | 桑 sāng | 仗 zhàng | 唱 chàng | 上 shàng | 让 ràng |
| 段 duàn | 团 tuán | 暖 nuǎn | 乱 luàn | 灌 guàn | 宽 kuān |
| 换 huàn | 攥 zuàn | 窜 cuàn | 算 suàn | 撰 zhuàn | 串 chuàn |
| 涮 shuàn | 软 ruǎn | 逛 guàng | 矿 kuàng | 皇 huáng | 撞 zhuàng |
| 创 chuàng | 霜 shuāng | | | | |

### 3. 对应词语练习

| 岸边 ànbiān | 盎司 àngsī | 万一 wànyī | 望见 wàngjiàn |
|---|---|---|---|
| 办事 bànshì | 判别 pànbié | 快慢 kuàimàn | 饭店 fàndiàn |
| 但是 dànshì | 碳素 tànsù | 南面 nánmiàn | 灿烂 cànlàn |
| 才干 cáigàn | 看见 kànjiàn | 汗水 hànshuǐ | 赞美 zànměi |
| 摧残 cuīcán | 雨伞 yǔsǎn | 站立 zhànlì | 禅院 chányuàn |
| 善良 shànliáng | 然而 rán'ér | 磅秤 bàngchèng | 肥胖 féipàng |
| 盲目 mángmù | 放心 fàngxīn | 档期 dàngqī | 烫手 tàngshǒu |
| 囊括 nángkuò | 浪潮 làngcháo | 港口 gǎngkǒu | 火炕 huǒkàng |
| 航海 hánghǎi | 葬送 zàngsòng | 仓库 cāngkù | 桑田 sāngtián |
| 打仗 dǎzhàng | 唱歌 chànggē | 上心 shàngxīn | 退让 tuìràng |
| 段落 duànluò | 团结 tuánjié | 温暖 wēnnuǎn | 乱象 luànxiàng |
| 灌溉 guàngài | 宽度 kuāndù | 交换 jiāohuàn | 攥紧 zuànjǐn |
| 窜入 cuànrù | 算数 suànshù | 撰写 zhuànxiě | 串联 chuànlián |
| 开涮 kāishuàn | 软弱 ruǎnruò | 逛街 guàngjiē | 矿主 kuàngzhǔ |
| 皇帝 huángdì | 撞见 zhuàngjiàn | 创立 chuànglì | 霜降 shuāngjiàng |

## 【对比训练】
### 1. 基本音节练习

| b p m f d t n l g k h z c s zh ch sh r | an |
|---|---|
| | ang |

| g k h zh ch sh | uan |
|---|---|
| | uang |

2．双音节词语练习

半边 bànbiān ～ 帮助 bāngzhù  判决 pànjué ～ 胖子 pàngzi

漫步 mànbù ～ 盲目 mángmù  返回 fǎnhuí ～ 访问 fǎngwèn

弹药 dànyào ～ 当铺 dàngpù  贪污 tānwū ～ 唐朝 tángcháo

难点 nándiǎn ～ 囊括 nángkuò  兰花 lánhuā ～ 浪花 lànghuā

干部 gànbù ～ 港口 gǎngkǒu  刊物 kānwù ～ 慷慨 kāngkǎi

寒心 hánxīn ～ 航海 hánghǎi  暂时 zànshí ～ 脏水 zāngshuǐ

参加 cānjiā ～ 藏躲 cángduǒ  散心 sànxīn ～ 丧失 sàngshī

战斗 zhàndòu ～ 账目 zhàngmù  颤抖 chàndǒu ～ 唱歌 chànggē

山药 shānyào ～ 商业 shāngyè  然后 ránhòu ～ 让行 ràngxíng

关心 guānxīn ～ 光照 guāngzhào  宽带 kuāndài ～ 况且 kuàngqiě

欢乐 huānlè ～ 黄色 huángsè  专心 zhuānxīn ～ 状语 zhuàngyǔ

船只 chuánzhī ～ 创造 chuàngzào  拴住 shuānzhù ～ 双打 shuāngdǎ

3．混合练习

an – ang

漫长 màncháng    单方 dānfāng    安葬 ānzàng    感伤 gǎnshāng

南方 nánfāng    反抗 fǎnkàng    赶忙 gǎnmáng    暗藏 àncáng

站岗 zhàngǎng    担当 dāndāng    反常 fǎncháng    繁忙 fánmáng

ang – an

茫然 mángrán    上山 shàngshān    畅谈 chàngtán    房产 fángchǎn

抗战 kàngzhàn    浪漫 làngmàn    方案 fāng'àn    商贩 shāngfàn

档案 dàng'àn    抗旱 kànghàn    当然 dāngrán    防范 fángfàn

uan – uang

端庄 duānzhuāng    观光 guānguāng    观望 guānwàng    宽广 kuānguǎng

uang – uan

光环 guānghuán    狂欢 kuánghuān    慌乱 huāngluàn    皇冠 huángguān

4．比较练习

单身 dānshēn ～ 党参 dǎngshēn  产房 chǎnfáng ～ 厂房 chǎngfáng

烦人 fánrén ～ 放人 fàngrén  反问 fǎnwèn ～ 访问 fǎngwèn

开饭 kāifàn ～ 开放 kāifàng  天坛 tiāntán ～ 天堂 tiāntáng

烂漫 lànmàn ～ 浪漫 làngmàn  心烦 xīnfán ～ 心房 xīnfáng

专员 zhuānyuán ～ 庄园 zhuāngyuán  船头 chuántóu ～ 床头 chuángtóu

晚年 wǎnnián ～ 往年 wǎngnián  专修 zhuānxiū ～ 装修 zhuāngxiū

赞颂 zànsòng ~ 葬送 zàngsòng　　担心 dānxīn ~ 当心 dāngxīn

机关 jīguān ~ 激光 jīguāng　　新欢 xīnhuān ~ 心慌 xīnhuāng

关节 guānjié ~ 光洁 guāngjié

## 【诗词训练】

### 静夜思

#### 李　白

　　　chuáng　　　　　guāng　　　　　　shuāng
床 前明月 光 ，疑是地上 霜 。

　　　wàng
举头 望 明月，低头思故乡。

### 咏　怀

#### 阮　籍

　　　fāng　　　　　　　　guāng
西方有佳人，皎若白日 光 。

　　　　　　　　　　shuānghuáng
被服纤罗衣，左右佩 双 璜 。

　　　　　　　fāng
修容耀姿美，顺风振微 芳 。

登高眺所思，举袂当朝阳。

寄颜云霄间，挥袖凌虚翔。

　　　huǎng　　　　　　　bàng
飘飖 恍 惚中，流盼顾我 傍 。

　　　　　　　gǎnshāng
悦怿未交接，晤言用感 伤 。

### 从军行

#### 王昌龄

　　cháng　àn　shān　　　　wàng　guān
青海 长 云暗雪 山 ，孤城遥 望 玉门关 。

huáng　zhànchuān　　　　　lán　huán
黄 沙百战 穿 金甲，不破楼兰终不 还 。

宿五松 山 下荀媪家

李 白

我宿五松下，寂寥无所 欢。

田家秋作苦，邻女夜春寒。

跪进雕胡饭，月光明素 盘。

令人惭漂母，三谢不能餐。

**【绕口令训练】**

◇囡囡有个篮篮，篮篮装个盘盘，盘盘里有个碗碗，碗碗盛着饭饭。囡囡打翻了篮篮，篮篮碰掉了盘盘，盘盘砸了碗碗，碗碗撒了饭饭。

◇一楼住着个管得宽，二楼住着个宽不管，管得宽看见宽不管就心烦，宽不管看见管得宽就乱窜，管得宽要管宽不管，宽不管偏不让管得宽管他宽不管。

◇司马光砸缸，不是司马光砸光，司马缸砸缸，咣当。小小司马光，玩耍小农庄，朋友掉进缸，一点也不慌，砸缸救友友未伤。

◇大帆船，小帆船，竖起桅杆撑起船。风吹帆，帆引船，帆船顺风转海湾。

## 第三组 i／ie／ian／in 与 ü／üe／üan／ün

**【温馨提示】**

i、ie、ian、in 是齐齿呼韵母，ü、üe、üan、ün 是撮口呼韵母。有的方言有 i、ie、ian、in，却没有与之对应的 ü、üe、üan、ün，把它们都读成了相应的齐齿呼韵母，例如"语"（yǔ）读成 yǐ，"全面"（quánmiàn）读成 qiánmiàn。有的方言有部分撮口呼韵母，广州话有 ü 韵母，却没有 ü 开头的韵母。

齐齿呼韵母和撮口呼韵母发音很容易掌握，i 是扁唇音，ü 是圆（椭圆）唇音，在 i 的基础上把唇形拢圆即成 ü。大家可以把 ü、üe、üan、ün 字通读一遍，了解自己有哪些撮口呼韵母读成了齐齿呼韵母，把它们改读撮口呼韵母即可。

i 发音示意图　　　　　　　ü 发音示意图

## 【发音训练】

### 1. 基本音节练习

yu　nü　ju　qu　xu

yue　nüe　jue　que　xue

yuan　juan　quan　xuan

yun　jun　qun　xun

### 2. 对应单字练习

| | | | | |
|---|---|---|---|---|
| 玉 yù | 女 nǚ | 据 jù | 去 qù | 旭 xù |
| 月 yuè | 虐 nüè | 绝 jué | 却 què | 穴 xué |
| 愿 yuàn | 倦 juàn | 劝 quàn | 炫 xuàn | |
| 韵 yùn | 俊 jùn | 群 qún | 训 xùn | |

### 3. 对应词语练习

| | | | | |
|---|---|---|---|---|
| 玉石 yùshí | 女儿 nǚ'ér | 据点 jùdiǎn | 去处 qùchù | 旭日 xùrì |
| 月光 yuèguāng | 虐待 nüèdài | 绝对 juéduì | 了却 liǎoquè | 穴位 xuéwèi |
| 愿意 yuànyì | 疲倦 píjuàn | 劝和 quànhé | 炫耀 xuànyào | |
| 韵母 yùnmǔ | 俊俏 jùnqiào | 群众 qúnzhòng | 训练 xùnliàn | |

## 【对比训练】

### 1. 基本音节练习

| y | u　ue　uan　un |
|---|---|
| | i　e　an　in |

| j q x | ü　üe　üan　ün |
|---|---|
| | i　ie　ian　in |

### 2. 双音节词语练习

玉石 yùshí ~ 毅力 yìlì　　　　岳父 yuèfù ~ 夜晚 yèwǎn

愿意 yuànyì ~ 艳丽 yànlì　　　运动 yùndòng ~ 印章 yìnzhāng

剧情 jùqíng ~ 计件 jìjiàn　　　绝对 juéduì ~ 杰出 jiéchū

圈养 juànyǎng ~ 见面 jiànmiàn　俊俏 jùnqiào ~ 尽头 jìntóu

渠道 qúdào ~ 齐整 qízhěng　　　确定 quèdìng ~ 窃取 qièqǔ

劝降 quànxiáng ~ 欠打 qiàndǎ　裙摆 qúnbǎi ~ 勤奋 qínfèn

虚弱 xūruò ~ 希望 xīwàng　　　学习 xuéxí ~ 鞋袜 xiéwà

宣传 xuānchuán ~ 先前 xiānqián　迅速 xùnsù ~ 信使 xìnshǐ

### 3. 混合练习

ü – i

雨衣 yǔyī　　　曲艺 qǔyì　　　蓄意 xùyì　　　聚集 jùjí

i – ü

抑郁 yìyù　　　唏嘘 xīxū　　　崎岖 qíqū　　　集聚 jíjù

in – ün

嶙峋 línxún　　进军 jìnjūn　　阴云 yīnyún　　音讯 yīnxùn

ün – in

军民 jūnmín

ian – üan

边缘 biānyuán　眼圈 yǎnquān　健全 jiànquán　垫圈 diànquān

üan – ian

眷恋 juànliàn　原先 yuánxiān　全线 quánxiàn　元件 yuánjiàn

üe – ie

学界 xuéjiè　　诀别 juébié　　血液 xuèyè　　月夜 yuèyè

ie – üe

解决 jiějué　　节约 jiéyuē　　谢绝 xièjué　　协约 xiéyuē

### 4. 比较练习

句号 jùhào ~ 记号 jìhao　　　趣味 qùwèi ~ 气味 qìwèi

遇见 yùjiàn ~ 意见 yìjiàn　　局部 júbù ~ 极不 jíbù

愈合 yùhé ~ 议和 yìhé　　　　渔民 yúmín ~ 移民 yímín

缺口 quēkǒu ~ 切口 qiēkǒu　确实 quèshí ~ 切实 qièshí

瘸子 quézi ~ 茄子 qiézi　　　攫取 juéqǔ ~ 截取 jiéqǔ

院子 yuànzi ~ 燕子 yànzi　　全面 quánmiàn ~ 前面 qiánmiàn

圈定 quāndìng ~ 签订 qiāndìng　权限 quánxiàn ~ 前线 qiánxiàn

讯息 xùnxī ~ 信息 xìnxī　　　白云 báiyún ~ 白银 báiyín

均匀 jūnyún ~ 金银 jīnyín　　群演 qúnyǎn ~ 亲眼 qīnyǎn

名义 míngyì ~ 名誉 míngyù　　　里程 lǐchéng ~ 旅程 lǔchéng

经济 jīngjì ~ 京剧 jīngjù　　　季节 jìjié ~ 拒绝 jùjué

戏曲 xìqǔ ~ 序曲 xùqǔ　　　得意 déyì ~ 德育 déyù

月色 yuèsè ~ 夜色 yèsè　　　大雪 dàxuě ~ 大写 dàxiě

**【诗词训练】**

### 赴抚州对酬崔法曹夜雨滴空阶五首

戴叔伦

纵酒常掷盏，狂歌时入室。

lí qúnyuàn yǔ　　　yì　jí
离群 怨 雨声，幽抑方成疾。

### 夜会郑氏昆季林亭

方　干

juǎnlián yuányuè
卷 帘 圆 月 照方塘，坐久尊空竹有霜。

yàn qǐ　　　yī　yī xuán
白犬吠风惊雁起，犹能一一 旋 成行。

### 答胡处士

皎　然

yǔ jūn
西山禅隐比来闻，长道唯应我与君。

què　　jiān jù　　　yún
书上无名心忘却，人间聚散似浮云。

### 言　怀

钱　起

yè yuè jì　　yúnquán
夜月霁未好，云 泉 堪梦归。

jiàn　　　yī
如何建章漏，催著早朝衣。

**【语句训练】**

tiān qì　　　　　　　jiàn　　　　　　　　yǐ yǐn yǐn yuē yuē　　jiàn
天气晴朗的时候，站在福建沿海较高的地方，就可以隐隐约 约地望见岛

yún
上的高山和云朵。

yuǎn
突然，不 远 处传来了声声柳笛。我像找到了救星，急忙循声走去。

xún　qù

111

我吃完的时候，她笑眯眯地看着我，短头发，脸圆<sup>yuányuán</sup>圆的。

大街上的积雪足有一尺多深，人踩上去，脚底下发出咯吱咯吱的响声。一群群孩子在雪地里堆雪人，掷雪球儿。那欢乐的叫喊声，把树枝上的雪都震落下来了。

胡适又解释说："干不了"就有才疏学浅、恐难胜任的意思；"谢谢"既对朋友的介绍表示感谢，又有拒绝的意思。

在每一场比赛前，还高唱国歌以宣誓对自己祖国的挚爱与忠诚。一种血缘情感开始在全身的血管里燃烧起来，而且立刻热血沸腾。

大约潭是很深的，故能蕴蓄着这样奇异的绿；仿佛蔚蓝的天融了一块在里面似的，这才这般的鲜润啊。

在一些偏远的少数民族地区，仍保留了一些久远时代的艺术品种，成为珍贵的"活化石"，如纳西古乐、戏曲、剪纸、刺绣、岩画等民间艺术和宗教艺术。

## 【绕口令训练】

◇圆圈圆，圈圆圈，圆圆娟娟画圆圈。娟娟画的圈连圈，圆圆画的圈套圈。娟娟圆圆比圆圈，看看谁的圆圈圆。

◇军车运来一堆裙，一色军用绿色裙。军训女生一大群，换下花裙换绿裙。

◇真绝，真绝，真叫绝，皓月当空下大雪，麻雀游泳不飞跃，鹊巢鸠占鹊喜悦。

◇老吕和老徐，上街去买鱼，走到半路天下雨。二人都没带雨具，顾不
得上街去买鱼，先去地方躲躲雨。

## 第四组　韵头 u 与合口呼韵母圆唇问题

### 【温馨提示】

不少方言都存在不同程度的丢掉韵头的情况，例如四川话"多"（duō）
读成 dō，东北话"卵"（luǎn）读成 lǎn，江浙话"对"（duì）读成 dèi。总
体而言，涉及丢掉韵头的韵母主要是合口呼韵母。带韵头的合口呼韵母如下：
uo、ua、uai、uei、uan、uen、uang。

u 的发音没有问题，只需要记住这些带韵头的字，并在发音时把韵头加上
即可。在练习的时候，为了防止丢掉韵头，可以采用拼音的三拼法，把汉语音
节分成声母、韵头、韵身（韵头后面部分）三段拼读，这样就不容易丢掉韵
头了。例如：抓，zh－u－a。

u 是圆唇度最高的元音，很多人圆唇度不够，甚至发音接近扁唇音。凡是
合口呼韵母，即 u 和 u 开头的韵母都要注意圆唇，普通话水平测试的第一题
（读单音节字词）和第二题（读多音节词语）尤其要注意这个问题，考试要获
得高分，这些细节要做好。

在注意韵头的同时也要注意圆唇。

### 【发音训练】

1. **基本音节练习**

duo tuo nuo luo guo kuo huo zuo cuo suo zhuo chuo shuo ruo

gua kua hua zhua shua

guai kuai huai zhuai chuai shuai

dui tui gui kui hui zui cui sui zhui chui shui rui

duan tuan nuan luan guan kuan huan zuan cuan suan
zhuan chuan shuan ruan

dun tun lun gun kun hun zun cun sun zhun chun shun run

guang kuang huang zhuang chuang shuang

2. **对应单字练习**

| | | | | | |
|---|---|---|---|---|---|
| 夺 duó | 脱 tuō | 诺 nuò | 罗 luó | 过 guò | 扩 kuò |
| 或 huò | 作 zuò | 错 cuò | 所 suǒ | 桌 zhuō | 绰 chuò |
| 硕 shuò | 弱 ruò | | | | |

113

挂 guà　　跨 kuà　　话 huà　　抓 zhuā　　刷 shuā

怪 guài　　快 kuài　　坏 huài　　拽 zhuài　　揣 chuāi　　帅 shuài

队 duì　　推 tuī　　贵 guì　　溃 kuì　　会 huì　　嘴 zuǐ

脆 cuì　　岁 suì　　坠 zhuì　　捶 chuí　　水 shuǐ　　锐 ruì

段 duàn　　团 tuán　　暖 nuǎn　　乱 luàn　　管 guǎn　　款 kuǎn

环 huán　　钻 zuàn　　窜 cuàn　　算 suàn　　转 zhuǎn　　穿 chuān

栓 shuān　　软 ruǎn

顿 dùn　　吞 tūn　　论 lùn　　棍 gùn　　困 kùn　　婚 hūn

遵 zūn　　村 cūn　　损 sǔn　　准 zhǔn　　春 chūn　　瞬 shùn

润 rùn

光 guāng　　狂 kuáng　　簧 huáng　　装 zhuāng　　闯 chuǎng　　双 shuāng

## 3．对应词语练习

夺取 duóqǔ　　脱离 tuōlí　　诺言 nuòyán　　张罗 zhāngluo

过去 guòqù　　扩大 kuòdà　　或者 huòzhě　　作者 zuòzhě

错误 cuòwù　　所以 suǒyǐ　　桌子 zhuōzi　　绰号 chuòhào

硕士 shuòshì　　弱小 ruòxiǎo

挂号 guàhào　　跨越 kuàyuè　　话语 huàyǔ　　抓紧 zhuājǐn

刷屏 shuāpíng

怪相 guàixiàng　　快乐 kuàilè　　坏蛋 huàidàn　　拉拽 lāzhuài

揣进 chuāijìn　　帅气 shuàiqi

队员 duìyuán　　推打 tuīdǎ　　贵客 guìkè　　溃败 kuìbài

会合 huìhé　　嘴巴 zuǐba　　干脆 gāncuì　　岁月 suìyuè

下坠 xiàzhuì　　捶打 chuídǎ　　水平 shuǐpíng　　锐利 ruìlì

段子 duànzi　　团聚 tuánjù　　暖气 nuǎnqì　　乱放 luànfàng

管理 guǎnlǐ　　款待 kuǎndài　　环绕 huánrào　　钻石 zuànshí

窜入 cuànrù　　算术 suànshù　　转动 zhuǎndòng　　穿插 chuānchā

血栓 xuèshuān　　疲软 píruǎn

顿号 dùnhào　　吞并 tūnbìng　　论据 lùnjù　　棍子 gùnzi

困难 kùnnan　　婚姻 hūnyīn　　遵守 zūnshǒu　　村寨 cūnzhài

损害 sǔnhài　　准备 zhǔnbèi　　春季 chūnjì　　瞬间 shùnjiān

湿润 shīrùn　　光明 guāngmíng　　狂徒 kuángtú　　簧片 huángpiàn

装饰 zhuāngshì　　闯祸 chuǎnghuò　　双打 shuāngdǎ

**【对比训练】**

**1. 基本音节练习**

| | | |
|---|---|---|
| d t n l g k h z c s zh ch sh r | uo | |
| | o | |

| | | |
|---|---|---|
| g k h zh sh | ua | |
| | a | |

| | | |
|---|---|---|
| g k h zh ch sh | uai | |
| | ai | |

| | | |
|---|---|---|
| d t g k h z c s zh ch sh r | uei | |
| | ei | |

| | | |
|---|---|---|
| d t n l g k h z c s zh ch sh r | uan | |
| | an | |

| | | |
|---|---|---|
| d t l g k h z c s zh ch sh r | uen | |
| | en | |

| | | |
|---|---|---|
| g k h zh ch sh | uang | |
| | ang | |

**2. 双音节词语练习**

夺取 duóqǔ ~ 夺取 do ﹡ qǔ①　　托举 tuōjǔ ~ 托举 to ﹡ jǔ

挪动 nuódòng ~ 挪动 no ﹡ dòng　　裸体 luǒtǐ ~ 裸体 lo ﹡ tǐ

锅盖 guōgài ~ 锅盖 go ﹡ gài　　扩大 kuòdà ~ 扩大 ko ﹡ dà

---

① 有﹡号的拼音是错误的，普通话没有这个读音，这里只是为了对比练习。后面同此者，不再注明。

货物 huòwù ~ 货物 ho * wù

锉刀 cuòdāo ~ 锉刀 co * dāo

灼热 zhuórè ~ 灼热 zho * rè

说法 shuōfǎ ~ 说法 sho * fǎ

刮风 guāfēng ~ 刮风 gā * fēng

滑动 huádòng ~ 蛤蟆 háma

印刷 yìnshuā ~ 打杀 dǎshā

拐卖 guǎimài ~ 改写 gǎixiě

坏蛋 huàidàn ~ 害人 hàirén

揣入 chuāirù ~ 拆卸 chāixiè

对立 duìlì ~ 对立 dèi * lì

金贵 jīnguì ~ 拿给 nágěi

会合 huìhé ~ 黑人 hēirén

催促 cuīcù ~ 催促 cēi * cù

追击 zhuījī ~ 追击 zhēi * jī

税务 shuìwù ~ 谁来 shéilái

短处 duǎnchù ~ 淡定 dàndìng

暖气 nuǎnqì ~ 难处 nánchù

管理 guǎnlǐ ~ 甘心 gānxīn

欢乐 huānlè ~ 汉族 hànzú

逃窜 táocuàn ~ 悲惨 bēicǎn

传记 zhuànjì ~ 占有 zhànyǒu

门闩 ménshuān ~ 大山 dàshān

顿号 dùnhào ~ 顿号 dèn * hào

论据 lùnjù ~ 论据 lèn * jù

困难 kùnnan ~ 肯定 kěndìng

尊重 zūnzhòng ~ 怎样 zěnyàng

孙子 sūnzi ~ 森林 sēnlín

春季 chūnjì ~ 尘土 chéntǔ

湿润 shīrùn ~ 确认 quèrèn

逛荡 guàngdang ~ 杠子 gàngzi

黄土 huángtǔ ~ 航道 hángdào

窗户 chuānghu ~ 昌明 chāngmíng

作证 zuòzhèng ~ 作证 zo * zhèng

索取 suǒqǔ ~ 索取 so * qǔ

辍学 chuòxué ~ 辍学 cho * xué

瘦弱 shòuruò ~ 瘦弱 shòuro *

夸大 kuādà ~ 咔嚓 kāchā

抓紧 zhuājǐn ~ 渣土 zhātǔ

快乐 kuàilè ~ 楷书 kǎishū

拉拽 lāzhuài ~ 欠债 qiànzhài

率领 shuàilǐng ~ 筛洗 shāixǐ

推倒 tuīdǎo ~ 推倒 tēi * dǎo

亏本 kuīběn ~ 亏本 kēi * běn

罪恶 zuì'è ~ 贼人 zéirén

随行 suíxíng ~ 随行 séi * xíng

吹气 chuīqì ~ 吹气 chēi * qì

锐利 ruìlì ~ 锐利 rèi * lì

团结 tuánjié ~ 谈判 tánpàn

乱写 luànxiě ~ 蓝色 lánsè

宽度 kuāndù ~ 刊物 kānwù

电钻 diànzuàn ~ 称赞 chēngzàn

算计 suàn · jì ~ 散文 sǎnwén

船只 chuánzhī ~ 缠绕 chánrào

柔软 róuruǎn ~ 仍然 réngrán

吞并 tūnbìng ~ 吞并 tēn * bìng

滚动 gǔndòng ~ 跟班 gēnbān

昏暗 hūn'àn ~ 狠心 hěnxīn

存在 cúnzài ~ 参差 cēncī

准备 zhǔnbèi ~ 诊治 zhěnzhì

顺利 shùnlì ~ 渗透 shèntòu

矿产 kuàngchǎn ~ 伉俪 kànglì

装备 zhuāngbèi ~ 张开 zhāngkāi

双打 shuāngdǎ ~ 伤心 shāngxīn

### 3．混合练习

uang – ang

创伤 chuāngshāng　爽朗 shuǎnglǎng　慌张 huāng·zhāng　广场 guǎngchǎng

ang – uang

仓皇 cānghuáng　张望 zhāngwàng　猖狂 chāngkuáng　厂矿 chǎngkuàng

ua – a

夸大 kuādà

a – ua

大褂 dàguà　　打垮 dǎkuǎ　　答话 dáhuà　　傻瓜 shǎguā

uen – en

浑身 húnshēn　村镇 cūnzhèn　春分 chūnfēn　纯真 chúnzhēn

en – uen

沉沦 chénlún　审问 shěnwèn　人伦 rénlún　人文 rénwén

uei – ei

颓废 tuífèi　　贵妃 guìfēi　　傀儡 kuǐlěi　　追肥 zhuīféi

ei – uei

配对 pèiduì　　美味 měiwèi　　翡翠 fěicuì　　肥水 féishuǐ

uai – ai

衰败 shuāibài　外海 wàihǎi　外来 wàilái　外在 wàizài

ai – uai

败坏 bàihuài　开外 kāiwài　海外 hǎiwài　财会 cáikuài

uan – an

观看 guānkàn　涣散 huànsàn　钻探 zuāntàn　转产 zhuǎnchǎn

an – uan

山峦 shānluán　辗转 zhǎnzhuǎn　参观 cānguān　返还 fǎnhuán

### 4．比较练习

棍子 gùnzi ~ 根子 gēnzi　　好混 hǎohún ~ 好恨 hǎohèn
顺子 shùnzǐ ~ 身子 shēnzi　润湿 rùnshī ~ 认识 rènshi
钻石 zuànshí ~ 暂时 zànshí　段子 duànzi ~ 担子 dànzi
破乱 pòluàn ~ 破烂 pòlàn　　暖色 nuǎnsè ~ 难色 nánsè
奇怪 qíguài ~ 乞丐 qǐgài　　快车 kuàichē ~ 开车 kāichē
坏人 huàirén ~ 害人 hàirén　爪子 zhuǎzi ~ 渣滓 zhā·zǐ
刷子 shuāzi ~ 沙子 shāzi　　垮掉 kuǎdiào ~ 卡掉 kǎdiào
灰色 huīsè ~ 黑色 hēisè　　不鬼 bùguǐ ~ 不给 bùgěi

【诗词训练】

## 读韩杜集

#### 杜 牧

杜诗韩笔愁来读，似倩麻姑痒处搔<sup>são</sup>。

天外凤凰<sup>huángshuí</sup>谁得髓<sup>suǐ</sup>？无人解合续弦胶。

## 腊日宣诏幸上苑

#### 武则天

明朝游上苑，火速报春<sup>chūn</sup>知。

花<sup>huā</sup>须连夜发，莫待晓风吹<sup>chuī</sup>。

## 林塘怀友

#### 王 勃

芳屏画春<sup>huàchūn</sup>草，仙杼织朝霞。

何如山水<sup>shuǐ</sup>路，对面即飞花<sup>duì huā</sup>。

## 王昭君

#### 崔国辅

汉使南还<sup>huán</sup>尽，胡中妾独存<sup>cún</sup>。

紫台绵望<sup>wàng</sup>绝，秋草不堪论<sup>lùn</sup>。

## 秋浦歌十七首

#### 李 白

两鬓入秋浦，一朝飒已衰<sup>shuāi</sup>。

猿声催<sup>cuī</sup>白发，长短<sup>duǎn</sup>尽成丝。

### 闺怨词
白居易

guān　　　guī
关 山征戍远，闺阁别离难。
　　cuì　　　kuān
苦战应憔悴，寒衣不要 宽 。

### 何满子
薛　逢

huái　　huái　huáng
系马宫槐老，持怀店菊 黄 。
　　　　　chuāngguāng
故交今不见，流恨满 川 光 。

【语句训练】

guàn　　zhuàng
我的母亲老了，她早已习 惯 听从她强 壮 的儿子；我的儿子还小，他还
guàn
习 惯 听从他高大的父亲；妻子呢，在外面，她总是听我的。
　　　wāi　　　　　zhuā　chuáng　　guà
她的头歪向枕头一边，痛苦地用手 抓 挠胸口。 床 架上方，则挂着一
　　　　guàn
枚我一九三二年赢得耐斯市少年乒乓球 冠 军的银质奖章。
wǒ　　wǒ duì　　　　　　　　　　　　　　　lùn
我们必须相信，我们对每一件事情都具有天赋的才能，并且，无论付出
　　　wán　　　　　　　wèn　kuì shuō
任何代价，都要把这件事 完 成。当事情结束的时候，你要能问心无愧地 说 ：
wǒ　　wǒsuǒ
"我已经尽我所能了。"
huíguī　　shuō　　　　　　　　　wài
香港回归之后，他在家信中 说 到，他这只被故乡放飞到海外的风筝，尽
guǎn
管 飘荡游弋，经沐风雨，可那线头儿一直在故乡和亲人手中牵着。
chūn　　zhuī　wǒ
时代的 春 风，美好的追求，我蓦地记起儿时唱给小桥的歌，哦，明艳艳
　　huāguǒ　　　　　suì
的太阳照耀了，芳香甜蜜的花 果 捧来了，五彩斑斓的岁月拉开了！
wǒ　wǒ　zhuīzhuō　　guāng
梅雨潭闪闪的绿色招引着我们，我们开始追 捉 她那离合的神 光 了。揪
luàn　　　　　　guò　　　wāngwāng
着草，攀着乱石，小心探身下去，又鞠躬过了一个石穹门，便到了 汪 汪

一碧的潭边了。

至于池沼，大多引用活<sup>huóshuǐ</sup>水<sup>duō</sup>。有些园林池沼宽<sup>kuān</sup>敞，就把池沼作为<sup>zuò</sup>全园的中心，其他景物配合着布置。水<sup>shuǐ</sup>面假如成河道模样，往<sup>wǎngwǎng</sup>往安排桥梁。

清晨，当第一束阳光<sup>guāng</sup>射进舷窗<sup>chuāng</sup>时，它便敞开美丽的歌喉，唱啊唱，嘤嘤有韵，宛如春<sup>chūnshuǐ</sup>水淙淙。

**【绕口令训练】**

◇骆驼驮着货，货用骆驼驮，伯伯牵骆驼，一个跟一个，伯伯夸骆驼，干活真不错。

◇小光和小刚，拿起箩筐玩打仗，打来打去砸了窗，小光怪小刚，小刚怪小光。

◇金瓜瓜，银瓜瓜，瓜棚上面结满瓜，瓜瓜落下来，打着小娃娃，娃娃怪瓜瓜，瓜瓜笑娃娃。

## 第五组　其他问题

### 一、er

**【温馨提示】**

er 只能自成音节，不与任何声母相拼，构成的字也很少。但是，学会发 er，是发好普通话儿化韵的基础。北方方言区基本上都有 er，而南方地区有的方言没有 er，而且很多人都发不好这个音。如粤方言区往往把 er 发成 e 等。

发 er 时主要有两个问题：一是口张得太大，二是舌头不能上卷至硬腭中部。er 是在 e［ə］的基础上加卷舌动作形成的，开口度是 a 的一半，另外舌头一定要上卷至硬腭中部，并与硬腭接触。若没有卷舌，或者说舌头只是上翘，发的音近似 e，这样是发不出卷舌音 er 的。开始学发 er 时尽量把舌头往硬腭中后部卷，以养成卷舌的习惯。

**【发音训练】**

1. **基本音节练习**

ēr　ér　ěr　èr[1]

2. **对应单字练习**

儿<sup>ér</sup>　而<sup>ér</sup>　尔<sup>ěr</sup>　饵<sup>ěr</sup>　耳<sup>ěr</sup>　迩<sup>ěr</sup>　贰<sup>èr</sup>　二<sup>èr</sup>

---

[1]　er 不与声母相拼，只有自成音节。

3．对应词语练习

儿童 értóng　　而且 érqiě　　尔虞我诈 ěryú-wǒzhà　　诱饵 yòu'ěr

左耳 zuǒ'ěr　　闻名遐迩 wénmíng-xiá'ěr　　贰拾 èrshí　　二胡 èrhú

【对比训练】

1．基本音节练习

ēr　ér　ěr　èr

ē　é　ě　è

2．双音节词语练习

鹅蛋 édàn ~ 儿童 értóng　　额头 é·tóu ~ 而且 érqiě

讹诈 ézhà ~ 二胡 èrhú　　饿死 èsǐ ~ 二妹 èrmèi

天鹅 tiān'é ~ 因而 yīn'ér　　蛾眉 éméi ~ 耳朵 ěrduo

【绕口令训练】

◇水泥地儿，摆茶几儿，茶几上边儿放瓷盆儿；倒上水儿，撒上食儿，养上几条小金鱼儿。

# 二、ê、e、o

不少方言都存在 ê、e、o 不分的情况，例如东北的一些地方把部分 o 韵母字读成了 e 韵母字，西南方言又把与 g、k、h 相拼的 e 韵母字读成了 o 韵母字，把与舌尖前音、舌尖中音、舌尖后音相拼的 e 韵母字读成了 ê 韵母字，粤方言也有把 o 读成 e 的情况。

ê、e 和 o 的发音很容易区别，e 是不圆唇元音，o 是圆唇元音，其他发音条件都相同。o 一般人都会发，可以利用它来发好 e，即在 o 的基础上，调整口形，把圆唇音改为扁唇音即可。ê 单独构成的字极少，《现代汉语词典》也只有 1 个叹词"欸"，在 ie、üe 中的 ê 又写成 e，所以很多人对 ê 很陌生，不知道该怎么读，其实 ê 的发音很简单，抓住舌尖抵住下齿背、口半开的特点就可以发好它了。

【发音训练】

o – e

博得 bódé　　波折 bōzhé　　破格 pògé　　伯乐 bólè

e – o

隔膜 gémó　　刻薄 kèbó　　恶魔 èmó

# 第四节 汉字韵母识别训练

## 第一组 汉字韵母识别与记忆

同声母一样，掌握了韵母的发音方法，如果不知道每个字的韵母，还是不能说好普通话。因此，我们还必须记住常见字的韵母。道理跟声母是一样的，下面简单作一些介绍。

第一，借助字形结构关系帮助记忆，这是最主要的方法。例如："丁"是ing韵母字，构成的"厅、亭、停、婷、顶、订、盯、钉、酊"等系列字都是ing韵母字；"生"是eng韵母字，构成的"胜、笙、甥、牲"等系列字都是eng韵母字；"王"是uang韵母字，构成的"旺、枉、狂、框、逛"等系列字都是uang韵母字。

第二，利用语音规律帮助记忆。例如：o只同b、p、m、f相拼，不同其他声母相拼，uo不同b、p、m、f相拼，能同其他声母相拼，这样我们就知道什么时候读uo，什么时候读o。其他还如：eng基本上同d、t、n、l相拼，en则不相拼（例外的有嫩nèn等）；ing只同d、t相拼，in则不相拼；uan只同d、t、n、l、z、c、s相拼，uang则不相拼；ueng、er不同任何声母相拼，ong必须同声母相拼；齐齿呼、撮口呼韵母只同j、q、x相拼，不同g、k、h、z、c、s、zh、ch、sh、r相拼。

第三，对出现问题不多的韵母，同声母一样，可以把与普通话不一致的韵母找出来，进行整理并加以记忆。例如通读普通话考试用字中的o韵母字，找出其中误读为e韵母的字，再进行纠正。

## 第二组 思考与练习

（1）指出下列en、eng、in、ing韵母字。

另 京 升 品 陵 人 等 萌 跟 皿
灯 撑 昕 成 丁 亘 映 饪 闽 孟
平 拼 汾 泵 镇 新 冰 紧 愤 深
凤 芯 庆 井 宁 缤 珍 趁 享 近
邓 门 仁 彬 晨 盆 酊 崩 命 亭
身 灵 沁 分 朋 荧 莺 增 钦 秉
凝 扔 蹭 芹 蚨 庚 姻 焚 屏 巾
霖 兴 冷 铭 嫩 埂 恳 寝 贫 冯

青　烹　银　牲　层　真　临　阵　民　铤
迸　正　刑　慎　金　痕　渗　因　伸　英

（2）指出下列 u 韵头的字。

滚　水　爽　吞　鹃　虽　崔　退　蕊　围
砖　窝　惑　顺　沙　多　存　桑　翁　港
歪　浑　块　逛　罪　丸　咱　绰　抓　班
团　诺　怀　军　怎　唤　左　花　灼　端
兑　准　权　挖　拖　神　轨　恢　若　乱
航　算　商　扇　望　又　萝　闯　遵　坠
框　博　忍　嫩　改　损　船　宣　拐　爱
梭　廓　汶　再　夸　蹲　莞　宅　拆　勋
但　庄　篡　凰　盔　坤　贼　钻　唇　槌
春　瓜　群　闩　断　郭　说　伦　措　泵

（3）通读《韵序字表》，找出方言韵母与普通话不一致的字，并另纸整理出来加以纠正。

①普通话读 an、uan，方言读 ang、uang 的字。
②普通话读 ang、uang，方言读 an、uan 的字。

（4）通读《韵序字表》，找出方言韵母与普通话不一致的字，并另纸整理出来加以纠正。

①普通话读 ü、üe、ün、üan，方言读 i、ie、in、ian 的字。
②方言读 ü、üe、ün、üan，普通话读 i、ie、in、ian 的字。

（5）通读《韵序字表》，找出方言 e、o、ê 韵母与普通话不一致的字，并另纸整理出来加以纠正。

（6）通读《韵序字表》，找出方言其他韵母与普通话不一致的字，并另纸整理出来加以纠正。

# 第五节　韵母模拟训练

（1）指出下列各字词的韵母并朗读。

帮　仁　腹　汁　洲　财　凉　约　捧　琼
思　凤　虞　甲　珍　拖　圃　越　梭　税
急　凶　触　训　盅　杯　桑　观　准　装
挑　扎　魂　丢　砖　波　脒　兵　猛　趁

挠　乏　瑶　休　秒　环　航　更　盖　跑
挪　仙　誓　兴　结　祈　载　权　搔　数
某　冬　撒　如　背　临　通　材　搜　满
柔　冯　磕　当　贴　厘　造　沟　最　煞
残　尔　踹　戍　郡　品　乾　纲　朝　猿
泉　帅　糠　灯　倪　恋　做　角　然　窥

（2）指出下列多音节词语的韵母并朗读。

| 编纂 | 杆菌 | 麻雀 | 造福 | 口袋 |
|---|---|---|---|---|
| 裁军 | 难过 | 帮凶 | 牙签儿 | 平等 |
| 怅惘 | 会员 | 破灭 | 喷泉 | 女皇 |
| 慈祥 | 激活 | 前辈 | 热血 | 猛烈 |
| 担心 | 那些 | 包袱 | 叫好儿 | 歌颂 |
| 说笑 | 氧化 | 阴雨 | 利用 | 表明 |
| 洞察 | 抗争 | 胎儿 | 责怪 | 告诉 |
| 额角 | 开凿 | 吞没 | 衰老 | 可观 |
| 飞速 | 后跟儿 | 外科 | 提纯 | 当天 |
| 否认 | 流逝 | 为难 | 聪慧 | 哑剧 |

（3）指出下列短文的韵母并朗读。

窗外阳光放肆地跳跃，星星点点。用手试图触摸，留在手心的只有斑驳的叶子的形状，所谓的温暖，所谓的明媚在哪里？听说有一米的阳光，那一米有多远？那一米阳光有多绚烂？

清晨，小窗前，我常看着那一缕缕阳光发呆，看着阳光，似乎看到了那一朵高雅的向日葵，记忆起那一次旅途，浸在无际的向日葵地里。那时阳光柔和，如双温暖的手抚摸着向日葵。你是否仔细地看过向日葵那纤细的枝干？看去貌似脆弱，但实际很坚强。阳光在它们的右上方盘旋，于是它们便朝着那个方向生长。从它们还是芽儿的时候，它们就一直追赶阳光，近点，再近点……那柔弱的身躯浸透了奋斗的泪泉，洒满了牺牲的汗水。那是它们的青春，在它们的身上，阳光与它们的距离在它们一天天的长高过程中一点点缩短，却似乎停在了一米距离，永不能越过。那段距离使它努力超越，它永远朝着一米阳光，奋力生长。

仅仅一米距离便可触摸阳光，而且是一米最绚丽的阳光，所以几乎每个人都在努力想够到它，只是不是所有的愿望都会实现，不是所有的结局都以幸福收尾。……

## 附录一　普通话水平测试用字韵序字表

### 【温馨提示】

《普通话水平测试用字韵序字表》是从《普通话水平测试实施纲要》的词语表中整理出来的，按照国家试题命题要求，第一题（读单音节字词）和第二题（读多音节词语）采用的字词、涉及的汉字都来源于这些字，所以，考生要通读这些字，了解自己方言韵母与普通话的差异，更好地掌握这些字的韵母。

说明：本字表首先参照《汉语拼音方案》韵母表顺序排序，然后按照声母及声调排序，其余情况与声母排序相同。

为了便于查找，将韵母编号，可以根据以下序号查找韵母：

1. a　2. o　3. e　4. i　5. u　6. ü　7. er　8. –i［前］　　9. –i［后］
10. ai　11. ao　12. ei　13. ou　14. iao　15. iou　16. uai　17. uei　18. ia
19. ie　20. ua　21. uo　22. üe　23. an　24. en　25. in　26. ün　27. ian
28. uan　29. uen　30. üan　31. ang　32. eng　33. ing　34. iong　35. ong
36. iang　37. uang　38. ueng①

### 1. a

ā 阿

bā 八巴扒吧芭疤 bá 拔跋 bǎ 把靶 bà 把坝爸罢霸耙 ba 叭笆

pā 趴 pá 扒爬耙琶 pà 帕怕

mā 妈抹 má 麻 mǎ 马玛码蚂 mà 骂 ma 蟆嘛

fā 发 fá 乏伐罚阀筏 fǎ 法 fà 发

dā 耷搭答 dá 达答打 dǎ 打 dà 大 da 瘩

tā 她他它塌 tǎ 塔獭 tà 榻踏蹋拓

ná 拿 nǎ 哪 nà 那纳娜钠捺

lā 拉 lá 拉 lǎ 喇 là 腊蜡辣落

kā 咖 kǎ 卡咯

hā 哈 há 蛤

zā 咂扎 zá 杂砸

cā 擦

sā 仨撒 sǎ 撒洒 sà 卅萨

---

① 在普通话水平测试词语里面没有 ê 音节字，所以这里韵母只有38个。

zhā 渣楂扎 zhá 轧闸铡炸 zhǎ 眨 zhà 乍诈栅炸蚱榨

chā 叉杈插差 chá 查茬茶察 chǎ 叉 chà 杈岔诧差刹

shā 杀沙纱刹砂煞杉 shǎ 傻 shà 煞霎厦

bō 拨波玻剥钵菠播 bó 脖伯驳帛泊勃铂舶博搏箔膊薄礴 bǒ 跛簸 bò 薄簸

pō 泊坡泼颇 pó 婆 pò 迫破粕魄

mō 摸 mó 摹模膜摩磨蘑魔 mǒ 抹 mò 没磨抹末沫陌莫寞漠蓦墨默

fó 佛

ē 阿 é 俄峨鹅蛾额 è 厄扼恶饿鄂愕萼遏腭

me 么

dé 得德

tè 特

lè 乐勒

gē 戈疙哥胳鸽割搁歌 gé 阁革格葛隔膈骼 gě 葛 gè 个各

kē 苛柯科棵稞颗瞌磕蝌 ké 壳咳 kě 坷可渴 kè 克刻客恪课

hē 呵喝 hé 禾合何劾和河阂核荷涸盒颌 hè 喝和荷贺褐赫鹤壑吓

zé 则择泽责啧 zè 仄

cè 册侧厕测策

sè 塞色涩啬瑟

zhē 遮折 zhé 蜇折哲辄辙 zhě 者褶 zhè 这浙蔗

chē 车 chě 扯 chè 彻掣撤澈

shē 奢 shé 舌蛇折 shě 舍 shè 舍设社射涉赦摄麝

rě 惹 rè 热

yī 一伊衣医依漪 yí 仪夷宜怡姨贻胰移遗疑 yǐ 乙已以矣蚁倚椅 yì 义亿忆艺议亦屹异呓役抑译邑易绎诣驿疫益谊翌逸意溢裔蜴毅熠翼臆

bī 逼 bí 鼻 bǐ 匕比彼笔鄙 bì 币必毕闭庇陛毙婢敝痹辟弊碧蔽壁避臂璧

pī 批坯披劈霹 pí 皮毗疲啤琵脾 pǐ 劈匹痞癖 pì 辟屁媲僻譬

mī 眯 mí 弥迷猕谜糜 mǐ 靡米 mì 泌觅秘密幂谧蜜

dī 低堤滴提 dí 的迪敌涤笛嫡 dǐ 诋底抵 dì 的地弟帝递第谛缔蒂

tī 剔梯踢 tí 啼提题蹄 tǐ 体 tì 屉剃涕惕替嚏

ní 呢尼泥倪霓 nǐ 你拟 nì 泥昵逆溺腻

lí 厘梨离犁漓璃黎篱 lǐ 礼李里理锂鲤 lì 力历厉立吏丽利励沥例隶俐荔栗砾笠粒蛎痢雳 li 狸

jī 讥击饥机肌鸡姬积基畸稽激羁几 jí 及吉汲级即极急疾棘集嫉辑瘠籍 jǐ 给几己挤脊戟麂纪济 jì 迹绩计记伎纪妓忌技际剂季既济继寂寄悸祭暨冀髻系 ji 箕

qī 七沏妻凄栖戚期欺漆 qí 齐其奇歧祈崎畦骑棋旗鳍 qǐ 乞企岂启起绮 qì 气迄弃汽泣契砌器

xī 夕兮汐西吸希昔析唏奚息牺悉惜晰犀稀溪皙锡熄蜥嬉膝曦 xí 习席袭媳 xǐ 洗铣喜 xì 戏系细隙

## 5. u

wū 乌污呜巫屋诬 wú 无毋吴吾芜梧 wǔ 五午伍武侮捂鹉舞 wù 恶勿务物误悟晤雾

bǔ 卜补哺捕 bù 不布步怖部埠簿

pū 仆扑铺 pú 脯仆匍菩葡蒲 pǔ 朴圃浦普谱 pù 堡铺瀑

mú 模 mǔ 母亩牡姆拇 mù 木目沐牧募墓幕睦慕暮穆

fū 夫肤孵敷 fú 佛弗伏扶芙拂服俘氟浮匐符幅福辐 fǔ 抚甫府斧俯辅腑腐 fù 服父付妇负附咐复赴副富赋缚腹覆 fu 袱傅

dū 都嘟督 dú 毒读渎犊独 dǔ 笃堵赌睹肚 dù 妒杜肚度渡镀

tū 凸秃突 tú 图徒涂途屠 tǔ 土吐 tù 吐兔

nú 奴 nǔ 努 nù 怒

lú 卢芦炉颅 lǔ 卤虏掳鲁 lù 露陆录赂鹿禄碌路戮麓绿

gū 估姑孤辜 gǔ 古谷股骨鼓贾 gù 固故顾梏雇锢 gu 菇

kū 枯哭窟 kǔ 苦 kù 库裤酷

hū 乎呼忽惚 hú 和核弧狐胡壶湖瑚糊蝴 hǔ 虎唬 hù 互户护沪

zū 租 zú 足卒族 zǔ 诅阻组祖

cū 粗 cù 促醋簇

sū 苏酥稣 sú 俗 sù 诉肃素速宿粟塑溯

zhū 朱诛株珠诸猪蛛 zhú 竹烛逐 zhǔ 主拄属煮嘱瞩 zhù 伫住

助注贮驻柱祝著蛀筑铸

chū 出初 chú 刍除厨锄蜍雏橱蹰 chǔ 础储楚处 chù 处搐触蠹畜

shū 书抒叔枢倏殊梳疏舒输蔬 shú 孰赎塾熟 shǔ 暑署鼠蜀薯曙数属 shù 术束述树竖恕庶数墅

rú 如儒蠕 rǔ 汝乳辱 rù 入褥

6. ü

yū 迂淤 yú 于予余臾鱼俞娱渔隅愉腴逾愚榆虞舆 yǔ 予与宇屿羽雨禹语 yù 与玉驭吁育郁狱浴预域欲谕喻寓御裕遇愈誉豫

nǚ 女

lú 驴榈 lǚ 吕侣旅铝屡缕履捋 lǜ 滤律虑率绿氯

jū 车居拘驹鞠 jú 局菊橘 jǔ 咀沮举矩 jù 句巨拒具炬俱剧惧据距锯聚踞遽

qū 区曲岖驱屈祛蛆躯趋 qú 渠 qǔ 曲取娶 qù 去趣

xū 戌须虚嘘需 xú 徐 xǔ 许 xù 旭序叙畜绪续絮蓄 xu 婿

7. er

ér 儿而 ěr 尔耳饵 èr 二

8. -i〔ɿ〕

zī 兹咨姿资滋 zǐ 仔籽子姊紫滓 zì 字自渍

cí 词祠瓷慈辞磁雌 cǐ 此 cì 次刺赐

sī 丝司私思斯厮嘶撕 sǐ 死 sì 四寺伺似祀饲俟嗣肆

9. -i〔ʅ〕

zhī 之支汁芝枝知织肢脂只 zhí 执侄直值职植殖 zhǐ 止只旨址纸指趾 zhì 至志制帜治炙质峙挚桎秩致掷窒智滞稚置

chī 吃嗤痴 chí 池驰迟持 chǐ 尺侈齿耻 chì 斥赤炽翅啻

shī 尸失师虱诗施狮湿 shí 十什石时识实拾蚀食 shǐ 史矢使始驶屎 shì 士氏世仕市示式事侍势视试饰室恃拭是柿适舐逝释嗜誓噬螫似 shi 匙

rì 日

10. ai

āi 哀埃挨 ái 挨皑癌 ǎi 矮蔼 ài 艾爱隘碍

bāi 掰 bái 白 bǎi 百柏摆 bài 败拜

pāi 拍 pái 排牌 pài 派

mái 埋霾 mǎi 买 mài 迈麦卖脉

dāi 呆待 dǎi 歹逮 dài 大代带待怠玳贷袋逮戴

tāi 胎苔 tái 台抬苔 tài 太汰态钛泰

nǎi 乃奶氖 nài 奈耐

lái 来徕 lài 睐赖癞

gāi 该 gǎi 改 gài 丐钙盖溉概

kāi 开揩 kǎi 凯慨楷

hái 孩还 hǎi 海 hài 骇害氦

zāi 灾哉栽 zǎi 宰载崽仔 zài 载再在

cāi 猜 cái 才材财裁 cǎi 采彩睬踩 cài 菜蔡

sāi 塞腮鳃 sài 塞赛

zhāi 斋摘 zhái 择宅 zhǎi 窄 zhài 债寨

chāi 差拆 chái 柴

shāi 筛 shǎi 色 shài 晒

## 11. ao

āo 凹熬 áo 遨熬翱鳌 ǎo 袄 ào 坳拗傲奥澳懊

bāo 包孢苞胞褒剥炮 báo 雹薄 bǎo 宝饱保堡 bào 报抱豹鲍暴爆刨

pāo 抛泡 páo 刨咆狍炮袍 pǎo 跑 pào 炮泡

māo 猫 máo 毛矛茅锚髦 mǎo 卯铆 mào 茂冒贸袤帽瑁貌

dāo 刀 dǎo 导岛倒捣祷蹈 dào 倒到悼盗道稻 dao 叨

tāo 涛绦掏滔 táo 逃桃陶啕淘萄 tǎo 讨 tào 套

náo 挠 nǎo 恼脑瑙 nào 闹

lāo 捞 láo 劳牢 lǎo 老姥 lào 涝烙落

gāo 羔高膏篙糕 gǎo 搞稿镐 gào 膏告

kǎo 考烤 kào 铐靠

háo 毫豪嚎壕号 hǎo 好郝 hào 好号浩耗

zāo 遭糟 záo 凿 zǎo 早枣澡藻 zào 灶皂造噪燥躁 zao 蚤

cāo 操糙 cáo 曹嘈槽 cǎo 草

sāo 搔骚缲臊 sǎo 扫嫂 sào 臊扫

zhāo 朝招昭着 zháo 着 zhǎo 找沼爪 zhào 召兆诏赵照罩肇

chāo 抄钞超剿 cháo 巢朝嘲潮 chǎo 吵炒

shāo 捎梢烧稍 sháo 勺 shǎo 少 shào 少绍哨

ráo 饶 rǎo 扰 rào 绕

## 12. ei

bēi 卑 杯 悲 碑 背 běi 北 bèi 贝 狈 备 背 钡 倍 被 惫 辈

pēi 胚 péi 陪 培 赔 裴 pèi 沛 佩 配

méi 没 枚 玫 眉 莓 梅 媒 煤 酶 霉 měi 每 美 镁 mèi 妹 昧 媚 寐 魅

fēi 飞 妃 非 啡 绯 féi 肥 fěi 匪 诽 翡 fèi 吠 废 沸 肺 费

děi 得

něi 馁 nèi 内

lēi 勒 léi 雷 镭 累 擂 lěi 垒 蕾 儡 累 lèi 肋 泪 类 累 擂

gěi 给

hēi 黑

zéi 贼

shéi 谁

## 13. ou

ōu 讴 欧 殴 鸥 ǒu 呕 偶 藕

pōu 剖

móu 眸 谋 mǒu 某

fǒu 否

dōu 都 兜 dǒu 斗 抖 陡 蚪 dòu 斗 豆 逗 痘 窦

tōu 偷 tóu 头 投 tòu 透

lōu 搂 lóu 楼 lǒu 搂 篓 lòu 陋 漏 露

gōu 勾 沟 钩 篝 gǒu 狗 苟 gòu 勾 构 购 垢 够

kōu 抠 kǒu 口 kòu 叩 扣 寇

hóu 侯 喉 猴 hǒu 吼 hòu 侯 后 厚 候

zǒu 走 zòu 奏 揍

còu 凑

sōu 搜 艘 sǒu 擞 sou 嗽

zhōu 州 舟 周 洲 粥 zhóu 轴 zhǒu 肘 zhòu 咒 宙 昼 皱 骤 zhou 轴

chōu 抽 chóu 仇 惆 绸 畴 愁 稠 筹 酬 踌 chǒu 丑 chòu 臭

shōu 收 shóu 熟 shǒu 手 守 首 shòu 寿 受 狩 兽 售 授 瘦

róu 柔 揉 蹂 ròu 肉

## 14. iao

yāo 夭 吆 妖 腰 邀 要 约 yáo 尧 肴 姚 窑 谣 徭 摇 遥 瑶 yǎo 咬 窈 舀 yào 药 要 耀 钥

biāo 标膘 biǎo 表

piāo 漂飘 piáo 瓢朴 piǎo 漂瞟 piào 漂票

miáo 苗描瞄 miǎo 秒渺藐 miào 妙庙

diāo 刁叼貂碉雕 diào 吊钓调掉

tiāo 挑 tiáo 调条 tiǎo 挑窕 tiào 眺跳

niǎo 鸟袅 niào 尿

liāo 撩 liáo 潦辽疗聊僚嘹撩缭燎 liǎo 燎了 liào 廖料撂瞭

jiāo 交郊娇浇骄胶椒焦跤蕉礁教 jiáo 嚼 jiǎo 角狡绞饺皎矫脚搅剿缴 jiào 叫轿较教窖酵觉校

qiāo 悄跷敲锹 qiáo 乔侨桥瞧翘 qiǎo 悄巧 qiào 壳俏峭窍翘撬鞘

xiāo 削宵消逍萧硝销潇箫嚣肖 xiáo 淆 xiǎo 小晓 xiào 孝肖哮效校笑啸

## 15. iou

yōu 优忧幽悠 yóu 尤由犹邮油铀游 yǒu 友有酉黝 yòu 柚又右幼佑诱釉

miù 谬

diū 丢

niú 牛 niǔ 扭纽钮 niù 拗

liū 溜蹓 liú 刘浏流留琉硫馏榴瘤 liǔ 柳绺 liù 溜六蹓陆

jiū 纠究揪 jiǔ 九久灸韭酒 jiù 旧臼疚厩救就舅

qiū 丘邱秋鳅 qiú 仇囚求酋球裘

xiū 休修羞 xiǔ 宿朽 xiù 臭宿秀绣袖锈嗅

## 16. uai

wāi 歪 wài 外

guāi 乖 guǎi 拐 guài 怪

kuài 会块快脍筷

huái 怀淮槐 huài 坏

zhuài 拽

chuāi 揣 chuǎi 揣 chuài 踹

shuāi 衰摔 shuǎi 甩 shuài 率帅

## 17. uei

wēi 危威偎微巍 wéi 为韦围违桅唯帷惟维 wěi 伟伪尾纬苇委萎 wèi 为卫未位味畏胃谓喂蔚慰魏 wei 猬

duī 堆 duì 队对兑

tuī 推 tuí 颓 tuǐ 腿 tuì 退蜕褪

guī 归龟规皈闺硅瑰 guǐ 轨诡鬼 guì 柜贵桂跪

kuī 亏盔窥 kuí 奎葵魁傀 kuì 匮愧溃馈

huī 灰诙恢挥辉徽 huí 回洄蛔 huǐ 悔毁 huì 卉汇会讳绘荟诲贿彗晦秽喙惠慧

zuǐ 嘴 zuì 最罪醉

cuī 崔催摧 cuǐ 璀 cuì 脆啐淬萃瘁粹翠

suī 虽 suí 绥隋随遂 suǐ 髓 suì 岁祟遂碎隧穗邃

zhuī 追椎锥 zhuì 坠缀赘

chuī 吹炊 chuí 垂陲捶锤 chui 槌

shuí 谁 shuǐ 水 shuì 税睡

ruǐ 蕊 ruì 锐瑞

**18. ia**

yā 丫压押鸦鸭 yá 牙芽蚜崖涯衙 yǎ 哑雅 yà 亚讶轧

liǎ 俩

jiā 加夹佳枷浃家嘉茄 jiá 夹荚颊 jiǎ 甲胛贾钾假 jià 价驾架假嫁 jia 稼

qiā 掐 qiǎ 卡 qià 恰洽

xiā 虾瞎 xiá 匣峡狭遐暇辖霞 xià 下吓夏

**19. ie**

yē 椰噎耶掖 yé 爷 yě 也冶野 yè 咽业叶曳页夜掖液腋

biē 憋鳖 bié 别 biě 瘪 biè 别

piē 撇瞥 piě 撇

miè 灭蔑篾

diē 爹跌 dié 迭谍叠碟蝶

tiē 贴 tiě 铁帖 tiè 帖

niē 捏 niè 涅聂啮镊镍孽蘖

liě 咧 liè 列劣烈猎裂

jiē 阶皆接秸揭街结 jié 节劫杰洁结捷睫截竭 jiě 姐解 jiè 解介戒届界诫借藉

qiē 切 qié 茄 qiě 且 qiè 切妾怯窃惬

xiē 些楔歇 xié 协邪胁挟偕斜谐携鞋 xiě 写血 xiè 解泄泻卸屑

械亵谢懈蟹

**20. uɑ**

wā 挖洼蛙 wá 娃 wǎ 瓦 wà 袜

guā 瓜刮 guǎ 寡 guà 卦挂褂

kuā 夸 kuǎ 垮 kuà 挎跨

huā 花 huá 华哗滑猾划 huà 华化划画话桦

zhuā 抓 zhuǎ 爪

shuā 刷 shuǎ 耍

**21. uo**

wō 涡窝蜗 wǒ 我 wò 沃卧握

duō 多 duó 度夺踱 duǒ 朵垛躲 duò 垛剁堕舵惰跺 duo 掇

tuō 托拖脱 tuó 驮陀驼 tuǒ 妥椭 tuò 拓唾

nuó 挪 nuò 诺懦糯

luō 捋 luó 罗萝逻锣箩骡螺 luǒ 裸 luò 洛络骆落摞

guō 埚郭锅 guó 国 guǒ 果裹 guò 过

kuò 扩括阔廓

huō 豁 huó 和活 huǒ 火伙 huò 和豁或货获祸惑霍

zuō 作 zuó 琢昨 zuǒ 撮左佐 zuò 作坐座做

cuō 搓磋撮 cuò 挫措锉错

suō 唆梭蓑缩 suǒ 所索琐锁

zhuō 拙捉桌 zhuó 卓灼茁浊酌啄着琢

chuō 戳 chuò 啜绰

shuō 说 shuò 烁硕

ruò 若弱

**22. üe**

yuē 曰约 yuè 乐月岳悦阅跃粤越

nüè 疟虐

lüè 掠略

juē 撅 jué 角决诀抉绝觉倔崛掘厥獗蕨爵嚼攫 juè 倔

quē 缺 qué 瘸 què 却雀确阙鹊榷

xuē 削靴薛 xué 穴学 xuě 雪 xuè 血谑

**23. ɑn**

ān 安氨庵 àn 岸按案暗黯

bān 扳 班 般 颁 斑 搬 bǎn 板 版 bàn 办 半 伴 扮 拌 绊 瓣

pān 潘 攀 pán 盘 磐 pàn 判 叛 盼 畔

mán 蛮 馒 瞒 鳗 mǎn 满 螨 màn 曼 谩 幔 慢 漫 蔓

fān 帆 番 翻 藩 fán 凡 矾 烦 繁 fǎn 反 返 fàn 犯 泛 饭 范 贩 梵

dān 丹 单 担 耽 dǎn 胆 疸 掸 dàn 担 旦 但 诞 弹 惮 淡 蛋 氮 石

tān 坍 贪 摊 滩 瘫 tán 弹 坛 谈 痰 谭 潭 tǎn 坦 毯 tàn 叹 炭 探 碳

nán 男 南 难 nàn 难

lán 兰 拦 栏 婪 蓝 澜 斓 篮 lǎn 览 揽 缆 榄 懒 làn 烂 滥

gān 干 甘 杆 肝 坩 柑 竿 gǎn 杆 秆 赶 敢 感 橄 擀 gàn 干 赣

kān 刊 勘 龛 堪 看 kǎn 槛 坎 砍 kàn 看 瞰

hān 蚶 酣 憨 鼾 hán 含 函 涵 寒 韩 hǎn 罕 喊 hàn 汉 汗 旱 悍 捍 焊 憾 撼

zán 咱 zǎn 攒 zàn 暂 赞

cān 参 餐 cán 残 蚕 惭 cǎn 惨 càn 灿 璨

sān 三 sǎn 伞 散 sàn 散

zhān 沾 毡 粘 瞻 占 zhǎn 斩 展 盏 崭 辗 zhàn 颤 占 战 站 绽 湛 蘸

chān 掺 搀 chán 禅 馋 缠 蝉 潺 蟾 chǎn 产 铲 阐 chàn 忏 颤

shān 山 杉 衫 珊 煽 扇 shǎn 闪 陕 shàn 禅 单 讪 扇 善 缮 擅 膳 赡

rán 然 燃 rǎn 冉 染

## 24. en

ēn 恩

bēn 奔 běn 本 苯 bèn 奔 笨

pēn 喷 pén 盆

mēn 闷 mén 门 mèn 闷 men 们

fēn 分 纷 芬 氛 酚 fén 坟 焚 fěn 粉 fèn 分 份 奋 愤 粪

nèn 嫩

gēn 根 跟 gèn 亘

kěn 肯 垦 恳 啃

hén 痕 hěn 很 狠 hèn 恨

zěn 怎

sēn 森

zhēn 贞 针 侦 珍 真 砧 斟 臻 zhěn 诊 枕 疹 zhèn 阵 振 朕 镇 震

chēn 抻 chén 尘 臣 忱 沉 辰 陈 晨 chèn 衬 称 趁

shēn 参 申 伸 身 呻 绅 娠 砷 深 shén 神 什 shěn 沈 审 婶 shèn 肾 甚 渗 慎 蜃

rén 人 仁 任 rěn 忍 rèn 刃 认 任 纫 妊 韧 饪

## 25. in

yīn 因 阴 姻 音 殷 yín 吟 垠 寅 淫 银 龈 yǐn 尹 引 饮 隐 瘾 yìn 荫 饮 印

bīn 宾 滨 濒 bìn 摈 鬓

pīn 拼 pín 贫 频 pǐn 品 pìn 聘

mín 民 mǐn 皿 抿 泯 闽 悯 敏

nín 您

līn 拎 lín 邻 林 临 淋 琳 嶙 霖 磷 鳞 lìn 吝 赁 躏

jīn 巾 今 斤 金 津 矜 筋 襟 禁 jǐn 仅 紧 谨 锦 尽 jìn 尽 劲 近 进 晋 浸 烬 禁 靳 噤

qīn 亲 侵 钦 qín 秦 琴 禽 勤 噙 擒 qǐn 寝 qìn 沁

xīn 心 芯 辛 欣 锌 新 薪 馨 xìn 信 衅

## 26. ün

yūn 晕 yún 云 匀 纭 耘 yǔn 允 陨 yùn 孕 运 晕 酝 韵 蕴

jūn 军 君 均 钧 菌 jùn 俊 郡 峻 骏 竣

qún 裙 群

xūn 勋 熏 薰 xún 寻 巡 旬 询 峋 循 xùn 驯 训 讯 汛 迅 逊

## 27. ian

yān 咽 烟 胭 淹 焉 湮 腌 燕 殷 yán 延 严 言 岩 沿 炎 研 盐 阎 筵 颜 檐 yǎn 俨 衍 掩 眼 演 yàn 咽 厌 砚 宴 艳 验 谚 堰 焰 雁 燕

biān 边 编 鞭 biǎn 贬 扁 匾 biàn 便 变 遍 辨 辩 辫

piān 片 偏 篇 pián 便 piàn 片 骗

mián 眠 绵 棉 miǎn 免 勉 娩 缅 miàn 面

diān 掂 滇 颠 巅 diǎn 典 点 碘 diàn 电 佃 店 垫 惦 淀 奠 殿

tiān 天 添 tián 田 恬 甜 填 tiǎn 舔

niān 拈 蔫 nián 年 黏 niǎn 捻 撵 碾 niàn 廿 念

lián 连 帘 怜 涟 莲 联 廉 镰 liǎn 敛 脸 liàn 练 炼 恋 链

jiān 奸 尖 坚 歼 间 肩 艰 兼 监 缄 煎 jiǎn 拣 俭 柬 茧 捡 减 剪 检 睑 简 碱 jiàn 间 监 见 件 建 剑 荐 贱 健 涧 舰 渐 谏 键 溅 腱 践 鉴 键 箭

qiān 千 扦 迁 牵 铅 谦 签 qián 前 虔 钱 钳 乾 潜 黔 qiǎn 浅 遣 谴 qiàn 欠 嵌 歉 纤

xiān 仙 先 纤 掀 锨 鲜 xián 闲 弦 贤 咸 涎 娴 舷 衔 嫌 xiǎn 鲜 显 险 xiàn 县 现 线 限 宪 陷 馅 羡 献 腺 霰

## 28. uan

wān 弯 剜 湾 wán 丸 完 玩 顽 wǎn 宛 挽 晚 婉 惋 皖 碗 wàn 蔓 万 腕

duān 端 duǎn 短 duàn 段 断 缎 煅 锻

tuān 湍 tuán 团

nuǎn 暖

luán 孪 峦 luǎn 卵 luàn 乱

guān 关 观 官 冠 guǎn 馆 管 guàn 观 冠 贯 惯 灌 罐

kuān 宽 kuǎn 款

huān 欢 huán 还 环 huǎn 缓 huàn 幻 宦 唤 换 涣 患 焕 痪 豢

zuān 钻 zuǎn 纂 zuàn 钻 攥

cuān 蹿 cuán 攒 cuàn 窜 篡

suān 酸 suàn 蒜 算

zhuān 专 砖 zhuǎn 转 zhuàn 传 转 赚 撰 篆

chuān 川 穿 chuán 传 船 chuǎn 喘 chuàn 串

shuān 拴 栓 shuàn 涮

ruǎn 软

## 29. uen

wēn 温 瘟 wén 文 纹 闻 蚊 wěn 吻 紊 稳 wèn 问

dūn 吨 敦 墩 蹲 dǔn 盹 dùn 囤 沌 炖 盾 钝 顿

tūn 吞 tún 囤 屯 豚 臀

lūn 抡 lún 伦 沦 纶 轮 lùn 论

gǔn 滚 gùn 棍

kūn 坤 昆 kǔn 捆 kùn 困

hūn 昏 荤 婚 hún 浑 魂 混 hùn 混

zūn 尊 遵

cūn 村 皴 cún 存 cǔn 忖 cùn 寸

sūn 孙 sǔn 损 笋

zhǔn 准

chūn 春 chún 纯 唇 淳 醇 chǔn 蠢

shǔn 吮 shùn 顺 舜 瞬

rùn 闰 润

## 30. üan

yuān 冤 鸳 渊 yuán 元 员 园 垣 原 圆 袁 援 缘 源 猿 yuǎn 远 yuàn 苑

怨 院 愿

juān 捐 鹃 圈　juǎn 卷　juàn 卷 倦 绢 眷 圈

quān 圈　quán 全 权 泉 拳 痊 蜷　quǎn 犬　quàn 劝 券

xuān 宣 喧 暄　xuán 玄 悬 旋　xuǎn 选 癣　xuàn 旋 炫 绚 眩 渲

## 31. ang

áng 昂　àng 盎

bāng 邦 帮 梆　bǎng 绑 榜 膀　bàng 蚌 傍 棒 谤 磅 镑

pāng 膀 乓　páng 膀 磅 庞 旁　pàng 胖

máng 忙 芒 盲 茫 氓　mǎng 莽 蟒

fāng 方 坊 芳　fáng 防 妨 房 肪　fǎng 仿 访 纺　fàng 放

dāng 当 裆　dǎng 挡 党　dàng 当 荡 档

tāng 汤　táng 唐 堂 棠 塘 搪 膛 糖 螳　tǎng 倘 淌 躺　tàng 烫 趟

náng 囊　nang 囔　nǎng 曩

láng 郎 狼 廊 琅 螂　lǎng 朗　làng 浪

gāng 刚 冈 纲 肛 缸 钢　gǎng 岗 港　gàng 杠

kāng 康 慷 糠　káng 扛　kàng 亢 抗 炕

háng 杭 航 行　hàng 巷

zāng 脏　zàng 藏 脏 葬

cāng 仓 沧 苍 舱　cáng 藏

sāng 桑 丧　sǎng 嗓　sàng 丧

zhāng 张 章 彰 樟　zhǎng 长 涨 掌　zhàng 涨 丈 仗 帐 杖 胀 账 障

chāng 昌 娼 猖　cháng 长 肠 尝 偿 常 场　chǎng 厂 场 敞　chàng 怅 畅 倡 唱

shāng 伤 商　shǎng 晌 赏 上　shàng 上 尚　shang 裳

rǎng 嚷 壤　ràng 让

## 32. eng

bēng 崩 绷　běng 绷　bèng 绷 泵 迸 蹦

pēng 抨 烹　péng 朋 彭 棚 硼 蓬 篷 膨　pěng 捧　pèng 碰

mēng 蒙　méng 萌 盟 蒙　měng 猛 蒙 锰 蜢　mèng 孟 梦

fēng 丰 风 枫 封 疯 峰 烽 锋 蜂　féng 冯 逢 缝　fěng 讽　fèng 缝 凤 奉

dēng 灯 登 蹬　děng 等　dèng 澄 邓 凳 瞪

téng 疼 腾 滕 藤

néng 能

léng 棱　lěng 冷　lèng 愣

gēng 更庚耕羹 gěng 哽埂耿梗颈 gèng 更

kēng 吭坑铿

héng 恒横衡 hèng 横

zēng 曾增憎 zèng 赠

céng 层曾 cèng 蹭

sēng 僧

zhēng 争征挣睁蒸正症 zhěng 拯整 zhèng 挣正证郑政症 zheng 筝

chēng 称撑 chéng 丞成呈承诚城乘惩程澄橙盛 chěng 逞骋 chèng 秤

shēng 升生声牲笙 shéng 绳 shěng 省 shèng 胜圣盛剩

rēng 扔 réng 仍

## 33. ing

yīng 应英莺婴樱鹦膺鹰 yíng 迎盈荧莹萤营萦蝇赢 yǐng 颖影 yìng 应映硬

bīng 冰兵 bǐng 丙柄饼禀屏 bìng 并病摒

pīng 乒 píng 平评凭坪苹屏瓶萍

míng 名明鸣冥铭 mìng 命

dīng 丁叮盯钉 dǐng 顶鼎 dìng 钉订定锭

tīng 厅听 tíng 廷亭庭停蜓 tǐng 挺艇

níng 宁咛拧狞凝 nǐng 拧 nìng 宁拧泞

líng 伶灵玲凌铃陵绫羚翎聆菱零龄 lǐng 岭领令 lìng 令另

jīng 京经茎荆惊晶睛精鲸 jǐng 井阱颈景憬警 jìng 劲净径胫竟竟敬境静镜

qīng 青氢轻倾卿清蜻 qíng 情晴擎 qǐng 顷请 qìng 亲庆磬

xīng 兴星猩腥 xíng 刑行邢形型 xǐng 省醒 xìng 兴杏姓幸性

## 34. iong

yōng 佣拥痈庸雍臃 yǒng 永甬咏泳勇涌恿蛹踊 yòng 佣用

jiǒng 炯窘

qióng 穷穹琼

xiōng 凶兄匈汹胸 xióng 雄熊

## 35. ong

dōng 东冬 dǒng 董懂 dòng 动冻栋洞

tōng 通 tóng 同佟桐铜童瞳 tǒng 统捅桶筒 tòng 通同痛

nóng 农浓脓 nòng 弄

lóng 龙咙珑笼聋隆 lǒng 笼陇垄拢 long 窿

gōng 工弓公功攻供宫恭躬龚 gǒng 巩汞拱 gòng 供共贡

kōng 空 kǒng 孔恐 kòng 空控

hōng 轰哄烘 hóng 弘红宏洪虹鸿 hǒng 哄 hòng 哄

zōng 宗综棕踪鬃 zǒng 总 zòng 纵粽

cōng 囱匆葱聪 cóng 从丛

sōng 松 sǒng 怂悚耸 sòng 讼宋诵送颂

zhōng 中忠终盅钟衷 zhǒng 肿种冢 zhòng 中种仲众重

chōng 充冲舂憧 chóng 虫崇重 chǒng 宠 chòng 冲

róng 绒荣容溶蓉熔融冗

## 36. iang

yāng 央殃秧鸯 yáng 扬羊阳杨佯疡洋 yǎng 仰养氧痒 yàng 样漾

niáng 娘 niàng 酿

liáng 良凉梁粮量 liǎng 俩两 liàng 凉踉亮谅辆晾量 liang 粱

jiāng 江姜将浆僵缰疆 jiǎng 讲奖桨蒋 jiàng 将匠降绛酱犟强

qiāng 呛枪腔锵 qiáng 强墙 qiǎng 强抢 qiàng 呛跄

xiāng 乡相香厢湘箱镶 xiáng 降详祥翔 xiǎng 享响饷想 xiàng 相向巷项象像橡

## 37. uang

wāng 汪 wáng 亡王 wǎng 网往枉惘 wàng 妄忘旺望

guāng 光胱 guǎng 广犷 guàng 逛

kuāng 筐 kuáng 狂 kuàng 况旷矿框眶

huāng 荒慌 huáng 皇凰黄惶煌潢蝗磺簧 huǎng 恍晃谎幌 huàng 晃

zhuāng 妆庄桩装 zhuàng 壮状幢撞

chuāng 疮窗创 chuáng 床幢 chuǎng 闯 chuàng 创

shuāng 双霜 shuǎng 爽

## 38. ueng

wēng 翁 wèng 瓮

## 附录二  普通话水平测试用字韵母对比字表

### 一、in / en 与 ing / eng

| in | ing |
|---|---|
| yīn 因阴姻音殷 yín 吟垠寅淫银龈 yǐn 尹引饮隐瘾 yìn 荫饮印 | yīng 应英莺婴樱鹦膺鹰 yíng 迎盈荧莹萤营萦蝇赢 yǐng 颖影 yìng 应映硬 |
| bīn 宾滨濒 bìn 摈鬓 | bīng 冰兵 bǐng 丙柄饼禀屏 bìng 并病摒 |
|  | dīng 丁叮盯钉 dǐng 顶鼎 dìng 钉订定锭 |
| jīn 巾今斤金津矜筋襟禁 jǐn 仅紧谨锦尽 jìn 尽劲近进晋浸烬禁靳噤 | jīng 京经茎荆惊晶睛精鲸 jǐng 井阱颈景憬警 jìng 劲净径胫竟竞敬境静镜 |
| līn 拎 lín 邻林临淋琳嶙霖磷鳞 lìn 吝赁躏 | líng 伶灵玲凌铃陵绫羚翎聆菱零龄 lǐng 岭领 lìng 令另 |
| mín 民 mǐn 皿抿泯闽悯敏 | míng 名明鸣冥铭 mìng 命 |
| nín 您 | níng 宁咛拧狞凝 nǐng 拧 nìng 宁拧泞 |
| pīn 拼 pín 贫频 pǐn 品 pìn 聘 | pīng 乒 píng 平评凭坪苹屏瓶萍 |
| qīn 亲侵钦 qín 秦琴禽勤噙擒 qǐn 寝 qìn 沁 | qīng 青氢轻倾卿清蜻 qíng 情晴擎 qǐng 顷请 qìng 亲庆磬 |
|  | tīng 厅听 tíng 廷亭庭停蜓 tǐng 挺艇 |
| xīn 心芯辛欣锌新薪馨 xìn 信衅 | xīng 兴星猩腥 xíng 刑行邢形型 xǐng 省醒 xìng 兴杏姓幸性 |

| en | eng |
|---|---|
| ēn 恩 |  |
| bēn 奔 běn 本苯 bèn 奔笨 | bēng 崩绷 běng 绷 bèng 绷泵迸蹦 |
| cēn 参 | céng 层曾 cèng 蹭 |
| chēn 抻 chén 尘臣忱沉辰陈晨 chèn 衬称趁 | chēng 称撑 chéng 丞成呈承诚城乘惩程澄橙盛 chěng 逞骋 chèng 秤 |
|  | dēng 灯登蹬 děng 等 dèng 澄邓凳瞪 |

（续上表）

| en | eng |
|---|---|
| fēn 分纷芬氛酚 fén 坟焚 fěn 粉 fèn 分份奋愤粪 | fēng 丰风枫封疯峰烽锋蜂 féng 冯逢缝 fěng 讽 fèng 缝凤奉 |
| gēn 根跟 gèn 亘 | gēng 更庚耕羹 gěng 哽埂耿梗颈 gèng 更 |
| hén 痕 hěn 很狠 hèn 恨 | héng 恒横衡 hèng 横 |
| kěn 肯垦恳啃 | kēng 吭坑铿 |
|  | léng 棱 lěng 冷 lèng 愣 |
| mēn 闷 mén 门 mèn 闷 men 们 | mēng 蒙 méng 萌盟蒙 měng 猛蒙锰蜢 mèng 孟梦 |
| nèn 嫩 | néng 能 |
| pēn 喷 pén 盆 | pēng 抨烹 péng 朋彭棚硼蓬篷膨 pěng 捧 pèng 碰 |
| rén 人仁任 rěn 忍 rèn 刃认任纫妊韧饪 | rēng 扔 réng 仍 |
| sēn 森 | sēng 僧 |
| shēn 参申伸身呻绅娠砷深 shén 神什 shěn 沈审婶 shèn 肾甚渗慎蜃 | shēng 升生声牲笙 shéng 绳 shěng 省 shèng 胜圣盛剩 |
|  | téng 疼腾滕藤 |
| zěn 怎 | zēng 曾增憎 zèng 赠 |
| zhēn 贞针侦珍真砧斟臻 zhěn 诊枕疹 zhèn 阵振朕镇震 | zhēng 争征挣睁蒸正症 zhěng 拯整 zhèng 挣正证郑政症 zheng 筝 |

## 二、an／uan 与 ang／uang

| an | ang |
|---|---|
| ān 安氨庵 àn 岸按案暗黯 | áng 昂 àng 盎 |
| bān 扳班般颁斑搬 bǎn 板版 bàn 办半伴扮拌绊瓣 | bāng 邦帮梆 bǎng 绑榜膀 bàng 蚌傍棒谤磅镑 |
| cān 参餐 cán 残蚕惭 cǎn 惨 càn 灿璨 | cāng 仓沧苍舱 cáng 藏 |

（续上表）

| an | ang |
|---|---|
| chān 掺搀 chán 禅馋缠蝉潺蟾 chǎn 产铲阐 chàn 忏颤 | chāng 昌娼猖 cháng 长肠尝偿常场 chǎng 厂场敞 chàng 怅畅倡唱 |
| dān 丹单担耽 dǎn 胆疸掸 dàn 担旦但诞弹惮淡蛋氮石 | dāng 当裆 dǎng 挡党 dàng 当荡档 |
| fān 帆番翻藩 fán 凡矾烦繁 fǎn 反返 fàn 犯泛饭范贩梵 | fāng 方坊芳 fáng 防妨房肪 fǎng 仿访纺 fàng 放 |
| gān 干甘杆肝坩柑竿 gǎn 杆秆赶敢橄擀 gàn 干赣 | gāng 刚岗纲肛缸钢 gǎng 岗港 gàng 杠 |
| hān 蚶酣憨鼾 hán 含函涵寒韩 hǎn 罕喊 hàn 汉汗旱悍捍焊憾撼 | háng 杭航行 hàng 巷 |
| kān 刊勘龛堪看 kǎn 槛坎砍 kàn 看瞰 | kāng 康慷糠 káng 扛 kàng 亢抗炕 |
| lán 兰拦栏婪蓝澜斓篮 lǎn 览揽缆榄懒 làn 烂滥 | láng 郎狼廊琅螂 lǎng 朗 làng 浪 |
| mán 蛮馒瞒鳗 mǎn 满螨 màn 曼谩幔慢漫蔓 | máng 忙芒盲茫氓 mǎng 莽蟒 |
| nán 男南难 nàn 难 | náng 囊 nang 囔 |
| pān 潘攀 pán 盘磐 pàn 判叛盼畔 | pāng 膀乓 páng 膀磅庞旁 pàng 胖 |
| rán 然燃 rǎn 冉染 | rǎng 嚷壤 ràng 让 |
| sān 三 sǎn 伞散 sàn 散 | sāng 桑丧 sǎng 嗓 sàng 丧 |
| shān 山杉衫珊煽扇 shǎn 闪陕 shàn 禅单讪扇善缮擅膳赡 | shāng 伤商 shǎng 晌赏上 shàng 上尚 shang 裳 |
| tān 坍贪摊滩瘫 tán 弹坛谈痰谭潭 tǎn 坦毯 tàn 叹炭探碳 | tāng 汤 táng 唐堂棠塘搪膛糖螳 tǎng 倘淌躺 tàng 烫趟 |
| zán 咱 zǎn 攒 zàn 暂赞 | zāng 脏 zàng 藏脏葬 |
| zhān 沾毡粘瞻占 zhǎn 斩展盏崭辗 zhàn 颤占战站绽湛蘸 | zhāng 张章彰樟 zhǎng 长涨掌 zhàng 涨丈仗帐杖胀账障 |

| uan | uang |
|---|---|
| wān 弯剜湾 wán 丸完玩顽 wǎn 宛挽晚婉惋皖碗 wàn 蔓万腕 | wāng 汪 wáng 亡王 wǎng 网往枉惘 wàng 妄忘旺望 |
| cuān 蹿 cuán 攒 cuàn 窜篡 | |
| chuān 川穿 chuán 传船 chuǎn 喘 chuàn 串 | chuāng 疮窗创 chuáng 床幢 chuǎng 闯 chuàng 创 |
| duān 端 duǎn 短 duàn 段断缎煅锻 | |
| guān 关观官冠 guǎn 馆管 guàn 观冠贯惯灌罐 | guāng 光胱 guǎng 广犷 guàng 逛 |
| huān 欢 huán 还环 huǎn 缓 huàn 幻宦唤换涣患焕痪豢 | huāng 荒慌 huáng 皇凰黄惶煌潢蝗磺簧 huǎng 恍晃谎幌 huàng 晃 |
| kuān 宽 kuǎn 款 | kuāng 筐 kuáng 狂 kuàng 况旷矿框眶 |
| luán 孪峦 luǎn 卵 luàn 乱 | |
| nuǎn 暖 | |
| ruǎn 软 | |
| suān 酸 suàn 蒜算 | |
| shuān 拴栓 shuàn 涮 | shuāng 双霜 shuǎng 爽 |
| tuān 湍 tuán 团 | |
| zuān 钻 zuǎn 纂 zuàn 钻攥 | |
| zhuān 专砖 zhuǎn 转 zhuàn 传转赚撰篆 | zhuāng 妆庄桩装 zhuàng 壮状幢撞 |

## 三、i／ian/ie／in 与 ü／üan／üe／ün

| i | ü |
|---|---|
| yī 一伊衣医依漪 yí 仪夷宜怡姨贻胰移遗疑 yǐ 乙已以矣蚁倚椅 yì 义亿忆艺议亦屹异呓役抑译邑易绎诣驿疫益谊翌逸意溢裔蜴毅熠翼臆 | yū 迂淤 yú 于予余臾鱼俞娱渔隅愉腴逾愚榆虞舆 yǔ 予与宇屿羽雨禹语 yù 与玉驭吁育郁狱浴预谕喻寓御裕遇愈誉豫 |
| bī 逼 bí 鼻 bǐ 匕比彼笔鄙 bì 币必毕闭庇陛毙婢敝痹辟弊碧蔽壁避臂璧 | |
| cí 词祠瓷慈辞磁雌 cǐ 此 cì 次刺赐 | |

（续上表）

| i | ü |
|---|---|
| chī 吃嗤痴 chí 池驰迟持 chǐ 尺侈齿耻 chì 斥赤炽翅啻 | |
| dī 低堤滴提 dí 的迪敌涤笛嫡 dǐ 诋底抵 dì 的地弟帝递第谛缔蒂 | |
| jī 讥击饥机肌鸡姬积基畸稽激羁几 jí 及吉汲级即极急疾棘集嫉辑瘠籍 jǐ 给几己挤脊戟麂纪济 jì 迹绩计记伎纪妓忌技际剂季既济继寂寄悸祭暨冀髻系 jì 箕 | jū 车居拘驹鞠 jú 局菊橘 jǔ 咀沮举矩 jù 句巨拒具炬俱剧惧据距锯聚踞遽 |
| lí 厘梨离犁漓璃黎篱 lǐ 礼李里理锂鲤 lì 力历厉立吏丽利励沥例隶俐荔栗砾笠粒蛎痢雳 li 狸 | lú 驴桐 lǚ 吕侣旅铝屡缕履捋 lǜ 滤律虑率绿氯 |
| mī 眯 mí 弥迷猕谜糜靡 mǐ 靡米 mì 泌觅秘密幂谧蜜 | |
| ní 呢尼泥倪霓 nǐ 你拟 nì 泥昵逆溺腻 | nǚ 女 |
| pī 批坯披劈霹 pí 皮毗疲啤琵脾 pǐ 劈匹痞癖 pì 辟屁媲僻譬 | |
| qī 七沏妻凄栖戚期欺漆 qí 齐其奇歧祈崎畦骑棋旗鳍 qǐ 乞企岂启起绮 qì 气迄弃汽泣契砌器 | qū 区曲岖驱屈祛蛆躯趋 qú 渠 qǔ 曲取娶 qù 去趣 |
| tī 剔梯踢 tí 啼提题蹄 tǐ 体 tì 屉剃涕惕替嚏 | |
| xī 夕兮汐西吸希昔析唏奚息牺悉惜晰犀稀溪皙锡熄蜥嬉膝曦 xí 习席袭媳 xǐ 洗铣喜 xì 戏系细隙 | xū 戌须虚嘘需 xú 徐 xǔ 许 xù 旭序叙畜绪续絮蓄 xu 婿 |

| ian | üan |
|---|---|
| yān 咽烟胭淹焉湮腌燕殷 yán 延严言岩沿炎研盐阎筵颜檐 yǎn 俨衍掩眼演 yàn 咽厌砚宴艳验谚堰焰雁燕 | yuān 冤鸳渊 yuán 元员园垣原圆袁援缘源猿 yuǎn 远 yuàn 苑怨院愿 |

（续上表）

| ian | üan |
|---|---|
| biān 边编鞭 biǎn 贬扁匾 biàn 便变遍辨辩辫 | |
| diān 掂滇颠巅 diǎn 典点碘 diàn 电佃店垫惦淀奠殿 | |
| jiān 奸尖坚歼间肩艰兼监缄煎 jiǎn 拣俭柬茧捡减剪检脸简碱 jiàn 间监见件建剑荐贱健涧舰渐谏毽溅腱践鉴键箭 | juān 捐鹃圈 juǎn 卷 juàn 卷倦绢眷圈 |
| lián 连帘怜涟莲联廉镰 liǎn 敛脸 liàn 练炼恋链 | |
| mián 眠绵棉 miǎn 免勉娩缅 miàn 面 | |
| niān 拈蔫 nián 年黏 niǎn 捻撵碾 niàn 廿念 | |
| piān 片偏篇 pián 便 piàn 片骗 | |
| qiān 千扦迁牵铅谦签 qián 前虔钱钳乾潜黔 qiǎn 浅遣谴 qiàn 欠嵌歉纤 | quān 圈 quán 全权泉拳痊蜷 quǎn 犬 quàn 劝券 |
| tiān 天添 tián 田恬甜填 tiǎn 舔 | |
| xiān 仙先纤掀锨鲜 xián 闲弦贤咸涎娴舷衔嫌 xiǎn 鲜显险 xiàn 县现线限宪陷馅羡献腺霰 | xuān 宣喧暄 xuán 玄悬旋 xuǎn 选癣 xuàn 旋炫绚眩渲 |

| ie | üe |
|---|---|
| yē 椰噎耶掖 yé 爷 yě 也冶野 yè 咽业叶曳页夜掖液腋 | yuē 曰约 yuè 乐月岳悦阅跃粤越 |
| biē 憋鳖 bié 别 biě 瘪 biè 别 | |
| diē 爹跌 dié 迭谍叠碟蝶 | |
| jiē 阶皆接秸揭街结 jié 节劫杰洁结捷睫截竭 jiě 姐解 jiè 解介戒届界诫借藉 | juē 撅 jué 角决诀抉绝觉倔崛掘厥獗蕨爵嚼攫 juè 倔 |
| liě 咧 liè 列劣烈猎裂 | lüè 掠略 |
| miè 灭蔑篾 | |

（续上表）

| ie | üe |
|---|---|
| niē 捏 niè 涅聂啮镊镍孽蘖 | nüè 疟虐 |
| piē 撇瞥 piě 撇 | |
| qiē 切 qié 茄 qiě 且 qiè 切妾怯窃惬 | quē 缺 qué 瘸 què 却雀确阙鹊榷 |
| tiē 贴 tiě 铁帖 tiè 帖 | |
| xiē 些楔歇 xié 协邪胁挟偕斜谐携鞋 xiě 写血 xiè 解泄泻卸屑械亵谢懈蟹 | xuē 削靴薛 xué 穴学 xuě 雪 xuè 血谑 |
| yīn 因阴姻音殷 yín 吟垠寅淫银龈 yǐn 尹引饮隐瘾 yìn 荫饮印 | yūn 晕 yún 云匀纭耘 yǔn 允陨 yùn 孕运晕酝韵蕴 |
| bīn 宾滨濒 bìn 摈鬓 | |
| jīn 巾今斤金津矜筋襟禁 jǐn 仅紧谨锦尽 jìn 尽劲近进晋浸烬禁靳噤 | jūn 军君均钧菌 jùn 俊郡峻骏竣 |
| līn 拎 lín 邻林临淋琳嶙霖磷鳞 lìn 吝赁躏 | |
| mín 民 mǐn 皿抿泯闽悯敏 | |
| nín 您 | |
| pīn 拼 pín 贫频 pǐn 品 pìn 聘 | |
| qīn 亲侵钦 qín 秦琴禽勤噙擒 qǐn 寝 qìn 沁 | qún 裙群 |
| xīn 心芯辛欣锌新薪馨 xìn 信衅 | xūn 勋熏薰 xún 寻巡旬询峋循 xùn 驯训讯汛迅逊 |

## 附录三　普通话水平测试用字韵母类推字表

### 一、in / en 代表字

1. in

宾——宾滨傧缤槟镔摈殡鬓膑髌嫔（例外：槟，bīn、bīng）

拼——拼姘（例外：屏并摒）

贫——贫玢

品——品榀

频——频颦濒

民——民苠岷珉缗泯愍抿

闽——闽悯闵

林——林淋霖琳啉彬

磷——磷麟鳞嶙遴辚瞵粼膦

凛——凛廪懔檁（例外：禀）

斤——斤近靳芹新欣薪忻昕

今——今矜妗衾衿琴芩吟

堇——堇馑谨瑾槿觐勤鄞

禁——禁襟噤

尽——尽赆烬荩

晋——晋缙

金——金锦鑫

秦——秦溱嗪蓁

禽——禽擒檎噙

侵——侵寝锓浸

亲——亲新薪

心——心芯沁吣

辛——辛锌

欣——欣忻昕歆

2. en

本——本奔锛苯笨

盆——盆湓

贲——贲喷愤

分——分吩纷芬酚氛汾棼粉份忿

门——门闷扪焖们

艮——艮根跟哏很痕狠恨

肯——肯垦恳啃

真——真缜稹镇嗔慎

辰——辰赈震振晨宸娠蜃

珍——珍胗疹诊轸畛趁

甚——甚斟谌椹

贞——贞侦浈桢祯帧

榛——榛臻蓁

枕——枕鸩

沉——沉忱

申——申伸绅神审婶浦胂抻

参——参渗碜

人——人仁认

壬——壬任荏妊饪衽

刃——刃忍韧纫仞轫

## 二、ing／eng 代表字

1. ing

竟——竟境镜獍

并——并饼摒瓶屏（例外：拼姘）

丙——丙柄炳病

平——平评苹萍坪枰

娉——娉俜（例外：聘）

名——名铭茗酩

冥——冥溟瞑暝螟

丁——丁钉盯叮仃玎町疔耵酊订汀厅停亭婷

定——定锭啶腚碇

廷——廷庭蜓霆挺艇铤

宁——宁拧狞咛聍泞

令——令零铃龄玲伶羚苓囹泠聆翎岭领（例外：拎邻）

凌——凌陵菱绫

灵——灵棂

经——经泾茎颈胫痉轻氢烃

京——京惊鲸景憬黥

井——井荆阱肼形刑型邢
敬——敬警儆擎
青——青清蜻情晴氰请箐精睛腈靖婧静
顷——顷倾
磬——磬謦罄
星——星腥惺猩醒性姓旌
行——行荇
幸——幸悻

2. eng

崩——崩绷嘣蹦
朋——朋棚硼鹏堋
丰——丰封蜂峰锋烽沣缝逢奉俸唪捧蓬篷
彭——彭嘭膨澎
抨——抨砰怦
风——风疯枫砜讽凤
孟——孟猛锰蜢艋勐
盟——盟萌
蒙——蒙檬朦艨蠓
甍——甍懵
迸——迸碰
登——登瞪凳蹬镫澄橙
眷——眷腾滕藤
楞——楞塄愣
更——更埂梗哽
庚——庚赓
坑——坑吭
亨——亨哼
正——正征症怔徵整政证惩
争——争挣睁狰筝铮峥诤
蒸——蒸拯丞承
成——成城诚盛晟
呈——呈程酲逞
生——生牲笙甥胜
剩——剩嵊乘
扔——扔仍
曾——曾增憎缯赠甑僧蹭

# 第四章　普通话声调训练

## 第一节　声调概述

汉语是有声调的语言，声调是汉语音节特殊的组成部分。声调又叫作字调，是汉语音节中具有区别意义作用的音高变化。[①] 例如"妈""麻""马""骂"，声母、韵母都相同，但是意义却不同，这正是声调造成的，可见，普通话声调具有区别意义的作用。再如：

同意 tóngyì ~ 统一 tǒngyī　　　　包围 bāowéi ~ 保卫 bǎowèi

火车 huǒchē ~ 货车 huòchē　　　鼓励 gǔlì ~ 孤立 gūlì

普通话声调有四种，即阴平、阳平、上声和去声。

mā　má　mǎ　mà

妈　麻　马　骂

普通话的声调有鲜明的特点，阴平、阳平、上声和去声调型区别明显：一平、二升、三曲、四降。从发音长短看，上声发音持续的时间最长，其次是阳平，去声发音持续的时间最短，其次是阴平。[②] 如图 4-1 所示：

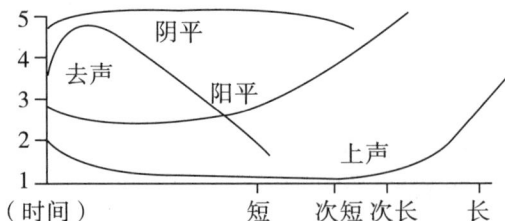

图 4-1　普通话四声调值时长图

---

① 音高有绝对音高和相对音高之分，绝对音高是指没有区别意义作用的音高，也就是通常意义上的音高。例如"肉"，用低音 5 度读它和用高音 5 度读它意义都不会发生变化。汉语声调是由相对音高构成的，具有区别意义的作用。

② 徐世荣. 普通话语音常识. 北京：语文出版社，1999：98.

## 一、调值

普通话声调怎么读？可以用调值来描写。调值是音节高低升降、曲直长短的变化形式，反映的是声调的实际读法。调值一般用五度标记法表示，五度标记法是用五度竖线标记相对音高的一种方法。具体方法是，把一条竖线分成四段五度，表示声调的相对音高。普通话四个声调的调值为：阴平（55），阳平（35），上声（214），去声（51）。[①]　如图4-2所示：

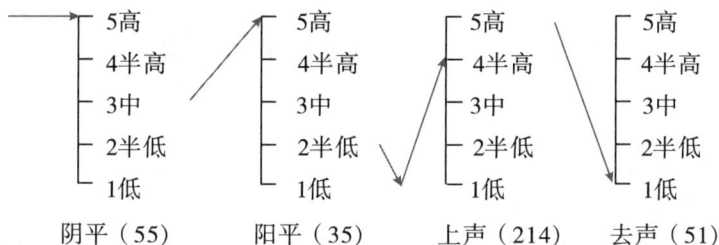

图4-2　普通话四声五度标记图

## 二、调类与调号

调类是声调的种类，也就是把调值相同的字归纳在一起所建立的种类。有几种基本调值，就有几种调类。普通话分为阴平、阳平、上声、去声4个调类，统称为四声。汉语方言调类比较复杂，调类最少的有3个，如河北滦县方言；最多的有10个，如广西博白方言。

普通话和各方言的调类都是从古汉语调类演化而来，古汉语有4个调类，即平声、上声、去声、入声。在普通话里，平声分化为阴平和阳平，入声分化为阴平、阳平、上声和去声。汉语方言众多，声调的分化比较复杂，尤其入声的分化更是如此。

调号是声调的标记符号，普通话的调号是把五度标记法中的竖线删掉，将表示相对音高的线条规范化后形成的，普通话的调号为：阴平（-），阳平（ˊ），上声（ˇ），去声（ˋ）。《汉语拼音方案》规定，普通话的调号标写在

---

① 需要说明的是，五度标记法中的1、2、3、4、5与乐谱中的1、2、3、4、5性质不同，五度标记法中的1、2、3、4、5表示的是相对音高，乐谱中的1、2、3、4、5表示的是绝对音高。

韵腹头上。① 举例如表 4-1 所示：

表 4-1　调类与调号举例说明

| 汉字 | 调类 | 调值 | 调号 | 拼音 |
|------|------|------|------|------|
| 搭 | 阴平 | 55 | — | dā |
| 床 | 阳平 | 35 | ′ | chuáng |
| 耍 | 上声 | 214 | ˇ | shuǎ |
| 败 | 去声 | 51 | ` | bài |

# 第二节　声调发音训练

## 第一组　阴平〔55〕

### 【发音描述】

阴平又叫作高平调，俗称一声，调值是 55，也称 55 调。发音时，调值从 5 度到 5 度，声音比较高，保持高度，平行滑动，基本上没有升降的变化。

### 【温馨提示】

阴平的特点是又高又平，音高稳住。口诀：起阴高平莫低昂，气势平均不紧张。

1. **单音节字词练习**

巴 bā　　坡 pō　　芳 fāng　　滩 tān　　哥 gē　　科 kē

喝 hē　　机 jī　　期 qī　　希 xī　　资 zī　　疵 cī

思 sī　　知 zhī　　吃 chī　　师 shī

2. **双音节词语练习**

低微 dīwēi　　吃亏 chīkuī　　交叉 jiāochā　　嚣张 xiāozhāng

供需 gōngxū　　摔跤 shuāijiāo　　军官 jūnguān　　拖车 tuōchē

宣称 xuānchēng　　专车 zhuānchē　　公关 gōngguān　　新居 xīnjū

诗篇 shīpiān　　高深 gāoshēn　　开刀 kāidāo　　扎根 zhāgēn

----

① ui、iu、un 是由 uei、iou、uen 省写的，不能标写在韵腹头上的 ui、iu 标写在末尾的元音头上，un 标写在 u 头上。

## 第二组　阳平［35］

### 【发音描述】

阳平又叫作高升调，俗称二声，调值是35，也称35调。发音时，调值从3度逐渐升到5度，有较大升幅变化。

### 【温馨提示】

阳平的特点是高起高走，平稳上升，结尾保住。口诀：从中起阴向上扬，用气弱起逐渐强。

**1. 单音节字词练习**

| | | | | | |
|---|---|---|---|---|---|
| 拔 bá | 婆 pó | 馒 mán | 房 fáng | 德 dé | 谈 tán |
| 男 nán | 轮 lún | 格 gé | 葫 hú | 即 jí | 钱 qián |
| 霞 xiá | 杂 zá | 藏 cáng | 直 zhí | 柴 chái | 时 shí |

**2. 双音节词语练习**

| | | | |
|---|---|---|---|
| 闸门 zhámén | 航程 hángchéng | 神灵 shénlíng | 尤为 yóuwéi |
| 顽强 wánqiáng | 抉择 juézé | 黄连 huánglián | 从而 cóng'ér |
| 杂文 záwén | 合营 héyíng | 提名 tímíng | 闲暇 xiánxiá |
| 停泊 tíngbó | 怀疑 huáiyí | 循环 xúnhuán | 随同 suítóng |

## 第三组　上声［214］

### 【发音描述】

上声又叫作降升调，俗称三声，调值是214，也称214调。发音时，调值从2度降到1度，再从1度升到4度，有明显的降升特点。

### 【温馨提示】

上声有一个降升的过程，前低后高，前短后长，前轻后重，把握好这个特点才能发好上声。口诀：上声先降转上挑，降时气稳仰时强。

**1. 单音节字词练习**

| | | | | | |
|---|---|---|---|---|---|
| 百 bǎi | 叵 pǒ | 满 mǎn | 访 fǎng | 党 dǎng | 躺 tǎng |
| 鸟 niǎo | 懒 lǎn | 给 gěi | 楷 kǎi | 虎 hǔ | 几 jǐ |
| 抢 qiǎng | 喜 xǐ | 走 zǒu | 惨 cǎn | 嗓 sǎng | 展 zhǎn |
| 喘 chuǎn | 耍 shuǎ | | | | |

**2. 双音节词语练习**

| | | | |
|---|---|---|---|
| 法典 fǎdiǎn | 好转 hǎozhuǎn | 领主 lǐngzhǔ | 打赌 dǎdǔ |
| 旅馆 lǚguǎn | 口语 kǒuyǔ | 勉强 miǎnqiǎng | 奶粉 nǎifěn |
| 靶场 bǎchǎng | 笔法 bǐfǎ | 首尾 shǒuwěi | 许可 xǔkě |

水井 shuǐjǐng　　有理 yǒulǐ　　　指导 zhǐdǎo　　　买主 mǎizhǔ

## 第四组　去声〔51〕

**【发音描述】**

去声又叫作全降调，俗称四声，调值是 51，也称 51 调。发音时，调值从 5 度降到 1 度，有比较大的降幅变化，去声容易发好。

**【温馨提示】**

去声的特点是又高又短。口诀：高仰直送向低唱，强起到落气通畅。

### 1. 单音节字词练习

爸 bà　　　破 pò　　　慢 màn　　　费 fèi　　　豆 dòu　　　太 tài

念 niàn　　论 lùn　　够 gòu　　　矿 kuàng　　话 huà　　记 jì

恰 qià　　　续 xù　　　字 zì　　　灿 càn　　　上 shàng　　照 zhào

触 chù　　　晒 shài　　日 rì

### 2. 双音节词语练习

正派 zhèngpài　　　变动 biàndòng　　　械斗 xièdòu　　　救济 jiùjì

树立 shùlì　　　　　剧烈 jùliè　　　　　势必 shìbì　　　驾驭 jiàyù

那样 nàyàng　　　　看病 kànbìng　　　侧重 cèzhòng　　地貌 dìmào

次序 cìxù　　　　　变化 biànhuà　　　镜框 jìngkuàng　跨越 kuàyuè

# 第三节　声调方音辨正训练

声调主要问题 〈 阴平音高不够

阳平上升的高度不够

上声降升调型不规范

**【温馨提示】**

普通话水平测试第一题（读单音节字词）和第二题（读多音节词语）对单音节字词和多音节词语末尾字的声调有严格要求，本部分主要是针对这两道题设计的训练。第三题（朗读短文）和第四题（命题说话）大家声调发音没有问题[①]，不用考虑本部分涉及的问题。

---

① 读错声调不属于此类情况。

正因为如此，本部分仅仅进行字词训练，不安排诗词、短文等其他训练。

## 第一组　阴平

**【温馨提示】**

阴平的调值是55，音比较高，而一些方言阴平的调值略微低一些，为44，所以，学习普通话阴平要注意音的高度，若低于普通话的调值，就要适当增加高度。

**【发音训练】**

### 1. 单音节字词练习

| 包 bāo | 坡 pō | 妈 mā | 搭 dā | 贪 tān | 捏 niē |
|---|---|---|---|---|---|
| 溜 liū | 姑 gū | 夸 kuā | 慌 huāng | 机 jī | 亲 qīn |
| 修 xiū | 资 zī | 崔 cuī | 桑 sāng | 张 zhāng | 春 chūn |
| 叔 shū | 扔 rēng | | | | |

### 2. 对应词语练习

| 皮包 píbāo | 土坡 tǔpō | 大妈 dàmā | 混搭 hùndā |
|---|---|---|---|
| 巨贪 jùtān | 拿捏 nániē | 开溜 kāiliū | 小姑 xiǎogū |
| 浮夸 fúkuā | 恐慌 kǒnghuāng | 客机 kèjī | 血亲 xuèqīn |
| 维修 wéixiū | 投资 tóuzī | 姓崔 xìngcuī | 采桑 cǎisāng |
| 一张 yīzhāng | 早春 zǎochūn | 大叔 dàshū | 乱扔 luànrēng |

### 3. 声调搭配练习

阴平 + 阴平

| 江山 jiāngshān | 轻声 qīngshēng | 欧洲 ōuzhōu | 拼音 pīnyīn |
|---|---|---|---|
| 风光 fēngguāng | 工资 gōngzī | 西天 xītiān | 开张 kāizhāng |
| 悲观 bēiguān | 批发 pīfā | 村庄 cūnzhuāng | 收听 shōutīng |
| 温馨 wēnxīn | 阿胶 ējiāo | 终身 zhōngshēn | |

阳平 + 阴平

| 革新 géxīn | 节约 jiéyuē | 明星 míngxīng | 农村 nóngcūn |
|---|---|---|---|
| 学生 xué·shēng | 石膏 shígāo | 昨天 zuótiān | 敌军 díjūn |
| 年刊 niánkān | 国家 guójiā | 船帆 chuánfān | 球拍 qiúpāi |
| 邻居 línjū | 无知 wúzhī | 阳光 yángguāng | 皮肤 pífū |

上声 + 阴平

| 打击 dǎjī | 北京 běijīng | 古筝 gǔzhēng | 小心 xiǎoxīn |
|---|---|---|---|
| 统一 tǒngyī | 鬼屋 guǐwū | 雨衣 yǔyī | 北方 běifāng |
| 打消 dǎxiāo | 卡通 kǎtōng | 掌声 zhǎngshēng | 讲师 jiǎngshī |

简单 jiǎndān　　减轻 jiǎnqīng　　闪光 shǎnguāng　　普通 pǔtōng

去声+阴平

象征 xiàngzhēng　　物资 wùzī　　气温 qìwēn　　彗星 huìxīng

电机 diànjī　　印章 yìnzhāng　　列车 lièchē　　信封 xìnfēng

地基 dìjī　　贵宾 guìbīn　　报销 bàoxiāo　　是非 shìfēi

路灯 lùdēng　　刺激 cìjī　　扩张 kuòzhāng

## 第二组　阳平

### 【温馨提示】

阳平的调值是35，收尾音比较高，而一些方言阳平收尾时的调值略微低一些，为34，所以，学习普通话阳平要注意收尾的高度。

### 【发音训练】

#### 1．单音节字词练习

白 bái　　婆 pó　　梅 méi　　佛 fó　　达 dá　　谈 tán

拿 ná　　狼 láng　　阁 gé　　狂 kuáng　　活 huó　　即 jí

琴 qín　　淆 xiáo　　杂 zá　　词 cí　　俗 sú　　竹 zhú

唇 chún　　绳 shéng　　人 rén

#### 2．对应词语练习

雪白 xuěbái　　巫婆 wūpó　　青梅 qīngméi　　大佛 dàfó

到达 dàodá　　面谈 miàntán　　捉拿 zhuōná　　豺狼 cháiláng

内阁 nèigé　　疯狂 fēngkuáng　　生活 shēnghuó　　立即 lìjí

提琴 tíqín　　混淆 hùnxiáo　　掺杂 chānzá　　诗词 shīcí

低俗 dīsú　　山竹 shānzhú　　嘴唇 zuǐchún　　跳绳 tiàoshéng

好人 hǎorén

#### 3．声调搭配练习

阴平 + 阳平

单词 dāncí　　刚才 gāngcái　　差别 chābié　　删除 shānchú

凄凉 qīliáng　　新闻 xīnwén　　金鱼 jīnyú　　斑白 bānbái

温和 wēnhé　　发言 fāyán　　山河 shānhé　　缺乏 quēfá

当局 dāngjú　　安详 ānxiáng　　屈从 qūcóng　　兵团 bīngtuán

阳平 + 阳平

离奇 líqí　　成为 chéngwéi　　楼层 lóucéng　　吉祥 jíxiáng

船舶 chuánbó　　然而 rán'ér　　寒流 hánliú　　良田 liángtián

| | | | |
|---|---|---|---|
| 结合 jiéhé | 学习 xuéxí | 阳台 yángtái | 执勤 zhíqín |
| 儿童 értóng | 答题 dátí | 国旗 guóqí | 文明 wénmíng |

**上声 + 阳平**

| | | | |
|---|---|---|---|
| 改革 gǎigé | 品格 pǐngé | 浅浮 qiǎnfú | 海拔 hǎibá |
| 使节 shǐjié | 企图 qǐtú | 跑鞋 pǎoxié | 水流 shuǐliú |
| 法国 fǎguó | 走台 zǒutái | 朗读 lǎngdú | 普及 pǔjí |
| 果实 guǒshí | 古人 gǔrén | 语言 yǔyán | 敏捷 mǐnjié |

**去声 + 阳平**

| | | | |
|---|---|---|---|
| 电流 diànliú | 镜头 jìngtóu | 判别 pànbié | 悼词 dàocí |
| 笑容 xiàoróng | 证明 zhèngmíng | 要闻 yàowén | 日程 rìchéng |
| 数学 shùxué | 好奇 hàoqí | 价钱 jià·qián | 动词 dòngcí |
| 视察 shìchá | 抗衡 kànghéng | 去留 qùliú | 誓言 shìyán |

## 第三组　上声

### 【温馨提示】

日常生活中，上声读半上的时候居多，① 很少读完整的上声。但是，普通话水平测试第一题（读单音节字词）和第二题（读多音节词语）就要考查考生是否会读完整的上声，第一题（读单音节字词）单音节字词若是上声，必须读出完整的上声，第二题（读多音节词语）多音节词语末尾的上声也要求读完整，所以，必须学会发上声并发好上声。

一些方言上声的调型与普通话不一致，对这些方言区的人来说，上声不容易发好。发上声存在的问题有：第一，调型不对，普通话上声是一个曲调，有降有升；第二，上升段发音时间太长。

发上声可以利用手势辅助发音，在发音的同时比划竖弯钩（乚），按照竖弯钩的轨迹发上声。

### 【发音训练】

1. 单音节字词练习②

| | | | | | |
|---|---|---|---|---|---|
| 宝 bǎo | 叵 pǒ | 美 měi | 否 fǒu | 打 dǎ | 坦 tǎn |
| 挡 dǎng | 体 tǐ | 鸟 niǎo | 俩 liǎ | 古 gǔ | 垮 kuǎ |

---

① 上声的调值是214，先降后升，半上就是上声的一半，即降下来部分，调值21。

② 汉语基本音是声母和韵母构成的音节，有400余个，数量太多，声调部分不进行基本音节训练。

火 huǒ　　挤 jǐ　　寝 qǐn　　朽 xiǔ　　紫 zǐ　　此 cǐ

嗓 sǎng　　掌 zhǎng　　蠢 chǔn　　水 shuǐ　　忍 rěn

## 2. 对应词语练习

| | | | |
|---|---|---|---|
| 大宝 dàbǎo | 叵测 pǒcè | 优美 yōuměi | 是否 shìfǒu |
| 击打 jīdǎ | 舒坦 shūtan | 遮挡 zhēdǎng | 身体 shēntǐ |
| 鸵鸟 tuóniǎo | 他俩 tāliǎ | 远古 yuǎngǔ | 击垮 jīkuǎ |
| 灭火 mièhuǒ | 拥挤 yōngjǐ | 就寝 jiùqǐn | 腐朽 fǔxiǔ |
| 红紫 hóngzǐ | 因此 yīncǐ | 开嗓 kāisǎng | 手掌 shǒuzhǎng |
| 愚蠢 yúchǔn | 河水 héshuǐ | 容忍 róngrěn | |

## 3. 声调搭配练习

**阴平 + 上声**

| | | | |
|---|---|---|---|
| 批准 pīzhǔn | 高雅 gāoyǎ | 东海 dōnghǎi | 包裹 bāoguǒ |
| 班长 bānzhǎng | 生产 shēngchǎn | 慷慨 kāngkǎi | 艰苦 jiānkǔ |
| 充满 chōngmǎn | 黑板 hēibǎn | 污染 wūrǎn | 亏损 kuīsǔn |
| 妈祖 māzǔ | 发展 fāzhǎn | 争取 zhēngqǔ | 击打 jīdǎ |

**阳平 + 上声**

| | | | |
|---|---|---|---|
| 遥远 yáoyuǎn | 国宝 guóbǎo | 白马 báimǎ | 洪水 hóngshuǐ |
| 而且 érqiě | 田野 tiányě | 铜锁 tóngsuǒ | 民主 mínzhǔ |
| 狭小 xiáxiǎo | 苹果 píngguǒ | 谜底 mídǐ | 图解 tújiě |
| 长久 chángjiǔ | 裁剪 cáijiǎn | 提醒 tíxǐng | 南北 nánběi |

**上声 + 上声**

| | | | |
|---|---|---|---|
| 舞蹈 wǔdǎo | 远古 yuǎngǔ | 表演 biǎoyǎn | 水果 shuǐguǒ |
| 理解 lǐjiě | 主考 zhǔkǎo | 可以 kěyǐ | 取舍 qǔshě |
| 引导 yǐndǎo | 审美 shěnměi | 选举 xuǎnjǔ | 老虎 lǎohǔ |
| 雪耻 xuěchǐ | 偶尔 ǒu'ěr | 产品 chǎnpǐn | 理睬 lǐcǎi |

**去声 + 上声**

| | | | |
|---|---|---|---|
| 末尾 mòwěi | 剧本 jùběn | 外语 wàiyǔ | 问好 wènhǎo |
| 驾驶 jiàshǐ | 历史 lìshǐ | 地理 dìlǐ | 去往 qùwǎng |
| 乱想 luànxiǎng | 宪法 xiànfǎ | 购买 gòumǎi | 凑巧 còuqiǎo |
| 暴雨 bàoyǔ | 大雪 dàxuě | 庆典 qìngdiǎn | 厚礼 hòulǐ |

## 【温馨提示】

去声，大家一般没有问题，阴平与阳平有些小问题，上声问题最大，要把握好普通话四声，可以采用数调法，也就是按照阴阳上去的顺序朗读声调，因为这样声调容易朗读准确。

**【发音训练】**

**1. 单音节字词练习**

| | | | |
|---|---|---|---|
| 逼 bī | 鼻 bí | 比 bǐ | 必 bì |
| 妈 mā | 麻 má | 马 mǎ | 骂 mà |
| 方 fāng | 房 fáng | 访 fǎng | 放 fàng |
| 突 tū | 图 tú | 土 tǔ | 兔 tù |
| 通 tōng | 同 tóng | 桶 tǒng | 痛 tòng |
| 贪 tān | 谈 tán | 坦 tǎn | 探 tàn |
| 灰 huī | 回 huí | 毁 huǐ | 慧 huì |
| 香 xiāng | 翔 xiáng | 想 xiǎng | 像 xiàng |
| 西 xī | 习 xí | 洗 xǐ | 戏 xì |
| 摘 zhāi | 宅 zhái | 窄 zhǎi | 债 zhài |

**2. 四字词语练习**

| | |
|---|---|
| 优柔寡断 yōuróu-guǎduàn | 风调雨顺 fēngtiáo-yǔshùn |
| 光明磊落 guāngmíng-lěiluò | 花红柳绿 huāhóng-liǔlǜ |
| 心明眼亮 xīnmíng-yǎnliàng | 身强体健 shēnqiáng-tǐjiàn |
| 中流砥柱 zhōngliú-dǐzhù | 千锤百炼 qiānchuí-bǎiliàn |
| 花团锦簇 huātuán-jǐncù | 深谋远虑 shēnmóu-yuǎnlǜ |
| 心直口快 xīnzhí-kǒukuài | 雕虫小技 diāochóng-xiǎojì |
| 逍遥法外 xiāoyáo-fǎwài | 飞禽走兽 fēiqín-zǒushòu |
| 心毒手辣 xīndú-shǒulà | 高朋满座 gāopéng-mǎnzuò |
| 山穷水尽 shānqióng-shuǐjìn | 瓜田李下 guātián-lǐxià |
| 妻离子散 qīlí-zǐsàn | 阴谋诡计 yīnmóu-guǐjì |
| 酸甜苦辣 suāntián-kǔlà | 因循守旧 yīnxún-shǒujiù |
| 胸怀坦荡 xiōnghuái-tǎndàng | 三足鼎立 sānzú-dǐnglì |
| 山明水秀 shānmíng-shuǐxiù | 坚持己见 jiānchí-jǐjiàn |

# 第四节 汉字声调识别训练

## 第一组 汉字声调识别与记忆

在准确发好普通话四个声调的同时,我们还需要记住汉字的声调。绝大部

159

分汉字的声调应该没有问题，只是受方言的影响，有少数汉字的声调需要单独记忆。在声调上，汉语方言与普通话存在一定的对应关系，掌握好这种对应规律，就可以根据方言声调类推普通话的声调。

方言与普通话声调对照情况如表 4－2 所示：

表 4－2　方言与普通话声调对照情况

| 古声调 | 平声 | | 上声 | | | 去声 | | 入声 |
|---|---|---|---|---|---|---|---|---|
| 例　字 | 天 | 平 | 古 | 老 | 近 | 放 | 大 | 急各六杂 |
| 普通话 | 阴平 55 | 阳平 35 | 上声 214 | | | 去声 51 | | 无 |
| 沈阳话 | 阴平 44 | 阳平 35 | 上声 213 | | | 去声 41 | | 无 |
| 济南话 | 阴平 213 | 阳平 42 | 上声 55 | | | 去声 21 | | 无 |
| 兰州话 | 阴平 31 | 阳平 53 | 上声 442 | | | 去声 13 | | 无 |
| 西安话 | 阴平 31 | 阳平 24 | 上声 42 | | | 去声 55 | | 无 |
| 成都话 | 阴平 44 | 阳平 41 | 上声 52 | | | 去声 13 | | 无 |
| 南京话 | 阴平 31 | 阳平 13 | 上声 22 | | | 去声 44 | | 有 |
| 太原话 | 平声 11 | | 上声 53 | | | 去声 45 | | 有 |
| 上海话 | 阴平 53 | 阳去 23 | 阴去 34 | 阳去 23 | 阴去 34 | | 阳去 23 | 有 |
| 长沙话 | 阴平 33 | 阳平 13 | 上声 41 | | | 阴去 45 | 阳去 21 | 有 |
| 南昌话 | 阴平 42 | 阳平 24 | 上声 213 | | | 阴去 55 | 阳去 31 | 有 |
| 梅州话 | 阴平 44 | 阳平 11 | 上声 31 | | | 去声 52 | | 有 |
| 福州话 | 阴平 44 | 阳平 52 | 上声 31 | | 阳去 242 | 阴去 213 | 阳去 242 | 有 |
| 厦门话 | 阴平 55 | 阳平 24 | 上声 51 | | 阳去 33 | 阴去 11 | 阳去 33 | 有 |
| 广州话 | 阴平 53 | 阳平 21 | 阴上 35 | 阳上 13 | | 阴去 33 | 阳去 22 | 有 |

例如成都话 44 调对应普通话阴平，降调 41 对应普通话阳平，大降调 52 对应普通话上声，小升调 13 对应普通话去声。

入声字的声调是掌握的重点和难点。入声是古代汉语的一种调类，入声的读音比较短促。语音发展到今天，普通话和一些方言已经没有入声了，入声字归到其他声调里面去了，如成都话全部归到阳平，普通话分归四声。相反，有的方言还保留了入声，如南京话、长沙话、南昌话保留了 1 个入声；梅州话保留了 2 个入声，分阴入和阳入；广州话保留了 3 个入声，分上阴入、下阴入和阳入。

　　不管今天是否还保留了入声，大家都要弄清楚哪些字是入声字，有入声的只要掌握好入声短促的发音特点，就能够识别出哪些字是入声字，没有入声的则需要识记哪些字是入声字。① 有入声方言的人要将入声改读成普通话相应的声调，没有入声方言的人，因为入声的分合与普通话有差异，需要记住它们归并普通话四声的情况，将入声改读成相应的普通话声调。

　　从规律上讲：第一，入声归读普通话去声的约占 40%，归读阳平的约占 31%，归读阴平的约占 21%，归读上声的约占 7%。第二，跟 l、m、n、c、s、ch、r、k、q 声母相拼的入声字以及 e、i、u、ü、iao、ie、ua、uo、üe 等自成音节的入声字基本上读去声，跟 f、d、z、zh、j、h 相拼的入声字绝大多数归入阳平。第三，鼻韵母没有入声字。

### 第二组　思考与练习

（1）指出下列入声字及其声调。

| 八 | 叶 | 爷 | 披 | 荚 | 信 | 破 | 剥 | 敬 | 缩 |
| 九 | 白 | 如 | 苔 | 荫 | 独 | 晃 | 屑 | 葱 | 播 |
| 厅 | 犯 | 约 | 叔 | 药 | 疮 | 剔 | 略 | 逼 | 瞔 |
| 不 | 司 | 均 | 国 | 鸥 | 闻 | 哭 | 笙 | 跌 | 瘪 |
| 片 | 尼 | 盯 | 委 | 残 | 类 | 钱 | 欲 | 舜 | 褥 |
| 尺 | 列 | 伯 | 泼 | 虐 | 举 | 铁 | 梁 | 割 | 踹 |
| 石 | 此 | 沈 | 怪 | 削 | 室 | 秧 | 隋 | 隙 | 藏 |
| 灭 | 吃 | 抹 | 屈 | 罚 | 袄 | 胸 | 款 | 触 | 鳃 |
| 北 | 则 | 拓 | 陌 | 复 | 结 | 窄 | 搭 | 溶 | 襄 |
| 凸 | 伐 | 拍 | 挥 | 俗 | 秦 | 调 | 插 | 熏 | 蹲 |

（2）找出自己方言声调与普通话的对应规律。

# 第五节　声调模拟训练

（1）指出下列单音节字词的声调并朗读。

| 及 | 煤 | 荣 | 颗 | 竟 | 封 | 酿 | 让 | 而 | 怎 |
| 雄 | 疮 | 拼 | 闻 | 矮 | 抹 | 新 | 笃 | 佛 | 端 |

---

① 参见本章附录。

龚　表　全　论　戳　寺　咬　伐　准　装
邹　酸　根　瞧　腆　影　居　耸　奈　琼
是　院　决　就　认　撑　墙　粗　瘪　菌
女　缅　穿　乖　耍　趣　玄　茂　税　豪
娆　曾　两　跨　铺　宇　却　洒　妞　恰
框　费　训　函　暂　猜　银　趴　党　虾
掠　剖　粘　或　博　暗　乾　匀　特　坏
池　侧　摔　扛　次　秉　围　瓦　嘴　抽

（2）指出下列多音节词语的声调并朗读。

军队　赛跑　穷苦　运用　怪罪
捐款　全体　坏死　掠夺　光棍儿
觉得　需要　刮脸　往往　摈斥
凉快　强调　一瞥　扭转　没空儿
酒精　表演　棉花　凑合　柔嫩
母亲　脑袋　沙发　战场　围脖儿
瑕疵　真正　传播　驾驭　匪徒
安置　石油　人生　诅咒　鸭梨儿
尊重　从容　儿孙　存放　扫除
旅行　羞怯　可怕　恩怨　墨水儿

（3）指出下列短文的声调并朗读。

森林涵养水源，保持水土，防止水旱灾害的作用非常大。据专家测算，一片十万亩面积的森林，相当于一个两百万立方米的水库，这正如农谚所说的："山上多栽树，等于修水库。雨多它能吞，雨少它能吐。"

说起森林的功劳，那还多得很。它除了为人类提供木材及许多种生产、生活的原料之外，在维护生态环境方面也是功劳卓著，它用另一种"能吞能吐"的特殊功能孕育了人类。因为地球在形成之初，大气中的二氧化碳含量很高，氧气很少，气温也高，生物是难以生存的。大约在四亿年之前，陆地才产生了森林。森林慢慢将大气中的二氧化碳吸收，同时吐出新鲜氧气，调节气温：这才具备了人类生存的条件，地球上才最终有了人类。

森林，是地球生态系统的主体，是大自然的总调度室，是地球的绿色之肺。森林维护地球生态环境的这种"能吞能吐"的特殊功能是其他任何物体都不能取代的。然而，由于地球上的燃烧物增多，二氧化碳的排放量急剧增加，使得地球生态环境急剧恶化，主要表现为全球气候变暖，水分蒸发加快，改变了气流的循环，使气候变化加剧，从而引发热浪、飓风、暴雨、洪涝及干旱。

　　为了 ‖ 使地球的这个"能吞能吐"的绿色之肺恢复健壮，以改善生态环境，抑制全球变暖，减少水旱等自然灾害，我们应该大力造林、护林，使每一座荒山都绿起来。

　　　　节选自《中考语文课外阅读试题精选》中《"能吞能吐"的森林》

## 附录　普通话水平测试用字入声字表

### 【温馨提示】

比较常用的入声字有 600 来个，本表是结合普通话水平测试用字整理出来的入声字，足以满足大家考试需要。

| |
|---|
| bā 八 bá 拔跋 |
| bái 白 bǎi 百柏 |
| bāo 剥 báo 雹薄 |
| běi 北 |
| bī 逼 bí 鼻 bǐ 笔 bì 必毕辟碧壁璧 |
| biē 憋鳖 bié 别 biě 瘪 biè 别 |
| bō 拨剥钵 bó 伯驳帛泊勃舶博搏箔膊薄 bò 薄 bo 卜 |
| bǔ 卜 bù 不 |
| pāi 拍 |
| pī 劈霹 pǐ 匹劈癖 pì 辟僻 |
| Piáo 朴 |
| piē 撇瞥 piě 撇 |
| pō 泊泼 pò 迫粕魄 |
| pū 仆扑 pú 仆 pǔ 朴 pù 瀑 |
| mā 抹 |
| mài 麦脉 |
| méi 没 |
| mì 觅密蜜 |
| miè 灭蔑篾 |
| mō 摸 mó 膜 mǒ 抹 mò 末没抹沫陌莫寞漠墨默 |
| mù 木目沐牧幕睦穆 |
| fā 发 fá 乏伐罚阀筏 fǎ 法 fà 发 |
| fó 佛 |
| fú 弗伏佛拂服幅福辐 fù 服复腹覆 |

（续上表）

| |
|---|
| dā 搭 dá 达答 |
| dàn 石 |
| dé 得德 |
| děi 得 |
| dī 滴 dí 的迪敌涤笛嫡 dì 的 |
| diē 跌 dié 迭谍叠碟蝶 |
| dū 督 dú 毒独读渎犊 dǔ 笃 |
| duó 夺度踱 |
| tā 塌 tǎ 塔獭 tà 拓榻踏 |
| tè 特 |
| tī 剔踢 tì 惕 |
| tiē 贴 tiě 帖铁 tiè 贴 |
| tū 凸秃突 |
| tuō 托脱 tuò 拓 |
| nà 纳捺 |
| nì 昵逆溺 |
| niē 捏 niè 聂镍孽 |
| nuò 诺 |
| nüè 疟虐 |
| là 腊落蜡辣 |
| lào 烙落 |
| lè 勒 |
| lēi 勒 lèi 肋 |
| lǐ 鲤 lì 力历立沥栗砾笠粒雳 |
| liè 列劣烈猎裂 |
| liù 六陆 |
| lù 陆录绿鹿禄碌戮麓 |
| luō 捋 luò 洛络骆落 |
| lǚ 捋 lǜ 律率绿氯 |
| lüè 掠略 |

（续上表）

| |
|---|
| gē 疙胳鸽割搁 gé 阁革格葛隔膈 gě 葛 gè 各 |
| gěi 给 |
| gǔ 谷骨 gù 梏 |
| guā 刮 |
| guō 郭 guó 国 |
| kē 瞌磕 ké 壳咳 kě 渴 kè 克刻客 |
| kū 哭窟 kù 酷 |
| kuò 扩括阔廓 |
| há 蛤 |
| hǎo 郝 |
| hē 喝 hé 合阂核涸盒颌 hè 吓喝褐赫鹤壑 |
| hēi 黑 |
| hū 忽惚 hú 核 |
| huá 划滑猾 huà 划 |
| huō 豁 huó 活 huò 或获惑霍豁 |
| jī 击积激 jí 及吉汲级即极急疾棘集嫉瘠籍 jǐ 给脊戟 jì 迹寂绩 |
| jiā 夹浃 jiá 夹荚颊 jiǎ 甲胛钾 |
| jiáo 嚼 jiǎo 角脚 jiào 觉 |
| jiē 结接揭 jié 节劫杰洁结捷睫截竭 jiè 藉 |
| jū 鞠 jú 局菊 jù 剧 |
| juē 撅 jué 决诀抉角绝觉倔崛掘厥獗爵嚼攫 juè 倔 |
| qī 七戚漆 qǐ 乞 qì 迄泣 |
| qiā 掐 qià 恰洽 |
| qiào 壳 |
| qiē 切 qiè 切妾怯窃惬 |
| qū 曲屈 qǔ 曲 |
| quē 缺 què 却雀确鹊 |
| xī 夕汐吸昔析息悉惜晰锡熄蜥膝 xí 习席袭媳 xì 隙 |
| xiā 瞎 xiá 匣峡狭辖 xià 吓 |
| xiē 楔歇 xié 协胁挟 xiè 泄屑亵 |

（续上表）

| |
|---|
| xiǔ 宿 xiù 宿 |
| xū 戌 xù 旭畜续蓄 |
| xuē 削 xué 穴学 xuě 雪 xuè 血 |
| zā 匝 zá 杂砸 |
| záo 凿 |
| zé 则择泽责 zè 仄 |
| zéi 贼 |
| zú 足卒族 |
| zuō 作 zuó 昨琢 zuǒ 撮 zuò 作 |
| cā 擦 |
| cè 册侧厕测策 |
| cù 促簇 |
| cuō 撮 |
| sā 撒 sǎ 撒 sà 卅萨 |
| sāi 塞 sài 塞 |
| sè 涩啬塞瑟 |
| sú 俗 sù 肃速宿粟 |
| suō 缩 suǒ 索 |
| zhā 扎 zhá 闸铡 zhǎ 眨 zhà 栅 |
| zhāi 摘 zhái 宅择 zhǎi 窄 |
| zhāo 着 zháo 着 |
| zhē 折 zhé 折哲辄蜇辙 zhě 褶 zhè 这浙 |
| zhī 只汁织 zhí 执侄直值职植殖 zhǐ 只 zhì 炙质秩掷窒 |
| zhōu 粥 zhóu 轴 |
| zhū 朱 zhú 竹烛逐 zhǔ 属嘱 zhù 祝筑 |
| zhuō 拙捉桌 zhuó 灼卓茁酌啄着琢 |
| chā 插 chá 察 chà 刹 |
| chāi 拆 |
| chè 彻撤澈 |
| chī 吃 chǐ 尺 chì 斥赤 |

（续上表）

| |
|---|
| chū 出 chù 畜触蓄 |
| chuō 戳 chuò 啜绰 |
| shā 杀刹煞 shà 煞 |
| shǎi 色 |
| sháo 勺 |
| shé 舌折 shè 设涉摄 |
| shén 什 |
| shī 失虱湿 shí 十什石识实拾蚀食 shì 式饰室拭适释 |
| shóu 熟 |
| shū 叔 shú 孰赎塾熟 shǔ 属蜀 shù 术束述 |
| shuā 刷 |
| shuài 率 |
| shuō 说 shuò 烁硕 |
| rè 热 |
| rì 日 |
| ròu 肉 |
| rǔ 辱 rù 入褥 |
| ruò 若弱 |
| é 额 è 厄扼恶鄂愕萼遏腭 |
| wū 屋 wù 勿物恶 |
| wā 挖 wà 袜 |
| wò 沃握 |
| yī 一 yǐ 乙 yì 亿亦屹役抑译邑易绎驿疫益逸溢蜴翼臆 |
| yā 压押鸭 yà 轧 |
| yào 药钥 |
| yē 掖噎 yè 业叶页掖液腋 |
| yòu 柚 |
| yù 玉育郁狱浴域欲 |
| yuē 曰约 yuè 月乐岳悦阅跃粤越 |

# 第五章　普通话音变训练

## 第一节　音变概述

普通话声母、韵母、声调并不是一成不变的，有的在词句里会发生一些变化，这种在语流中出现的语音变化叫作音变。普通话音变主要有变调、轻声、儿化和语气词"啊"的变读等。

变调是指语流中某个声调受到相邻字音声调影响而出现的声调变读现象。例如古典（gǔdiǎn），实际读音并没有读两个全上（完整的上声），第一个读阳平，第二个读半上。阴平、阳平、上声、去声在语流中都存在不同程度的变调，只是变化不明显。常见的变调有：上声的变调、"不"的变调、"一"的变调等。

轻声是一种又短又轻的调子，由于长期轻读，某些字的声调失去了原来的调值，变读轻声。绝大多数轻声词读轻声和不读轻声在意义上没有区别，只是习惯上要求读轻声，例如"大夫"。只有少数轻声词有区分词义和词性的作用。例如"精神"读 jīngshén，表示人的意识等，是名词；读 jīngshen，表示有朝气，是形容词。

在轻声音节中，还有一种轻音读法，叫作次轻声，它是介于轻声和原调之间的一种调子。次轻声在辞书上标注为：毛病 máo·bìng。①

儿化是指韵母带上卷舌音色彩的一种音变现象，被儿化了的韵母叫作儿化韵，例如"垫底儿"。儿化的规范标志，汉字用"儿"表示，汉语拼音用"r"表示，② 例如"雨点儿"（yǔdiǎnr）。儿化具有区分词义和词性的作用，例如"面"和"面儿"，二者都是名词，"面"的意思是粮食磨成的粉，如玉米面；"面儿"的意思是粉末，如胡椒面儿。"画"是动词，"画儿"是名词，另外，儿化还可以表示亲切、喜爱的感情色彩，例如"小刘儿"。

---

① 按照规定轻声标记为：岁数 suìshu，《现代汉语词典》为了醒目轻声标记为 suì·shu。

② 这个"儿"不单独发音，不表示音节，它提示前一字的韵母要带上卷舌音色彩，拼音中的"r"也是这个作用，不是音素。

在语流中语气词"啊"受前一字读音的影响，其读音有所不同，有的写法也有所变化，但是，在实际应用中不少人没有变读，甚至出现错误变读。

# 第二节　音变发音训练

### 第一组　变调

### 一、上声的变调

**【温馨提示】**

上声变调一般都没有问题，只是要小心入声字的变调。例如"雪"是上声字，也是入声字，但是在一些方言中它读阳平，"小雪"中"小"容易变读半上，普通话实际应是阳平。

1. **读原调**

上声在词句中一般都要变调，只有在单念或者处在词句末尾时才可以读原调（也可以不读原调），但是在普通话水平考试中，第一题（读单音节字词）上声字和第二题（读多音节词语）词语末的上声字必须读原调。[①]

组 zǔ　绑 bǎng　叵 pǒ　莽 mǎng　打 dǎ　塔 tǎ

洪水 hóngshuǐ　误解 wùjiě　幻想 huànxiǎng　修改 xiūgǎi

2. **读变调**

（1）上声$^1$＋上声$^2$，"上声$^1$"变读阳平，调值35。

| | | | |
|---|---|---|---|
| 海港 hǎigǎng | 舞蹈 wǔdǎo | 阻挡 zǔdǎng | 稳产 wěnchǎn |
| 守法 shǒufǎ | 粉笔 fěnbǐ | 把柄 bǎbǐng | 诋毁 dǐhuǐ |
| 版本 bǎnběn | 彩礼 cǎilǐ | 耻辱 chǐrǔ | 典礼 diǎnlǐ |
| 稿纸 gǎozhǐ | 检举 jiǎnjǔ | 卤水 lǔshuǐ | 谱写 pǔxiě |
| 手法 shǒufǎ | 往返 wǎngfǎn | 引导 yǐndǎo | 整理 zhěnglǐ |
| 主管 zhǔguǎn | 水塔 shuǐtǎ | 起码 qǐmǎ | 赶紧 gǎnjǐn |

还有三个上声相连的情况，但是，普通话水平考试中基本上碰不到，没必要掌握。[②]

---

[①] 除了普通话水平考试外，其他情况都可以读半上。

[②] 上声$^1$＋上声$^2$＋上声$^3$，如果"上声$^1$＋上声$^2$"是优先组合，则"上声$^1$""上声$^2$"都变读阳平。例如：展览馆（展览/馆）。如果"上声$^2$＋上声$^3$"是优先组合，则"上声$^1$"变读半上，"上声$^2$"变读阳平。例如：海产品（海/产品）。

**【温馨提示】**

普通话水平考试读多音节词语时，为了使半上明显，两字之间可以略微有非常短暂的停顿。

（2）上声 + 阴平／阳平／去声，上声变读半上，调值21。

上声 + 阴平

| | | | |
|---|---|---|---|
| 响声 xiǎngshēng | 美观 měiguān | 崭新 zhǎnxīn | 整编 zhěngbiān |
| 本科 běnkē | 捕捞 bǔlāo | 导师 dǎoshī | 股东 gǔdōng |
| 领先 lǐngxiān | 往昔 wǎngxī | 远征 yuǎnzhēng | 起家 qǐjiā |

上声 + 阳平

| | | | |
|---|---|---|---|
| 写实 xiěshí | 选集 xuǎnjí | 奶油 nǎiyóu | 眼前 yǎnqián |
| 百合 bǎihé | 版图 bǎntú | 场合 chǎnghé | 底层 dǐcéng |
| 火柴 huǒchái | 使节 shǐjié | 以及 yǐjí | |

上声 + 去声

| | | | |
|---|---|---|---|
| 野性 yěxìng | 倚靠 yǐkào | 走动 zǒudòng | 诅咒 zǔzhòu |
| 宝藏 bǎozàng | 党务 dǎngwù | 哽咽 gěngyè | 简便 jiǎnbiàn |
| 老少 lǎoshào | 拟订 nǐdìng | 手帕 shǒupà | 冶炼 yěliàn |

（3）上声 + 轻声。

①非上声（阴平、阳平和去声）字构成的轻声，前面上声变读半上，调值21。

| | | | |
|---|---|---|---|
| 养活 yǎnghuo | 使唤 shǐhuan | 哑巴 yǎba | 寡妇 guǎfu |
| 指头 zhǐtou | 稳当 wěndang | 爽快 shuǎngkuai | 补丁 bǔding |

②上声字构成的轻声，前面的上声有两种变读：

A 变读半上，调值21。

| | | | |
|---|---|---|---|
| 马虎 mǎhu | 姐姐 jiějie | 嫂子 sǎozi | 奶奶 nǎinai |

B 变读阳平，调值35。

| | | | |
|---|---|---|---|
| 讲讲 jiǎngjiang | 等等 děngdeng | 想想 xiǎngxiang | 走走 zǒuzou |

**【温馨提示】**

A 多为名词，B 多为动词。

## 二、去声的变调

去声在非去声前基本上不会变调，但是两个去声相连的时候，第一个去声变读半去，调值53。

| | | | |
|---|---|---|---|
| 大力 dàlì | 购物 gòuwù | 祸害 huòhai | 化验 huàyàn |

| | | | |
|---|---|---|---|
| 败诉 bàisù | 摄像 shèxiàng | 救护 jiùhù | 快递 kuàidì |
| 道路 dàolù | 饭店 fàndiàn | 介绍 jièshào | 汉字 hànzì |
| 见面 jiànmiàn | 电话 diànhuà | 必要 bìyào | 惠顾 huìgù |
| 旺季 wàngjì | 贯彻 guànchè | 荡漾 dàngyàng | 废弃 fèiqì |
| 气派 qìpài | 代替 dàitì | 概括 gàikuò | 菜市 càishì |

## 三、"一"的变调

### 1. 读原调

"一"的原调是阴平,调值是 55,调值不变的情况有:

(1) 单独念读的时候,如"一、二、三"。

(2) 处在词语末尾。

统一 tǒngyī      万一 wànyī      唯一 wéiyī      专一 zhuānyī

(3) 处在词语前表示序数的时候(相当于第一)。

一班 yībān      一楼 yīlóu      一车间 yīchējiān      一营 yīyíng

### 2. 读变调

(1) "一" + 去声,"一"变读阳平,调值 35。

| | | | |
|---|---|---|---|
| 一半 yíbàn | 一带 yídài | 一旦 yídàn | 一律 yílǜ |
| 一致 yízhì | 一线 yíxiàn | 一向 yíxiàng | 一度 yídù |
| 一再 yízài | 一面 yímiàn | 一瞬 yíshùn | 一概 yígài |

(2) "一" + 阴平 / 阳平 / 上声,"一"变读去声,调值 51。

"一" + 阴平

| | | | |
|---|---|---|---|
| 一般 yìbān | 一边 yìbiān | 一心 yìxīn | 一瞥 yìpiē |
| 一根 yìgēn | 一端 yìduān | 一身 yìshēn | 一车 yìchē |

"一" + 阳平

| | | | |
|---|---|---|---|
| 一年 yìnián | 一旁 yìpáng | 一条 yìtiáo | 一齐 yìqí |
| 一时 yìshí | 一直 yìzhí | 一同 yìtóng | |

"一" + 上声

| | | | |
|---|---|---|---|
| 一举 yìjǔ | 一体 yìtǐ | 一早 yìzǎo | 一起 yìqǐ |
| 一口 yìkǒu | 一股 yìgǔ | 一本 yìběn | 一把 yìbǎ |

## 四、"不"的变调

### 1. 读原调

"不"的原调是去声,调值是 51,调值不变的情况有:

（1）单独念读的时候，如"不"。

（2）处在词语末尾。

偏不 piānbù　　　何不 hébù　　　就不 jiùbù　　　绝不 juébù

（3）"不"在阴平、阳平、上声的前面。

不光 bùguāng　　不禁 bùjīn　　不堪 bùkān　　不屈 bùqū

不安 bù'ān　　　不一 bùyī　　　不依 bùyī　　　不甘 bùgān

不符 bùfú　　　不合 bùhé　　　不及 bùjí　　　不良 bùliáng

不平 bùpíng　　不然 bùrán　　不时 bùshí　　不详 bùxiáng

不久 bùjiǔ　　　不可 bùkě　　　不满 bùmǎn　　不许 bùxǔ

不止 bùzhǐ　　　不已 bùyǐ　　　不等 bùděng　　不法 bùfǎ

### 2. 读变调

"不"＋去声，"不"变读阳平，调值35。

不幸 búxìng　　不孝 búxiào　　不料 búliào　　不善 búshàn

不利 búlì　　　不要 búyào　　不必 búbì　　　不便 búbiàn

不用 búyòng　　不定 búdìng　　不是 búshì　　不但 búdàn

不妙 búmiào　　不怕 búpà　　　不配 búpèi　　不错 búcuò

## 五、形容词的变调

形容词的变调有下列两种情况：

（1）单音节形容词重叠构成的词语，标记为：A¹＋A²。若声调是阳平、上声、去声时，"A²"可以不变，口语也可以变读阴平，调值为55。

红红的 hónghōngde / hónghóngde　　　饱饱的 bǎobāode / bǎobǎode

亮亮的 liàngliāngde / liàngliàngde

但是，"A²"儿化时，一般都变读阴平。

平平儿的 píngpīngrde　　好好儿的 hǎohāorde　　慢慢儿的 mànmānrde

（2）单音节形容词加上叠音后缀构成的词语，标记为：A＋B¹＋B²。当叠音后缀声调是阳平、上声、去声时，"B¹、B²"可以不变，口语也可以变读阴平，调值为55。[①]

绿油油 lǜyóuyóu / lǜyōuyōu　　　慢腾腾 mànténgténg / màntēngtēng

红彤彤 hóngtóngtóng / hóngtōngtōng　　湿漉漉 shīlùlù / shīlūlū

---

① 2018年第7版《现代汉语词典》这类词语处理为两读，但是，不是所有这种格式的词语都可以两读，例如懒洋洋、明晃晃就只能读成 lǎnyángyáng、mínghuànghuàng。

### 第二组　轻声

**【温馨提示】**

轻声主要受音高和音长的影响，音高从声调原来的音高类型转变为轻声的音高类型，音长也比原来的发音时间短，轻短模糊是轻声的发音特点。轻声调值受其前一个字声调的制约，各个声调后面轻声调值如表 5 - 1 所示：

表 5 - 1　各个声调后面轻声调值

| 类型 | 调值 | 例词 | 拼音 |
|------|------|------|------|
| 阴平 + 轻声 | 2 | 桌子 | zhuōzi |
| 阳平 + 轻声 | 3 | 橙子 | chéngzi |
| 上声 + 轻声 | 4 | 椅子 | yǐzi |
| 去声 + 轻声 | 1 | 凳子 | dèngzi |

尽管各个声调后面的轻声调值有所不同，但是，实际发音可以分为两大类，阴平、阳平、去声后面的轻声可以看成一类，发成一个轻短的半上，或者非常轻短的去声；上声后面的轻声可以看成另一类，是非常轻短的阴平。所以，将阴平、阳平、去声后面的轻声作为一组，上声后面的轻声单独作为一组。[①]

## 一、阴平／阳平／去声 + 轻声

**1. 阴平 + 轻声**

乡下 xiāngxia　　　多么 duōme　　　东家 dōngjia　　　铺盖 pūgai

高粱 gāoliang　　　交情 jiāoqing　　　窟窿 kūlong　　　商量 shāngliang

**2. 阳平 + 轻声**

合同 hétong　　　石匠 shíjiang　　　名字 míngzi　　　麻烦 máfan

柴火 cháihuo　　　裁缝 cáifeng　　　活泼 huópo　　　能耐 néngnai

**3. 去声 + 轻声**

赞誉 zànyu　　　应酬 yìngchou　　　簸箕 bòji　　　岁数 suìshu

月饼 yuèbing　　　特务 tèwu　　　事情 shìqing　　　木匠 mùjiang

---

① 要发出和辨别出阴平、阳平、去声后面轻声的差异很不容易。

## 二、上声 + 轻声

**【温馨提示】**

上声后面的轻声可以发成一个非常轻短的阴平，当轻声字原来的声调是阴平时，必须控制好轻声的发音，要很轻短，否则容易与阴平混淆，甚至发成阴平。

| | | | |
|---|---|---|---|
| 老实 lǎoshi | 委屈 wěiqu | 扁担 biǎndan | 脑袋 nǎodai |
| 指甲 zhǐjia | 铁匠 tiějiang | 寡妇 guǎfu | 首饰 shǒushi |
| 股金 gǔjin | 喜欢 xǐhuan | 眼睛 yǎnjing | 打听 dǎting |
| 本事 běnshi | 打点 dǎdian | 稿子 gǎozi | 口袋 kǒudai |

## 三、次轻声

**【温馨提示】**

次轻声发音一定要控制好它比原调轻又比轻声重的特点，发音时间缩短，还能听出它原来的调型。可以把下面的次轻声词语按照原调、次轻声和轻声三种读法进行比较，体会次轻声的发音特点与音色。

| | | | |
|---|---|---|---|
| 扶手 fú·shǒu | 搭讪 dā·shàn | 显得 xiǎn·dé | 西瓜 xī·guā |
| 逻辑 luó·jí | 机器 jī·qì | 夫人 fū·rén | 客人 kè·rén |
| 徒弟 tú·dì | 瞧见 qiáo·jiàn | 火气 huǒ·qì | 牢骚 láo·sāo |
| 摇晃 yáo·huàng | 褒贬 bāo·biǎn | 这里 zhè·lǐ | 祸害 huò·hài |

## 第三组　儿化

**【温馨提示】**

er 是卷舌音，儿化是使韵母带有卷舌音色彩，所以，单韵母 er 发不好，儿化词也就读不好，学会发 er 是发好儿化词的前提与基础。儿化有多种情况，也许让人觉得很复杂，但其实学习普通话，可以不管它，一般来说，只要在发韵母的时候同时卷舌即可。

## 一、无韵尾与 u 韵尾韵母

**【发音描述】**

无韵尾与 u 韵尾韵母，儿化时只是加卷舌动作，这类韵母主要有 u、a、o、e、ia、ua、uo、üe、ie、ao、iao、iou、ou。

大伙儿 dàhuǒr      灯泡儿 dēngpàor      年头儿 niántóur

笑话儿 xiàohuar      旦角儿 dànjuér      豆芽儿 dòuyár

面条儿 miàntiáor      逗乐儿 dòulèr      粉末儿 fěnmòr

抓阄儿 zhuājiūr      小鞋儿 xiǎoxiér      核儿 húr

## 二、i 与 n 韵尾韵母

**【发音描述】**

i 与 n 韵尾韵母，儿化时丢掉韵尾 i、n，主要元音卷舌，这类韵母主要有 ai、uai、ei、uei、an、ian、uan、üan、en、uen、in、ün。

一会儿 yīhuìr      一块儿 yīkuàir      茶馆儿 cháguǎnr

老伴儿 lǎobànr      没准儿 méizhǔnr      差点儿 chàdiǎnr

大婶儿 dàshěnr      手绢儿 shǒujuànr      刀背儿 dāobèir

脚印儿 jiǎoyìnr      合群儿 héqúnr

## 三、i 与 ü 韵母

**【发音描述】**

i 与 ü 韵母，儿化时直接加 er。

玩意儿 wányir      小曲儿 xiǎoqǔr      针鼻儿 zhēnbír      毛驴儿 máolǘr

## 四、-i [ɿ] 与 -i [ʅ] 韵母

**【发音描述】**

-i [ɿ] 与 -i [ʅ] 韵母，儿化时韵母变成 er。

没词儿 méicír      墨汁儿 mòzhīr      挑刺儿 tiāocìr      记事儿 jìshìr

## 五、ng 韵尾韵母

### 【发音描述】

ng 韵尾韵母，儿化时丢掉韵尾 ng，元音鼻化，卷舌，这类韵母主要有 ang、iang、uang、eng、ueng、ong、ing、iong。

| | | |
|---|---|---|
| 胡同儿 hútòngr | 脖颈儿 bógěngr | 小瓮儿 xiǎowèngr |
| 花样儿 huāyàngr | 蛋黄儿 dànhuángr | 瓜瓤儿 guāróngr |
| 人影儿 rényǐngr | 小熊儿 xiǎoxióngr | 抽空儿 chōukòngr |
| 天窗儿 tiānchuāngr | 花瓶儿 huāpíngr | 提成儿 tíchéngr |
| 打晃儿 dǎhuàngr | | |

为了帮助学习，儿化变读概括如表 5 - 2 所示：

表 5 - 2　儿化变读规律

| 条件 | 儿化规律 | 儿化词 |
|---|---|---|
| 无韵尾与 u 韵尾韵母 | 只是加卷舌动作 | 笑话儿 |
| i 与 n 韵尾韵母 | 丢掉韵尾，主要元音卷舌 | 瓶盖儿 |
| i 与 ü 韵母 | 直接加 er | 痰盂儿 |
| -i [ʅ] 与 -i [ɿ] 韵母 | 原韵母变成 er | 锯齿儿 |
| ng 韵尾韵母 | 丢掉韵尾，元音鼻化，卷舌 | 透亮儿 |

## 第四组　语气词 "啊" 的变读

## 一、呀 ya、哇 wa、哪 na

### 【温馨提示】

这一组 "啊" 的读音和写法都有变化。

1. 呀 ya

### 【发音描述】

前一字韵腹或韵尾是 a、o、e、i、ü 的，读 ya，规范写作 "呀"。这类韵母主要有 a、o、e、i、ü、ia、ua、uo、ie、üe、ai、uai、ei、uei。

| | | |
|---|---|---|
| 快爬呀 kuàipáya | 大哥呀 dàgēya | 吃鱼呀 chīyúya |
| 回家呀 huíjiāya | 好黑呀 hǎohēiya | 好怪呀 hǎoguàiya |

老魏呀 lǎowèiya　　　　敲锣呀 qiāoluóya　　　　吃瓜呀 chīguāya

2. **哇 wa**

**【发音描述】**

前一字韵腹或韵尾是 u 的，读 wa，规范写作"哇"。这类韵母主要有 u、ou、iou、ao、iao。

好苦哇 hǎokǔwa　　　　大嫂哇 dàsǎowa　　　　买药哇 mǎiyàowa

快走哇 kuàizǒuwa　　　喝酒哇 hējiǔwa　　　　别叫哇 biéjiàowa

3. **哪 na**

**【发音描述】**

前一字韵尾是 n 的，读 na，规范写作"哪"。这类韵母主要有 an、ian、uan、üan、en、uen、in、ün。

多蓝哪 duōlánna　　　老天哪 lǎotiānna　　　太圆哪 tàiyuánna

好笨哪 hǎobènna　　　快问哪 kuàiwènna　　　好晕哪 hǎoyùnna

弄断哪 nòngduànna　　命运哪 mìngyùnna　　打拼哪 dǎpīnna

## 二、啊 nga、啊 ra、啊 [zA]

**【温馨提示】**

这一组"啊"的读音有变化，但是写法不变。

1. **啊 nga**

**【发音描述】**

前一字韵尾是 ng 的，读 nga，规范写作"啊"。这类韵母主要有 ang、iang、uang、eng、ueng、ing、ong、iong。

党啊 dǎngnga　　　　　这样啊 zhèyàngnga　　　好冷啊 hǎolěngnga

真行啊 zhēnxíngnga　　别动啊 biédòngnga　　　好穷啊 hǎoqióngnga

不成啊 bùchéngnga　　好漂亮啊 hǎopiàoliangnga　快讲啊 kuàijiǎngnga

2. **啊 ra**

**【发音描述】**

前一字韵母是 –i [ʅ]、er 的，读 ra，规范写作"啊"。

就是啊 jiùshìra　　　　小二啊 xiǎo'èrra　　　快吃啊 kuàichīra

是事实啊 shìshìshíra　　同志啊 tóngzhìra　　　老师啊 lǎoshīra

3. 啊 [zA]

【发音描述】

前一字韵母是 –i [ɿ] 的，读 [zA]，规范写作"啊"。①

写字啊 xiězì [zA]　　　　下次啊 xiàcì [zA]　　　　老四啊 lǎosì [zA]

别撕啊 biésī [zA]　　　发工资啊 fāgōngzī [zA]　　吃莲子啊 chīliánzǐ [zA]

为了帮助学习，"啊"的变读概括如表 5 – 3 所示：

表 5 – 3　"啊"的变读规律

| 条件 | 读音 | 写法 |
|---|---|---|
| 韵腹或韵尾是 a、o、e、i、ü | ya | 呀 |
| 韵腹或韵尾是 u | wa | 哇 |
| 韵尾是 n | na | 哪 |
| 韵尾是 ng | nga | 啊 |
| 韵母是 –i [ɿ]、er | ra | 啊 |
| 韵母是 –i [ɿ] | [zA] | 啊 |

## 三、"啊"的音变（注意读音与写法）

再从家乡放到祖国最需要的地方去啊！

然而，火光啊……毕竟……

心底轻声呼喊：家乡的桥啊，我梦中的桥！

它便敞开美丽的歌喉，唱啊唱，嘤嘤有韵，宛如春水淙淙。

是啊，我们有自己的祖国，小鸟也有它的归宿，人和动物都是一样啊。

在它看来，这狗是多么庞大的怪物啊！

说明你很正直善良，且有批评不良行为的勇气，应该奖励你啊！

我砸的不是坏人，而是自己的同学啊。

女友一个温馨的字条……这都是千金难买的幸福啊。

天啊，我竟忘了你的勇气。

---

① [zA] 也就是 ra 中声母的平舌读法。

# 第三节　音变方音辨正训练

音变主要问题 { 上声后面的轻声发音不好

次轻声发音不准确

儿化发音不规范

### 第一组　上声 + 轻声
【温馨提示】

在轻声词中大家对阴平、阳平和去声后面的轻声发音比较准确，而上声后面的轻声是一个轻短的阴平，两类轻声有明显的差异。但是，上声后面的轻声容易读成阴平或者接近阴平，要抓住轻短阴平的特点，不仅发音时间要很短，而且音高也要降低，降低音高是发好上声后面轻声的关键。

【发音训练】

1. "上声 / 非上声 + 轻声" 比较练习

（1）上声 + 轻声。

| | | | |
|---|---|---|---|
| 饼子 bǐngzi | 鬼子 guǐzi | 脑子 nǎozi | 剪子 jiǎnzi |
| 婶子 shěnzi | 领子 lǐngzi | 嫂子 sǎozi | 椅子 yǐzi |

（2）非上声（阴平、阳平、去声） + 轻声。

| | | | |
|---|---|---|---|
| 单子 dānzi | 拍子 pāizi | 杯子 bēizi | 虱子 shīzi |
| 挑子 tiāozi | 狮子 shīzi | 疯子 fēngzi | 钩子 gōuzi |
| 绳子 shéngzi | 绸子 chóuzi | 翎子 língzi | 蚊子 wénzi |
| 钳子 qiánzi | 盒子 hézi | 盘子 pánzi | 笛子 dízi |
| 袖子 xiùzi | 袜子 wàzi | 被子 bèizi | 调子 diàozi |
| 贩子 fànzi | 带子 dàizi | 架子 jiàzi | 柚子 yòuzi |

2. 由阳平、上声和去声构成的轻声比较练习

（1）阳平构成的轻声。

骨头 gǔtou ~ 骨头 gǔtōu *[①]　　　老婆 lǎopo ~ 老婆 lǎopō *

老实 lǎoshi ~ 老实 lǎoshí *　　　老爷 lǎoye ~ 老爷 lǎoyē *

---

[①] 带 * 号的为错误的拼音，仅仅是为了对比练习。后面同此者不再说明。

脊梁 jǐliang ~ 脊梁 jǐliāng ＊　　养活 yǎnghuo ~ 养活 yǎnghuō ＊

（2）上声构成的轻声。

耳朵 ěrduo ~ 耳朵 ěrduō ＊　　姐姐 jiějie ~ 姐姐 jiějiē ＊

嫂子 sǎozi ~ 嫂子 sǎozī ＊　　小伙 xiǎohuo ~ 小伙 xiǎohuō ＊

打点 dǎdian ~ 打点 dǎdiān ＊　　马虎 mǎhu ~ 马虎 mǎhū ＊

（3）去声构成的轻声。

本事 běnshi ~ 本事 běnshī ＊　　打扮 dǎban ~ 打扮 dǎbān ＊

打算 dǎsuan ~ 打算 dǎsuān ＊　　晚上 wǎnshang ~ 晚上 wǎnshāng ＊

口袋 kǒudai ~ 口袋 kǒudāi ＊　　买卖 mǎimai ~ 买卖 mǎimāi ＊

### 3. 由阴平构成的轻声比较练习

尾巴 wěiba ~ 尾巴 wěibā ＊　　委屈 wěiqu ~ 委屈 wěiqū ＊

祖宗 zǔzong ~ 祖宗 zǔzōng ＊　　比方 bǐfang ~ 比方 bǐfāng ＊

补丁 bǔding ~ 补丁 bǔdīng ＊　　打发 dǎfa ~ 打发 dǎfā ＊

## 第二组　次轻声

**【温馨提示】**

轻声原调消失，音色模糊，听不出原调，次轻声音节还保持着原调的调型，只是音高降低一些，音长缩短一些，这就是轻声和次轻声的区别。另外，轻声的调值取决于它前面汉字的声调，声调不同，其调值也就不同，次轻声不受此影响，它有独立的声调，只是声调弱化了。次轻声不好把握，这里主要通过同原调、轻声的比较来体会次轻声的发音特点。

**【发音训练】**

### 1. 次轻声比较练习

提拔 tíbá ＊ ~提拔 tí·bá ~提拔 tíba ＊

荷包 hébāo ＊ ~荷包 hé·bāo ~荷包 hébao ＊

褒贬 bāobiǎn ＊ ~褒贬 bāo·biǎn ~褒贬 bāobian ＊

前边 qiánbiān ＊ ~前边 qián·biān ~前边 qiánbian ＊

上边 shàngbiān ＊ ~上边 shàng·biān ~上边 shàngbian ＊

宽敞 kuānchǎng ＊ ~宽敞 kuān·chǎng ~宽敞 kuānchang ＊

早晨 zǎochén ＊ ~早晨 zǎo·chén ~早晨 zǎochen ＊

报酬 bàochóu ＊ ~报酬 bào·chóu ~报酬 bàochou ＊

长处 chángchù ＊ ~长处 cháng·chù ~长处 chángchu ＊

牌坊 páifāng ＊ ~牌坊 pái·fāng ~牌坊 páifang ＊

花费 huāfèi * ~花费 huā·fèi ~花费 huāfei *

成分 chéngfèn * ~成分 chéng·fèn ~成分 chéngfen *

## 2. 次轻声练习

| | | | |
|---|---|---|---|
| 过去 guò·qù | 固执 gù·zhí | 价钱 jià·qián | 舍不得 shě·bù·dé |
| 错误 cuò·wù | 过来 guò·lái | 起来 qǐ·lái | 成分 chéng·fèn |
| 感激 gǎn·jī | 容易 róng·yì | 遇见 yù·jiàn | 玻璃 bō·lí |
| 了不起 liǎo·bùqǐ | 小姐 xiǎo·jiě | 回来 huí·lái | 身份 shēn·fèn |
| 机会 jī·huì | 已经 yǐ·jīng | 熟悉 shú·xī | 母亲 mǔ·qīn |
| 心里 xīn·lǐ | 聪明 cōng·míng | 夫人 fū·rén | 懂得 dǒng·dé |
| 上去 shàng·qù | 下来 xià·lái | 愿意 yuàn·yì | 葡萄糖 pú·táotáng |
| 报酬 bào·chóu | 对不起 duì·bùqǐ | 白天 bái·tiān | 那里 nà·lǐ |
| 葡萄 pú·táo | 老鼠 lǎo·shǔ | 逻辑 luó·jí | 菩萨 pú·sà |
| 上面 shàng·miàn | 情绪 qíng·xù | 早晨 zǎo·chén | 烟囱 yān·cōng |

# 第三组　儿化

## 【温馨提示】

北方地区基本上都有儿化音，但是，南方的一些地区，尤其是东南地区缺乏儿化音，这些地区的人不会发儿化音，也发不好儿化音。儿化音是建立在卷舌音 er 的基础上的，平舌音（z、c、s）、翘舌音（zh、ch、sh、r）和卷舌音的舌头形状是逐渐变化的，舌头平放、上翘、后卷，我们可以利用这个特点来辅助练习儿化音，体会舌头逐渐后卷的过程。

## 【发音训练】

### 1. 基本音节比较练习

| | | |
|---|---|---|
| za ~ zha ~ zhar | ca ~ cha ~ char | sa ~ sha ~ shar |
| zi ~ zhi ~ zhir | ci ~ chi ~ chir | si ~ shi ~ shir |
| zai ~ zhai ~ zhair | cai ~ chai ~ chair | sai ~ shai ~ shair |
| zu ~ zhu ~ zhur | cu ~ chu ~ chur | su ~ shu ~ shur |
| zao ~ zhao ~ zhaor | cao ~ chao ~ chaor | sao ~ shao ~ shaor |
| zuo ~ zhuo ~ zhuor | cuo ~ chuo ~ chuor | suo ~ shuo ~ shuor |
| zou ~ zhou ~ zhour | cou ~ chou ~ chour | sou ~ shou ~ shour |

### 2. 儿化练习

| | | |
|---|---|---|
| 火锅儿 huǒguōr | 棉球儿 miánqiúr | 小偷儿 xiǎotōur |
| 火苗儿 huǒmiáor | 没谱儿 méipǔr | 打嗝儿 dǎgér |

眼镜儿 yǎnjìngr　　送信儿 sòngxìnr　　冰棍儿 bīnggùnr

跑腿儿 pǎotuǐr　　半截儿 bànjiér　　夹缝儿 jiāfèngr

走神儿 zǒushénr　　摸黑儿 mōhēir　　杂院儿 záyuànr

落款儿 luòkuǎnr　　牙刷儿 yáshuār　　拉链儿 lāliànr

掉价儿 diàojiàr　　香肠儿 xiāngchángr　　快板儿 kuàibǎnr

加塞儿 jiāsāir　　板擦儿 bǎncār　　模特儿 mótèr

小说儿 xiǎoshuōr　　老头儿 lǎotóur　　包干儿 bāogānr

把门儿 bǎménr　　打盹儿 dǎdǔnr　　饭馆儿 fànguǎnr

哥们儿 gēmenr　　好玩儿 hǎowánr　　聊天儿 liáotiānr

门洞儿 méndòngr　　纳闷儿 nàmènr　　嗓门儿 sǎngménr

心眼儿 xīnyǎnr　　一点儿 yīdiǎnr　　小丑儿 xiǎochóur

**【绕口令训练】**

进了门儿，倒杯水儿，喝了两口儿运运气儿，顺手拿起小唱本儿，唱了一曲儿又一曲儿，练完嗓子练嘴皮儿。绕口令儿，练字音儿，还有单弦儿牌子曲儿，小快板儿大鼓词儿，越说越唱越带劲儿。

# 第四节　汉字音变识别训练

## 第一组　汉字音变识别与记忆

音变部分中变调和语气词"啊"变读的规律性很强，不需要死记硬背，掌握好它们的规则即可，但是，哪些词是轻声词、次轻声词和儿化词却难以分清楚。轻声词、次轻声词有一点儿规律，但是更多的是没有规律的，只是习惯读轻声和次轻声，这些都需要记忆。

儿化词按照规范是有"儿"作为标记的，也就是说，凡是儿化词都要加注"儿"给予提示，不需要记忆，例如圆圈儿。但是绝大多数作者不了解哪些词是儿化词，即使使用了儿化词也没有加注标记"儿"，所以儿化词也必须记忆。[①]

有规律的轻声和次轻声如下：

---

① 词尾"儿"不完全都是儿化词的标记，儿化词中的"儿"没有实在的词汇意义，只是起到提示儿化的作用，非儿化词中的"儿"有实在的词汇意义，例如"婴儿"中的"儿"有实在的词汇意义，表示小孩子的意思，不是标记，要单独读出。

### 1．轻声词规则①

（1）结构助词"的、地、得"和动态助词"着、了、过"要求读轻声。

卖菜的 màicàide　　　迅速地 xùnsùde　　　睡得香 shuìdexiāng

别望着 biéwàngzhe　　他去了 tāqùle　　　　爸来过 bàláiguo

（2）语气词"吗、吧、啊、呢、嘛"等要求读轻声。

回家吗 huíjiāma　　　上来吧 shàngláiba　　很好嘛 hěnhǎoma

作业呢 zuòyène　　　他来啦 tāláile

（3）部分重叠词的后一音节要求读轻声。

猩猩 xīngxing　　　姥姥 lǎolao　　　饽饽 bōbo　　　奶奶 nǎinai

舅舅 jiùjiu　　　　娃娃 wāwa　　　爸爸 bàba　　　妹妹 mèimei

谢谢 xièxie　　　　看看 kànkan　　　坐坐 zuòzuo　　听听 tīngting

（4）后缀"子、头"和表示复数的"们"要求读轻声。

夹子 jiāzi　　　宅子 zháizi　　　扣子 kòuzi　　　曲子 qǔzi

舌头 shétou　　　里头 lǐtou　　　念头 niàntou　　　跟头 gēntou

人们 rénmen　　　你们 nǐmen　　　我们 wǒmen　　　咱们 zánmen

（5）大部分的轻声词语是没有规律的，需要单独记忆。

云彩 yúncai　　　收成 shōucheng　　应酬 yìngchou　　清楚 qīngchu

棒槌 bàngchui　　溜达 liūda　　　疙瘩 gēda　　　动弹 dòngtan

行当 hángdang　　念叨 niàndao　　厚道 hòudao　　懒得 lǎnde

头发 tóufa　　　街坊 jiēfang　　作坊 zuòfang　　提防 dīfang

### 2．次轻声词规则

（1）双音节趋向动词后一音节要求读次轻声。

进来 jìn · lái　　上来 shàng · lái　起来 qǐ · lái　　回来 huí · lái

回去 huí · qù　　进去 jìn · qù　　下去 xià · qù　　出去 chū · qù

（2）单音节趋向动词作补语要求读次轻声。

向前走去 zǒu · qù　　汽车驶过了这个村庄 shǐ · guò

（3）部分表示方位的词或语素要求读次轻声。

轮船上 lúnchuán · shàng　　地下 dì · xià　　心里 xīn · lǐ　那里 nà · lǐ

荒草里 huāngcǎo · lǐ　　　后边 hòu · biān　里边 lǐ · biān　前面 qián · miàn

（4）"一"嵌在重叠动词中间，"一"要求读次轻声。

听一听 tīng · yītīng　　写一写 xiě · yīxiě　　瞧一瞧 qiáo · yīqiáo

看一看 kàn · yīkàn　　跑一跑 pǎo · yīpǎo　　说一说 shuō · yīshuō

---

① 很多书还讲了其他一些规则，但是那些词语现在一般读次轻声。

（5）"不"嵌在重叠动词或形容词中间，夹在动词与补语的中间，"不"变读次轻声。

卖不卖 mài·bùmài　　红不红 hóng·bùhóng　　看不见 kàn·bùjiàn

来不来 lái·bùlái　　去不去 qù·bùqù　　吃不完 chī·bùwán

（6）大部分的次轻声词语是没有规律的，需要单独记忆。

机会 jī·huì　　服侍 fú·shì　　拉拢 lā·lǒng　　牢骚 láo·são

玫瑰 méi·guī　　熟悉 shú·xī　　工人 gōng·rén　　荒唐 huāng·táng

泼辣 pō·là　　态度 tài·dù　　容易 róng·yì　　冷清 lěng·qīng

情形 qíng·xíng　　嘱咐 zhǔ·fù　　妻子 qī·zǐ　　修行 xiū·xíng

## 第二组　思考与练习

（1）指出下列轻声词语。

| | | | | |
|---|---|---|---|---|
| 打扮 | 阳光 | 火候 | 那么 | 运气 |
| 方式 | 叔叔 | 簸箕 | 莲子 | 耳朵 |
| 位置 | 明亮 | 地球 | 记号 | 电子 |
| 岁数 | 喇嘛 | 消息 | 功夫 | 门口 |
| 疙瘩 | 得到 | 蘑菇 | 门道 | 老婆 |
| 不在 | 骆驼 | 人们 | 裁缝 | 爱情 |
| 打算 | 事情 | 提防 | 婆家 | 少爷 |
| 技术 | 太太 | 床头 | 爷爷 | 稀罕 |
| 胳膊 | 婆婆 | 衣服 | 裂缝 | 耽搁 |
| 应酬 | 效果 | 经过 | 建筑 | 将就 |

（2）指出下列次轻声词语。

| | | | | |
|---|---|---|---|---|
| 笼罩 | 腰带 | 报复 | 客人 | 接触 |
| 花费 | 马上 | 氧气 | 难处 | 照应 |
| 恍惚 | 应该 | 走开 | 和气 | 得罪 |
| 本钱 | 提拔 | 摆布 | 微笑 | 褒贬 |
| 耐心 | 任务 | 排场 | 味道 | 心里 |
| 成长 | 气氛 | 回去 | 道理 | 书记 |
| 喷嚏 | 主义 | 摆设 | 过去 | 愿意 |
| 显得 | 照顾 | 世界 | 丰富 | 忌讳 |
| 好处 | 诚实 | 阅读 | 会计 | 多少 |
| 记得 | 轻巧 | 荷包 | 使得 | 水塘 |

（3）指出下列儿化词语①。

| | | | | |
|---|---|---|---|---|
| 画卷 | 媳妇 | 水边 | 没谱 | 纽扣 |
| 笔杆 | 名牌 | 有数 | 跑腿 | 衣服 |
| 唱歌 | 蛋清 | 脚印 | 拉链 | 老本 |
| 琵琶 | 地面 | 找茬 | 火罐 | 线轴 |
| 大伙 | 打嗝 | 模特 | 露馅 | 童心 |
| 在哪 | 走神 | 绝着 | 鞋带 | 蜜枣 |
| 黑板 | 火苗 | 玉石 | 酒盅 | 皇帝 |
| 灯泡 | 小熊 | 有劲 | 赶趟 | 心意 |
| 工人 | 足球 | 茶馆 | 眼光 | 老师 |
| 面条 | 壶盖 | 后跟 | 小丑 | 挨个 |

# 第五节　音变模拟训练

（1）指出下列多音节词语的音变情况并朗读②。

| | | | | |
|---|---|---|---|---|
| 军种 | 改变 | 葡萄 | 瓜分 | 帐篷 |
| 蒙受 | 奇怪 | 狂风 | 予以 | 旦角儿 |
| 巨测 | 优美 | 笔直 | 孪生 | 洽谈 |
| 骚乱 | 筷子 | 柔软 | 寻找 | 拔尖儿 |
| 黑枣 | 值得 | 履行 | 帮工 | 粮食 |
| 费劲 | 采取 | 汹涌 | 吵嘴 | 别处 |
| 着想 | 说明 | 锻炼 | 混纺 | 风景 |
| 滚动 | 花色 | 纽扣 | 司机 | 标准化 |
| 假定 | 小麦 | 那么 | 格言 | 而且 |
| 劝告 | 词素 | 勇敢 | 决斗 | 因地制宜 |

（2）指出下列短文的各种音变情况并朗读。

日历一张一张地翻页，新学期款款地走向我们。告别了春节的放纵与自由，新学期将我们领进知识的殿堂。在过去的学年里，我们也许得到了些什么，又也许失去了些什么，但是，新的学期将把曾经的过错与傲人的成绩一并

---

① 按照规范儿化词应有"儿"标记，为了练习特省去了标记。

② 普通话水平测试第一题（读单音节字词）不涉及音变问题，所以这里只是模拟第二题（读多音节词语）和第三题（朗读短文）而设计的训练。

埋藏在历史的长河中！在新的学期中，我们不要为了那次考场上的失误而沮丧，也不要为了昨日那张成绩单上的优而骄傲，收拾过往，锁进抽屉，从此尘封，不再尽日惹秋风。一切将要展开新的一页，我们忘了痛苦，忘了喜悦，开始新的旅程。在知识的沙滩上寻求那一个个灿烂绚丽的贝壳，也许，寻求是艰辛的，但当我们在得到贝壳时的心情，一定是快乐的。

　　时间沉淀，岁月磨练，在不久的明天，今天会成昨天。今天的汗水都是为了明天的盛宴，掌握好每一天，明天肯定会开出美丽的花。记得有人总结过人性的弱点——惰性，总是习惯把今天事留到明天，但是，君不知"明日复明日，明日何其多"？日月匆匆，过了今天，就是明天，过了明天，又是明天，到底有几多明天呢？郭沫若也曾说过："时间就是速度，时间就是生命。"然而，恰恰相反，时间对有些同学来说，就像那日历，撕了这一张还有下一张，撕光了这一本还有下一本，整日是天也昏昏、地也昏昏，在天昏地暗之中，时间不知不觉地溜走了，结果什么都成了蹉跎，自己唯有一声叹息。……

## 附录一 普通话水平测试用轻声词语表

| | | | | | |
|---|---|---|---|---|---|
| 爱人 | àiren | 饼子 | bǐngzi | 锤子 | chuízi |
| 案子 | ànzi | 拨弄 | bōnong | 刺猬 | cìwei |
| 巴掌 | bāzhang | 脖子 | bózi | 凑合 | còuhe |
| 把子 | bǎzi | 簸箕 | bòji | 村子 | cūnzi |
| 把子 | bàzi | 补丁 | bǔding | 耷拉 | dāla |
| 爸爸 | bàba | 不由得 | bùyóude | 答应 | dāying |
| 白净 | báijing | 不在乎 | bùzàihu | 打扮 | dǎban |
| 班子 | bānzi | 步子 | bùzi | 打点 | dǎdian |
| 板子 | bǎnzi | 部分 | bùfen | 打发 | dǎfa |
| 帮手 | bāngshou | 财主 | cáizhu | 打量 | dǎliang |
| 梆子 | bāngzi | 裁缝 | cáifeng | 打算 | dǎsuan |
| 膀子 | bǎngzi | 苍蝇 | cāngying | 打听 | dǎting |
| 棒槌 | bàngchui | 差事 | chāishi | 大方 | dàfang |
| 棒子 | bàngzi | 柴火 | cháihuo | 大爷 | dàye |
| 包袱 | bāofu | 肠子 | chángzi | 大夫 | dàifu |
| 包涵 | bāohan | 厂子 | chǎngzi | 带子 | dàizi |
| 包子 | bāozi | 场子 | chǎngzi | 袋子 | dàizi |
| 豹子 | bàozi | 车子 | chēzi | 单子 | dānzi |
| 杯子 | bēizi | 称呼 | chēnghu | 耽搁 | dānge |
| 被子 | bèizi | 池子 | chízi | 耽误 | dānwu |
| 本事 | běnshi | 尺子 | chǐzi | 胆子 | dǎnzi |
| 本子 | běnzi | 虫子 | chóngzi | 担子 | dànzi |
| 鼻子 | bízi | 绸子 | chóuzi | 刀子 | dāozi |
| 比方 | bǐfang | 除了 | chúle | 道士 | dàoshi |
| 鞭子 | biānzi | 锄头 | chútou | 稻子 | dàozi |
| 扁担 | biǎndan | 畜生 | chùsheng | 灯笼 | dēnglong |
| 辫子 | biànzi | 窗户 | chuānghu | 凳子 | dèngzi |
| 别扭 | bièniu | 窗子 | chuāngzi | 提防 | dīfang |
| 笛子 | dízi | 风筝 | fēngzheng | 骨头 | gǔtou |

（续上表）

| 底子 | dǐzi | 疯子 | fēngzi | 故事 | gùshi |
|---|---|---|---|---|---|
| 地道 | dìdao | 福气 | fúqi | 寡妇 | guǎfu |
| 地方 | dìfang | 斧子 | fǔzi | 褂子 | guàzi |
| 弟弟 | dìdi | 盖子 | gàizi | 怪物 | guàiwu |
| 弟兄 | dìxiong | 甘蔗 | gānzhe | 关系 | guānxi |
| 点心 | diǎnxin | 杆子 | gānzi | 官司 | guānsi |
| 调子 | diàozi | 杆子 | gǎnzi | 罐头 | guàntou |
| 钉子 | dīngzi | 干事 | gànshi | 罐子 | guànzi |
| 东家 | dōngjia | 杠子 | gàngzi | 规矩 | guīju |
| 东西 | dōngxi | 高粱 | gāoliang | 闺女 | guīnü |
| 动静 | dòngjing | 膏药 | gāoyao | 鬼子 | guǐzi |
| 动弹 | dòngtan | 稿子 | gǎozi | 柜子 | guìzi |
| 豆腐 | dòufu | 告诉 | gàosu | 棍子 | gùnzi |
| 豆子 | dòuzi | 疙瘩 | gēda | 锅子 | guōzi |
| 嘟囔 | dūnang | 哥哥 | gēge | 果子 | guǒzi |
| 肚子 | dǔzi | 胳膊 | gēbo | 蛤蟆 | háma |
| 肚子 | dùzi | 鸽子 | gēzi | 孩子 | háizi |
| 缎子 | duànzi | 格子 | gézi | 含糊 | hánhu |
| 队伍 | duìwu | 个子 | gèzi | 汉子 | hànzi |
| 对付 | duìfu | 根子 | gēnzi | 行当 | hángdang |
| 对头 | duìtou | 跟头 | gēntou | 合同 | hétong |
| 多么 | duōme | 工夫 | gōngfu | 和尚 | héshang |
| 蛾子 | ézi | 弓子 | gōngzi | 核桃 | hétao |
| 儿子 | érzi | 公公 | gōnggong | 盒子 | hézi |
| 耳朵 | ěrduo | 功夫 | gōngfu | 红火 | hónghuo |
| 贩子 | fànzi | 钩子 | gōuzi | 猴子 | hóuzi |
| 房子 | fángzi | 姑姑 | gūgu | 后头 | hòutou |
| 废物 | fèiwu | 姑娘 | gūniang | 厚道 | hòudao |
| 份子 | fènzi | 谷子 | gǔzi | 狐狸 | húli |
| 胡萝卜 | húluóbo | 姐夫 | jiěfu | 老头子 | lǎotóuzi |
| 胡琴 | húqin | 姐姐 | jiějie | 老爷 | lǎoye |

（续上表）

| | | | | | |
|---|---|---|---|---|---|
| 糊涂 | hútu | 戒指 | jièzhi | 老子 | lǎozi |
| 护士 | hùshi | 金子 | jīnzi | 姥姥 | lǎolao |
| 皇上 | huángshang | 精神 | jīngshen | 累赘 | léizhui |
| 幌子 | huǎngzi | 镜子 | jìngzi | 篱笆 | líba |
| 活泼 | huópo | 舅舅 | jiùjiu | 里头 | lǐtou |
| 火候 | huǒhou | 橘子 | júzi | 力气 | lìqi |
| 伙计 | huǒji | 句子 | jùzi | 厉害 | lìhai |
| 机灵 | jīling | 卷子 | juànzi | 利落 | lìluo |
| 脊梁 | jǐliang | 咳嗽 | késou | 利索 | lìsuo |
| 记号 | jìhao | 客气 | kèqi | 例子 | lìzi |
| 记性 | jìxing | 空子 | kòngzi | 栗子 | lìzi |
| 夹子 | jiāzi | 口袋 | kǒudai | 痢疾 | lìji |
| 家伙 | jiāhuo | 口子 | kǒuzi | 连累 | liánlei |
| 架势 | jiàshi | 扣子 | kòuzi | 帘子 | liánzi |
| 架子 | jiàzi | 窟窿 | kūlong | 凉快 | liángkuai |
| 嫁妆 | jiàzhuang | 裤子 | kùzi | 粮食 | liángshi |
| 尖子 | jiānzi | 快活 | kuàihuo | 两口子 | liǎngkǒuzi |
| 茧子 | jiǎnzi | 筷子 | kuàizi | 料子 | liàozi |
| 剪子 | jiǎnzi | 框子 | kuàngzi | 林子 | línzi |
| 见识 | jiànshi | 阔气 | kuòqi | 翎子 | língzi |
| 毽子 | jiànzi | 喇叭 | lǎba | 领子 | lǐngzi |
| 将就 | jiāngjiu | 喇嘛 | lǎma | 溜达 | liūda |
| 交情 | jiāoqing | 篮子 | lánzi | 聋子 | lóngzi |
| 饺子 | jiǎozi | 懒得 | lǎnde | 笼子 | lóngzi |
| 叫唤 | jiàohuan | 浪头 | làngtou | 炉子 | lúzi |
| 轿子 | jiàozi | 老婆 | lǎopo | 路子 | lùzi |
| 结实 | jiēshi | 老实 | lǎoshi | 轮子 | lúnzi |
| 街坊 | jiēfang | 老太太 | lǎotàitai | 萝卜 | luóbo |
| 骡子 | luózi | 那么 | nàme | 便宜 | piányi |
| 骆驼 | luòtuo | 奶奶 | nǎinai | 骗子 | piànzi |
| 妈妈 | māma | 难为 | nánwei | 票子 | piàozi |

（续上表）

| | | | | | |
|---|---|---|---|---|---|
| 麻烦 | máfan | 脑袋 | nǎodài | 漂亮 | piàoliang |
| 麻利 | máli | 脑子 | nǎozi | 瓶子 | píngzi |
| 麻子 | mázi | 能耐 | néngnai | 婆家 | pójia |
| 马虎 | mǎhu | 你们 | nǐmen | 婆婆 | pópo |
| 码头 | mǎtou | 念叨 | niàndao | 铺盖 | pūgai |
| 买卖 | mǎimai | 念头 | niàntou | 欺负 | qīfu |
| 麦子 | màizi | 娘家 | niángjia | 旗子 | qízi |
| 馒头 | mántou | 镊子 | nièzi | 前头 | qiántou |
| 忙活 | mánghuo | 奴才 | núcai | 钳子 | qiánzi |
| 冒失 | màoshi | 女婿 | nǔxu | 茄子 | qiézi |
| 帽子 | màozi | 暖和 | nuǎnhuo | 亲戚 | qīnqi |
| 眉毛 | méimao | 疟疾 | nüèji | 勤快 | qínkuai |
| 媒人 | méiren | 拍子 | pāizi | 清楚 | qīngchu |
| 妹妹 | mèimei | 牌楼 | páilou | 亲家 | qìngjia |
| 门道 | méndao | 牌子 | páizi | 曲子 | qǔzi |
| 眯缝 | mīfeng | 盘算 | pánsuan | 圈子 | quānzi |
| 迷糊 | míhu | 盘子 | pánzi | 拳头 | quántou |
| 面子 | miànzi | 胖子 | pàngzi | 裙子 | qúnzi |
| 苗条 | miáotiao | 狍子 | páozi | 热闹 | rènao |
| 苗头 | miáotou | 盆子 | pénzi | 人家 | rénjia |
| 名堂 | míngtang | 朋友 | péngyou | 人们 | rénmen |
| 名字 | míngzi | 棚子 | péngzi | 认识 | rènshi |
| 明白 | míngbai | 脾气 | píqi | 日子 | rìzi |
| 模糊 | móhu | 皮子 | pízi | 褥子 | rùzi |
| 蘑菇 | mógu | 痞子 | pǐzi | 塞子 | sāizi |
| 木匠 | mùjiang | 屁股 | pìgu | 嗓子 | sǎngzi |
| 木头 | mùtou | 片子 | piānzi | 嫂子 | sǎozi |
| 扫帚 | sàozhou | 世故 | shìgu | 挑子 | tiāozi |
| 沙子 | shāzi | 似的 | shìde | 条子 | tiáozi |
| 傻子 | shǎzi | 事情 | shìqing | 跳蚤 | tiàozao |
| 扇子 | shànzi | 柿子 | shìzi | 铁匠 | tiějiang |

（续上表）

| 商量 | shāngliang | 收成 | shōucheng | 亭子 | tíngzi |
|------|-----------|------|-----------|------|--------|
| 晌午 | shǎngwu | 收拾 | shōushi | 头发 | tóufa |
| 上司 | shàngsi | 首饰 | shǒushi | 头子 | tóuzi |
| 上头 | shàngtou | 叔叔 | shūshu | 兔子 | tùzi |
| 烧饼 | shāobing | 梳子 | shūzi | 妥当 | tuǒdang |
| 勺子 | sháozi | 舒服 | shūfu | 唾沫 | tuòmo |
| 少爷 | shàoye | 舒坦 | shūtan | 挖苦 | wāku |
| 哨子 | shàozi | 疏忽 | shūhu | 娃娃 | wáwa |
| 舌头 | shétou | 爽快 | shuǎngkuai | 袜子 | wàzi |
| 身子 | shēnzi | 思量 | sīliang | 晚上 | wǎnshang |
| 什么 | shénme | 算计 | suànji | 尾巴 | wěiba |
| 婶子 | shěnzi | 岁数 | suìshu | 委屈 | wěiqu |
| 生意 | shēngyi | 孙子 | sūnzi | 为了 | wèile |
| 牲口 | shēngkou | 他们 | tāmen | 位置 | wèizhi |
| 绳子 | shéngzi | 它们 | tāmen | 位子 | wèizi |
| 师父 | shīfu | 她们 | tāmen | 蚊子 | wénzi |
| 师傅 | shīfu | 台子 | táizi | 稳当 | wěndang |
| 虱子 | shīzi | 太太 | tàitai | 我们 | wǒmen |
| 狮子 | shīzi | 摊子 | tānzi | 屋子 | wūzi |
| 石匠 | shíjiang | 坛子 | tánzi | 稀罕 | xīhan |
| 石榴 | shíliu | 毯子 | tǎnzi | 席子 | xízi |
| 石头 | shítou | 桃子 | táozi | 媳妇 | xífu |
| 时候 | shíhou | 特务 | tèwu | 喜欢 | xǐhuan |
| 实在 | shízai | 梯子 | tīzi | 瞎子 | xiāzi |
| 拾掇 | shíduo | 蹄子 | tízi | 匣子 | xiázi |
| 使唤 | shǐhuan | 挑剔 | tiāoti | 下巴 | xiàba |
| 吓唬 | xiàhu | 眼睛 | yǎnjing | 扎实 | zhāshi |
| 先生 | xiānsheng | 燕子 | yànzi | 眨巴 | zhǎba |
| 乡下 | xiāngxia | 秧歌 | yāngge | 栅栏 | zhàlan |
| 箱子 | xiāngzi | 养活 | yǎnghuo | 宅子 | zháizi |
| 相声 | xiàngsheng | 样子 | yàngzi | 寨子 | zhàizi |

（续上表）

| | | | | | |
|---|---|---|---|---|---|
| 消息 | xiāoxi | 吆喝 | yāohe | 张罗 | zhāngluo |
| 小伙子 | xiǎohuǒzi | 妖精 | yāojing | 丈夫 | zhàngfu |
| 小气 | xiǎoqi | 钥匙 | yàoshi | 帐篷 | zhàngpeng |
| 小子 | xiǎozi | 椰子 | yēzi | 丈人 | zhàngren |
| 笑话 | xiàohua | 爷爷 | yéye | 帐子 | zhàngzi |
| 谢谢 | xièxie | 叶子 | yèzi | 招呼 | zhāohu |
| 心思 | xīnsi | 一辈子 | yībèizi | 招牌 | zhāopai |
| 星星 | xīngxing | 衣服 | yīfu | 折腾 | zhēteng |
| 猩猩 | xīngxing | 衣裳 | yīshang | 这个 | zhège |
| 行李 | xíngli | 椅子 | yǐzi | 这么 | zhème |
| 性子 | xìngzi | 意思 | yìsi | 枕头 | zhěntou |
| 兄弟 | xiōngdi | 银子 | yínzi | 芝麻 | zhīma |
| 休息 | xiūxi | 影子 | yǐngzi | 知识 | zhīshi |
| 秀才 | xiùcai | 应酬 | yìngchou | 侄子 | zhízi |
| 秀气 | xiùqi | 柚子 | yòuzi | 指甲 | zhǐjia（zhījia） |
| 袖子 | xiùzi | 冤枉 | yuānwang | 指头 | zhǐtou（zhítou） |
| 靴子 | xuēzi | 院子 | yuànzi | 种子 | zhǒngzi |
| 学生 | xuésheng | 月饼 | yuèbing | 珠子 | zhūzi |
| 学问 | xuéwen | 月亮 | yuèliang | 竹子 | zhúzi |
| 丫头 | yātou | 云彩 | yúncai | 主意 | zhǔyi（zhúyi） |
| 鸭子 | yāzi | 运气 | yùnqi | 主子 | zhǔzi |
| 衙门 | yámen | 在乎 | zàihu | 柱子 | zhùzi |
| 哑巴 | yǎba | 咱们 | zánmen | 爪子 | zhuǎzi |
| 胭脂 | yānzhi | 早上 | zǎoshang | 转悠 | zhuànyou |
| 烟筒 | yāntong | 怎么 | zěnme | 庄稼 | zhuāngjia |
| 庄子 | zhuāngzi | 桌子 | zhuōzi | 祖宗 | zǔzong |
| 壮实 | zhuàngshi | 字号 | zìhao | 嘴巴 | zuǐba |
| 状元 | zhuàngyuan | 自在 | zìzai | 作坊 | zuōfang |
| 锥子 | zhuīzi | 粽子 | zòngzi | 琢磨 | zhuómo |

## 附录二　普通话水平测试用次轻声词语表

| 表一 | | 反正 | fǎn·zhèng | 机器人 | jī·qìrén |
|---|---|---|---|---|---|
| 白天 | bái·tiān | 费用 | fèi·yòng | 记得 | jì·dé |
| 报酬 | bào·chóu | 分量 | fèn·liàng | 家具 | jiā·jù |
| 报复 | bào·fù | 夫人 | fū·rén | 价钱 | jià·qián |
| 别人 | bié·rén | 父亲 | fù·qīn | 讲究 | jiǎng·jiū |
| 玻璃 | bō·li | 干净 | gān·jìng | 进来 | jìn·lái |
| 差不多 | chà·bùduō | 感激 | gǎn·jī | 进去 | jìn·qù |
| 长处 | cháng·chù | 跟前 | gēn·qián | 觉得 | jué·dé |
| 成分 | chéng·fèn | 工人 | gōng·rén | 看见 | kàn·jiàn |
| 诚实 | chéng·shí | 公平 | gōng·píng | 客人 | kè·rén |
| 出来 | chū·lái | 固执 | gù·zhí | 会计 | kuài·jì |
| 出去 | chū·qù | 过来 | guò·lái | 困难 | kùn·nán |
| 刺激 | cì·jī | 过去 | guò·qù | 来不及 | lái·bùjí |
| 聪明 | cōng·míng | 好处 | hǎo·chù | 老人家 | lǎo·rén·jiā |
| 错误 | cuò·wù | 喉咙 | hóu·lóng | 老鼠 | lǎo·shǔ |
| 答复 | dá·fù | 后边 | hòu·biān | 里边 | lǐ·biān |
| 大人 | dà·rén | 后面 | hòu·miàn | 里面 | lǐ·miàn |
| 道理 | dào·lǐ | 花费 | huā·fèi | 力量 | lì·liàng |
| 底下 | dǐ·xià | 回来 | huí·lái | 了不起 | liǎo·bùqǐ |
| 地下 | dì·xià | 回去 | huí·qù | 邻居 | lín·jū |
| 懂得 | dǒng·dé | 活动 | huó·dòng | 逻辑 | luó·jí |
| 对不起 | duì·bùqǐ | 机会 | jī·huì | 毛病 | máo·bìng |
| 多少 | duō·shǎo | 机器 | jī·qì | 没有 | méi·yǒu |
| 棉花 | mián·huā | 太阳 | tài·yáng | 早晨 | zǎo·chén |
| 摸索 | mō·suǒ | 态度 | tài·dù | 照顾 | zhào·gù |
| 母亲 | mǔ·qīn | 听见 | tīng·jiàn | 折磨 | zhé·mó |
| 哪里 | nǎ·lǐ | 痛快 | tòng·kuài | 这里 | zhè·lǐ |
| 那里 | nà·lǐ | 外边 | wài·biān | 知道 | zhī·dào |
| 佩服 | pèi·fú | 外面 | wài·miàn | 值得 | zhí·dé |
| 菩萨 | pú·sà | 味道 | wèi·dào | 主人 | zhǔ·rén |

（续上表）

| | | | | | |
|---|---|---|---|---|---|
| 葡萄 | pú · táo | 西瓜 | xī · guā | 嘱咐 | zhǔ · fù |
| 葡萄糖 | pú · táotáng | 下边 | xià · biān | | 表二 |
| 妻子 | qī · zǐ | 下来 | xià · lái | 把手 | bǎ · shǒu |
| 起来 | qǐ · lái | 下面 | xià · miàn | 摆布 | bǎi · bù |
| 气氛 | qì · fēn | 下去 | xià · qù | 摆弄 | bǎi · nòng |
| 前边 | qián · biān | 显得 | xiǎn · dé | 摆设 | bǎi · shè |
| 前面 | qián · miàn | 想法 | xiǎng · fǎ | 褒贬 | bāo · biǎn |
| 情形 | qíng · xíng | 小姐 | xiǎo · jiě | 报应 | bào · yìng |
| 情绪 | qíng · xù | 小心 | xiǎo · xīn | 抱怨 | bào · yuàn |
| 任务 | rèn · wù | 晓得 | xiǎo · dé | 北边 | běi · biān |
| 容易 | róng · yì | 心里 | xīn · lǐ | 本钱 | běn · qián |
| 上边 | shàng · biān | 新鲜 | xīn · xiān | 鼻涕 | bí · tì |
| 上来 | shàng · lái | 烟囱 | yān · cōng | 别致 | bié · zhì |
| 上面 | shàng · miàn | 摇晃 | yáo · huàng | 残疾 | cán · jí |
| 上去 | shàng · qù | 夜里 | yè · lǐ | 吃不消 | chī · bùxiāo |
| 舍不得 | shě · bù · dé | 已经 | yǐ · jīng | 尺寸 | chǐ · cùn |
| 身份 | shēn · fèn | 意见 | yì · jiàn | 抽屉 | chōu · tì |
| 神气 | shén · qì | 意识 | yì · shí | 搭讪 | dā · shàn |
| 使得 | shǐ · dé | 因为 | yīn · wèi | 大不了 | dà · bùliǎo |
| 势力 | shì · lì | 应付 | yìng · fù | 当铺 | dàng · pù |
| 书记 | shū · jì | 右边 | yòu · biān | 得罪 | dé · zuì |
| 熟悉 | shú · xī | 遇见 | yù · jiàn | 底细 | dǐ · xì |
| 说法 | shuō · fǎ | 愿意 | yuàn · yì | 点拨 | diǎn · bō |
| 惦记 | diàn · jì | 祸害 | huò · hài | 难处 | nán · chù |
| 东边 | dōng · biān | 忌讳 | jì · huì | 念物 | niàn · wù |
| 短处 | duǎn · chù | 缰绳 | jiāng · shéng | 挪动 | nuó · dòng |
| 翻腾 | fān · téng | 禁不住 | jīn · bùzhù | 排场 | pái · chǎng |
| 分寸 | fēn · cùn | 近视 | jìn · shì | 牌坊 | pái · fāng |
| 风水 | fēng · shuǐ | 看不起 | kàn · bùqǐ | 喷嚏 | pēn · tì |
| 凤凰 | fèng · huáng | 考究 | kǎo · jiū | 碰见 | pèng · jiàn |
| 扶手 | fú · shǒu | 靠不住 | kào · bùzhù | 琵琶 | pí · pá |
| 服侍 | fú · shì | 苦头 | kǔ · tóu | 篇幅 | piān · fú |

（续上表）

| | | | | | |
|---|---|---|---|---|---|
| 斧头 | fǔ·tóu | 宽敞 | kuān·chǎng | 撇开 | piē·kāi |
| 干粮 | gān·liáng | 魁梧 | kuí·wú | 泼辣 | pō·là |
| 告示 | gào·shì | 拉拢 | lā·lǒng | 破绽 | pò·zhàn |
| 格式 | gé·shì | 牢骚 | láo·sāo | 魄力 | pò·lì |
| 工钱 | gōng·qián | 冷不防 | lěng·bùfáng | 葡萄酒 | pú·táojiǔ |
| 公道 | gōng·dào | 冷清 | lěng·qīng | 敲打 | qiāo·dǎ |
| 功劳 | gōng·láo | 理事 | lǐ·shì | 瞧见 | qiáo·jiàn |
| 恭维 | gōng·wéi | 了不得 | liǎo·bù·dé | 俏皮 | qiào·pí |
| 勾当 | gòu·dàng | 伶俐 | líng·lì | 亲事 | qīn·shì |
| 估量 | gū·liáng | 琉璃 | liú·lí | 轻巧 | qīng·qiǎo |
| 害处 | hài·chù | 露水 | lù·shuǐ | 去处 | qù·chù |
| 行家 | háng·jiā | 埋伏 | mái·fú | 洒脱 | sǎ·tuō |
| 和气 | hé·qì | 卖弄 | mài·nòng | 神仙 | shén·xiān |
| 荷包 | hé·bāo | 玫瑰 | méi·guī | 生日 | shēng·rì |
| 滑稽 | huá·jī | 眉目 | méi·mù | 尸首 | shī·shǒu |
| 荒唐 | huāng·táng | 门面 | mén·miàn | 手巾 | shǒu·jīn |
| 黄瓜 | huáng·guā | 免得 | miǎn·dé | 算盘 | suàn·pán |
| 恍惚 | huǎng·hū | 牡丹 | mǔ·dān | 孙女 | sūn·nǚ |
| 晦气 | huì·qì | 南边 | nán·biān | 提拔 | tí·bá |
| 火气 | huǒ·qì | 南瓜 | nán·guā | 体谅 | tǐ·liàng |
| 伙食 | huǒ·shí | 南面 | nán·miàn | 体面 | tǐ·miàn |
| 替换 | tì·huàn | 益处 | yì·chù | 阵势 | zhèn·shì |
| 通融 | tōng·róng | 樱桃 | yīng·táo | 证人 | zhèng·rén |
| 透亮 | tòu·liàng | 右面 | yòu·miàn | 侄女 | zhí·nǚ |
| 徒弟 | tú·dì | 鸳鸯 | yuān·yāng | 指头 | zhǐ·tou |
| 喜鹊 | xǐ·què | 月季 | yuè·jì | 志气 | zhì·qì |
| 薪水 | xīn·shuǐ | 匀称 | yún·chèn | 周到 | zhōu·dào |
| 修行 | xiū·xíng | 糟蹋 | zāo·tà | 住处 | zhù·chù |
| 妖怪 | yāo·guài | 渣滓 | zhā·zǐ | 左面 | zuǒ·miàn |
| 义气 | yì·qì | 照应 | zhào·yìng | | |

## 附录三　普通话水平测试用儿化词语表

| 刀把儿 | dāobàr | 栅栏儿 | zhàlanr | 拉链儿 | lāliànr |
|---|---|---|---|---|---|
| 号码儿 | hàomǎr | 包干儿 | bāogānr | 冒尖儿 | màojiānr |
| 戏法儿 | xìfǎr | 笔杆儿 | bǐgǎnr | 坎肩儿 | kǎnjiānr |
| 在哪儿 | zàinǎr | 门槛儿 | ménkǎnr | 牙签儿 | yáqiānr |
| 找茬儿 | zhǎochár | 药方儿 | yàofāngr | 露馅儿 | lòuxiànr |
| 打杂儿 | dǎzár | 赶趟儿 | gǎntàngr | 心眼儿 | xīnyǎnr |
| 板擦儿 | bǎncār | 香肠儿 | xiāngchángr | 鼻梁儿 | bíliángr |
| 名牌儿 | míngpáir | 瓜瓤儿 | guāróngr | 透亮儿 | tòuliàngr |
| 鞋带儿 | xiédàir | 掉价儿 | diàojiàr | 花样儿 | huāyàngr |
| 壶盖儿 | húgàir | 一下儿 | yīxiàr | 脑瓜儿 | nǎoguār |
| 小孩儿 | xiǎoháir | 豆芽儿 | dòuyár | 大褂儿 | dàguàr |
| 加塞儿 | jiāsāir | 小辫儿 | xiǎobiànr | 麻花儿 | máhuār |
| 快板儿 | kuàibǎnr | 照片儿 | zhàopiānr | 笑话儿 | xiàohuar |
| 老伴儿 | lǎobànr | 扇面儿 | shànmiànr | 牙刷儿 | yáshuār |
| 蒜瓣儿 | suànbànr | 差点儿 | chàdiǎnr | 一块儿 | yīkuàir |
| 脸盘儿 | liǎnpánr | 一点儿 | yīdiǎnr | 茶馆儿 | cháguǎnr |
| 脸蛋儿 | liǎndànr | 雨点儿 | yǔdiǎnr | 饭馆儿 | fànguǎnr |
| 收摊儿 | shōutānr | 聊天儿 | liáotiānr | 火罐儿 | huǒguànr |
| 落款儿 | luòkuǎnr | 杏仁儿 | xìngrénr | 针鼻儿 | zhēnbír |
| 打转儿 | dǎzhuànr | 刀刃儿 | dāorènr | 垫底儿 | diàndǐr |
| 拐弯儿 | guǎiwānr | 钢镚儿 | gāngbèngr | 肚脐儿 | dùqír |
| 好玩儿 | hǎowánr | 夹缝儿 | jiāfèngr | 玩意儿 | wányìr |
| 大腕儿 | dàwànr | 脖颈儿 | bógěngr | 有劲儿 | yǒujìnr |
| 蛋黄儿 | dànhuángr | 提成儿 | tíchéngr | 送信儿 | sòngxìnr |
| 打晃儿 | dǎhuàngr | 半截儿 | bànjiér | 脚印儿 | jiǎoyìnr |
| 天窗儿 | tiānchuāngr | 小鞋儿 | xiǎoxiér | 花瓶儿 | huāpíngr |
| 烟卷儿 | yānjuǎnr | 旦角儿 | dànjuér | 打鸣儿 | dǎmíngr |
| 手绢儿 | shǒujuànr | 主角儿 | zhǔjuér | 图钉儿 | túdīngr |
| 出圈儿 | chūquānr | 跑腿儿 | pǎotuǐr | 门铃儿 | ménlíngr |
| 包圆儿 | bāoyuánr | 一会儿 | yīhuìr | 眼镜儿 | yǎnjìngr |

（续上表）

| | | | | | |
|---|---|---|---|---|---|
| 人缘儿 | rényuánr | 耳垂儿 | ěrchuír | 蛋清儿 | dànqīngr |
| 绕远儿 | ràoyuǎnr | 墨水儿 | mòshuǐr | 火星儿 | huǒxīngr |
| 杂院儿 | záyuànr | 围嘴儿 | wéizuǐr | 人影儿 | rényǐngr |
| 刀背儿 | dāobèir | 走味儿 | zǒuwèir | 毛驴儿 | máolǘr |
| 摸黑儿 | mōhēir | 打盹儿 | dǎdǔnr | 小曲儿 | xiǎoqǔr |
| 老本儿 | lǎoběnr | 胖墩儿 | pàngdūnr | 痰盂儿 | tányúr |
| 花盆儿 | huāpénr | 砂轮儿 | shālúnr | 合群儿 | héqúnr |
| 嗓门儿 | sǎngménr | 冰棍儿 | bīnggùnr | 模特儿 | mótèr |
| 把门儿 | bǎménr | 没准儿 | méizhǔnr | 逗乐儿 | dòulèr |
| 哥们儿 | gēmenr | 开春儿 | kāichūnr | 唱歌儿 | chànggēr |
| 纳闷儿 | nàmènr | 小瓮儿 | xiǎowèngr | 挨个儿 | āigèr |
| 后跟儿 | hòugēnr | 瓜子儿 | guāzǐr | 打嗝儿 | dǎgér |
| 高跟儿鞋 | gāogēnrxié | 石子儿 | shízǐr | 饭盒儿 | fànhér |
| 别针儿 | biézhēnr | 没词儿 | méicír | 在这儿 | zàizhèr |
| 一阵儿 | yīzhènr | 挑刺儿 | tiāocìr | 碎步儿 | suìbùr |
| 走神儿 | zǒushénr | 墨汁儿 | mòzhīr | 没谱儿 | méipǔr |
| 大婶儿 | dàshěnr | 锯齿儿 | jùchǐr | 儿媳妇儿 | érxífur |
| 小人儿书 | xiǎorénrshū | 记事儿 | jìshìr | 梨核儿 | líhúr |
| 泪珠儿 | lèizhūr | 口罩儿 | kǒuzhàor | 纽扣儿 | niǔkòur |
| 有数儿 | yǒushùr | 绝着儿 | juézhāor | 线轴儿 | xiànzhóur |
| 果冻儿 | guǒdòngr | 口哨儿 | kǒushàor | 小丑儿 | xiǎochǒur |
| 门洞儿 | méndòngr | 蜜枣儿 | mìzǎor | 加油儿 | jiāyóur |
| 胡同儿 | hútòngr | 鱼漂儿 | yúpiāor | 顶牛儿 | dǐngniúr |
| 抽空儿 | chōukòngr | 火苗儿 | huǒmiáor | 抓阄儿 | zhuājiūr |
| 酒盅儿 | jiǔzhōngr | 跑调儿 | pǎodiàor | 棉球儿 | miánqiúr |
| 小葱儿 | xiǎocōngr | 面条儿 | miàntiáor | 火锅儿 | huǒguōr |
| 小熊儿 | xiǎoxióngr | 豆角儿 | dòujiǎor | 做活儿 | zuòhuór |
| 红包儿 | hóngbāor | 开窍儿 | kāiqiàor | 大伙儿 | dàhuǒr |
| 灯泡儿 | dēngpàor | 衣兜儿 | yīdōur | 邮戳儿 | yóuchuōr |
| 半道儿 | bàndàor | 老头儿 | lǎotóur | 小说儿 | xiǎoshuōr |
| 手套儿 | shǒutàor | 年头儿 | niántóur | 被窝儿 | bèiwōr |
| 跳高儿 | tiàogāor | 小偷儿 | xiǎotōur | 耳膜儿 | ěrmór |
| 叫好儿 | jiàohǎor | 门口儿 | ménkǒur | 粉末儿 | fěnmòr |

# 第六章　普通话综合训练

## 第一节　诗词训练

### 夜雨寄北
李商隐

君问归期未有期，巴山夜雨涨秋池。
何当共剪西窗烛，却话巴山夜雨时。

### 泊秦淮
杜　牧

烟笼寒水月笼沙，夜泊秦淮近酒家。
商女不知亡国恨，隔江犹唱后庭花。

### 望庐山瀑布
李　白

日照香炉生紫烟，遥看瀑布挂前川。
飞流直下三千尺，疑是银河落九天。

### 凉州词
王之涣

黄河远上白云间，一片孤城万仞山。
羌笛何须怨杨柳，春风不度玉门关。

### 清　明
杜　牧

清明时节雨纷纷，路上行人欲断魂。
借问酒家何处有？牧童遥指杏花村。

### 题西林壁
苏　轼

横看成岭侧成峰，远近高低各不同。
不识庐山真面目，只缘身在此山中。

### 竹枝词
刘禹锡

杨柳青青江水平，闻郎江上唱歌声。
东边日出西边雨，道是无晴却有晴。

### 登鹳雀楼
王之涣

白日依山尽，黄河入海流。
欲穷千里目，更上一层楼。

## 黄鹤楼送孟浩然之广陵

李　白

故人西辞黄鹤楼，烟花三月下扬州。
孤帆远影碧空尽，唯见长江天际流。

## 雨　巷

戴望舒

撑着油纸伞，独自
彷徨在悠长，悠长
又寂寥的雨巷，
我希望逢着
一个丁香一样地
结着愁怨的姑娘。
她是有
丁香一样的颜色，
丁香一样的芬芳，
丁香一样的忧愁，
在雨中哀怨，
哀怨又彷徨；
她彷徨在这寂寥的雨巷，
撑着油纸伞
像我一样，
像我一样地
默默彳亍着，
冷漠，凄清，又惆怅。
她静默地走近
走近，又投出
太息一般的眼光，

她飘过
像梦一般地，
像梦一般地凄婉迷茫。
像梦中飘过
一枝丁香地，
我身旁飘过这女郎；
她静默地远了，远了，
到了颓圮的篱墙，
走尽这雨巷。
在雨的哀曲里，
消了她的颜色，
散了她的芬芳，
消散了，甚至她的
太息般的眼光，
丁香般的惆怅。
撑着油纸伞，独自
彷徨在悠长，悠长
又寂寥的雨巷，
我希望飘过
一个丁香一样地
结着愁怨的姑娘。

## 致橡树

舒　婷

我如果爱你——
绝不像攀援的凌霄花，
借你的高枝炫耀自己；
我如果爱你——
绝不学痴情的鸟儿，
为绿荫重复单调的歌曲；
也不止像泉源，
常年送来清凉的慰藉；
也不止像险峰，
增加你的高度，衬托你的威仪。
甚至日光。
甚至春雨。
不，这些都还不够！
我必须是你近旁的一株木棉，
作为树的形象和你站在一起。
根，紧握在地下，
叶，相触在云里。
每一阵风过，

我们都互相致意，
但没有人
听懂我们的言语。
你有你的铜枝铁干，
像刀，像剑，
也像戟，
我有我的红硕花朵，
像沉重的叹息，
又像英勇的火炬，
我们分担寒潮、风雷、霹雳；
我们共享雾霭、流岚、虹霓，
仿佛永远分离，
却又终身相依，
这才是伟大的爱情，
坚贞就在这里：
爱——
不仅爱你伟岸的身躯，
也爱你坚持的位置，足下的土地。

# 第二节　短文训练

（1）姥姥出生在一个富裕的家庭，从小是被当成小姐养的，自然练得一手好针线活和其他的细工活，比如剪纸等。只是后来嫁给了我的穷姥爷，才不得不放下手中绣花针走向田间地头，男子一样地干活，再加上当时的社会环境，她的巧手只能用来缝补旧衣服了。所以，在我小时候的记忆中根本不知道姥姥会剪纸，只知道她的衣服做得很好，引得好多人夸赞。

初知姥姥会剪纸是十年前的事。当时人们的生活一天天好起来，又有了闲暇可以做些消遣的东西了。恰时表妹在家办了个幼儿园，乡里物质少，正愁不知怎样表示对优秀儿童的奖励，姥姥一时心起，说我做大红花给他们吧，以前都是奖大红花的。就这样，她老人家又拿起了记忆中的技艺，做出了好看的大红花，又不知怎么地剪出了漂亮的窗花，……

节选自《姥姥的剪纸》

201

（2）故乡的风筝时节，是春二月，倘听到沙沙的风轮声，仰头便能看见一个淡墨色的蟹风筝或嫩蓝色的蜈蚣风筝。还有寂寞的瓦片风筝，没有风轮，又放得很低，伶仃地显出憔悴可怜模样。但此时地上的杨柳已经发芽，早的山桃也多吐蕾，和孩子们的天上的点缀相照应，打成一片春日的温和。我现在在哪里呢？四面都还是严冬的肃杀，而久经诀别的故乡的久经逝去的春天，却就在这天空中荡漾了。

但我是向来不爱放风筝的，不但不爱，并且嫌恶它，因为我以为这是没出息孩子所做的玩意。和我相反的是我的小兄弟，他那时大概十岁内外罢，多病，瘦得不堪，然而最喜欢风筝，自己买不起，我又不许放，他只得张着小嘴，呆看着空中出神，有时至于小半日。远处的蟹风筝突然落下来了，……

节选自《风筝》

（3）母亲本不愿出来的。她老了，身体不好，走远一点就觉得很累。我说，正因为如此，才应该多走走。母亲信服地点点头，便去拿外套。她现在很听我的话，就像我小时候很听她的话一样。

天气很好。今年的春天来得太迟，太迟了，有一些老人挺不住。但是春天总算来了。我的母亲又熬过了一个严冬。

这南方初春的田野，大块小块的新绿随意地铺着，有的浓，有的淡；树上的嫩芽也密了；田里的冬水也咕咕地起着水泡。这一切都使人想着一样东西：生命。

我和母亲走在前面，我的妻子和儿子走在后面。小家伙突然叫起来："前面也是妈妈和儿子，后面也是妈妈和儿子。"我们都笑了。

后来发生了分歧：母亲要走大路，大路平顺；我的儿子要走小路，小路有意思。不过，一切都取决于我。

节选自《散步》

（4）故乡靠海，八月是台风季节。桂花一开，母亲就开始担心了："可别来台风啊！"母亲每天都要在前后院子走一回，嘴里念着："只要不来台风，我就可以收几大箩。送一箩给胡家老爷爷，送一箩给毛家老婆婆，他们两家糕饼做得多。"

桂花盛开的时候，不说香飘十里，至少前后十几家邻居，没有不浸在桂花香里的。桂花成熟时，就应当"摇"。摇下来的桂花，朵朵完整、新鲜。如果让它开过，落在泥土里，尤其是被风雨吹浇，比摇下来的香味就差多了。

摇花对我来说是件大事。所以，我总是缠着母亲问："妈，怎么还不摇桂

202

花呢?"母亲说:"还早呢,花开的时间太短,摇不下来的。"可是母亲一看天上布满阴云,就知道要来台风了,赶紧叫大家提前摇桂花。这下,我可乐了,……

节选自《桂花雨》

(5)周总理在第一次"文代"大会上作了报告。《人民文学》杂志要发表这个报告,由我把记录稿作了整理,送给总理审阅。

这一天,总理办公室通知我去中南海政务院。我走进总理的办公室。那是一间高大的宫殿式的房子,室内陈设极其简单,一张不大的写字台,两把小转椅,一盏台灯,如此而已。总理见了我,指着写字台上一尺来高的一叠文件,说:"我今晚上要批这些文件。你们送来的稿子,我放在最后。你到隔壁值班室去睡一觉,到时候叫你。"

我就到值班室去睡了。不知到了什么时候,值班室的同志把我叫醒。他对我说:"总理叫你去。"我立刻起来,揉揉蒙眬的睡眼,走进总理的办公室。总理招呼我坐在他的写字台对面,要我陪他审阅我整理的记录稿。他一句一句地审阅,……

节选自《一夜的工作》

(6)天旱的时候,这条小溪就会干涸。村民平时靠它来灌溉田园,清洗衣物,点缀风景。有时,它只有细细的流泉,从石头缝里穿过。我和一群六七岁的小朋友,最喜欢扒开石头,寻找小鱼、小虾、小螃蟹,我们并不是捉来吃,而是养在玻璃瓶里玩儿。

一条小小的木桥,横跨在溪上。我喜欢过桥,更高兴把采来的野花丢在桥下,让流水把它们送到远方。

我的家离小桥很近,走路五六分钟就到了。沿着溪岸向东行,还有一座长石桥,那是通到茶山去的。我曾经随着采茶女上山摘过茶叶,我喜欢欣赏茶树下面紫色的野花和黄色的野菌。至今一看到茶树,脑海里立刻会浮现出当时的情景来。

我爱我的老家,那是我出生的地方。我家只有几间矮小的平房,我出生的那间卧室,光线很暗,地面潮湿,……

节选自《小桥流水人家》

(7)沉重的脚步声踏在楼梯上清晰可闻。到第二层的时候,他稍稍停留。随后他走进门来了。一个身高五英尺左右的人,两肩极宽阔,仿佛要挑起整个生命的重荷及命运的担子，而他给人明显的印象就是他能担负得起。

这一天他身上的衣服是淡蓝色的，胸前的纽扣是黄色的，里面一件纯白的背心，所有这些看上去都已经显得十分陈旧，甚至是不整洁的。上衣的背后似乎还拖着什么东西。据女佣解释，那拖在衣服后面的是一副助听器，可是早已失效了。

他无视屋内的人，一直走向那只巨熊一样蹲伏着的大钢琴旁边，习惯地坐下来，拿起一支笔。人们可以看见他那只有力的大手。

客人带着好像敬畏又好像怜惜的神情，默不作声地望着他。他的脸上呈现出悲剧，一张含蓄了许多愁苦和力量的脸。

节选自《音乐巨人贝多芬》


（8）过了一会儿，斑羚群渐渐安静下来，所有的眼光集中在一只身材特别高大、毛色深棕油光水滑的公斑羚身上，似乎在等候这只公斑羚拿出使整个种群能免遭灭绝的好办法来。毫无疑问，这只公斑羚是这群斑羚的头羊，它头上的角像两把镰刀。镰刀头羊神态庄重地沿着悬崖巡视了一圈，抬头仰望雨后湛蓝的苍穹，悲哀地叫了数声，表示自己也无能为力。

斑羚群又骚动起来。这时，被雨洗得一尘不染的天空突然出现一道彩虹，一头连着伤心崖，另一头飞越山涧，连着对面那座山峰，就像突然间架起了一座美丽的天桥。斑羚们凝望着彩虹，有一头灰黑色的母斑羚举步向彩虹走去，神情恍惚，似乎已进入了某种幻觉状态。也许，它们确实因为神经高度紧张而误以为那道虚幻的彩虹是一座实实在在的桥，……

节选自《斑羚飞渡》


（9）田老师给一年级上课了。他先把这首诗念一遍，又连起来讲一遍，然后，编出一段故事，娓娓动听地讲起来。我还记得故事的大意是这样的：

一个小孩子，牵着妈妈的衣襟儿去姥姥家，一口气走了二三里地。路过一个小村子，只有四五户人家，正在做午饭，家家冒炊烟。娘儿俩走累了，看见路边有六七座亭子，就走进一座亭子里去歇歇脚。亭子外边，花开得很茂盛，小孩子伸出小手指念叨着："……八枝，九枝，十枝。"他越看越喜欢，想折下一枝来。妈妈拦住了他，说："你折一枝，他折一枝，后边歇脚的人就看不到花儿了。"后来，这儿的花越开越多，数也数不过来，变成了一座大花园。

我听得入了迷，恍如身临其境。田老师的声音戛然而止，我却仍在发呆，直到三年级的大学兄捅了我一下，……

节选自《师恩难忘》

（10）三亚在海南岛的最南端，被蓝透了的海水围着，洋溢着浓浓的热带风情。蓝蓝的天与蓝蓝的海融成一体，低翔的白鸥掠过蓝蓝的海面，真让人担心洁白的翅尖会被海水染蓝了。挺拔俊秀的椰子树，不时在海风中摇曳着碧玉般的树冠。海滩上玉屑银末般的细沙，金灿灿亮闪闪的，软软地暖暖地搔着人们的脚板，谁都想捏一捏，团一团，将它揉成韧韧的面。

活跃了一天的太阳，依旧像一个快乐的孩童。它歪着红扑扑的脸蛋，毫无倦态，潇潇洒洒地从身上抖落下赤朱丹彤，在大海上溅出无数夺目的亮点。于是，天和海都被它的笑颜感染了，金红一色，热烈一片。

时光悄悄地溜走，暑气跟着阵阵海风徐徐地远离。夕阳也渐渐收敛了光芒，变得温和起来，像一只光焰柔和的大红灯笼，……

节选自《三亚落日》

# 第三节　国家普通话水平测试模拟训练

## 第一组　试卷注意事项

为了帮助大家更好地考试，考出好成绩，相关试题说明如下：

### 1. 读单音节字词

| | | | | | | | | | |
|---|---|---|---|---|---|---|---|---|---|
| 镇 | 痣 | 杨 | 申 | 嘭 | 嘣 | 旬 | 犬 | 声 | 供（供给） |
| 秦 | 习 | 砣 | 索 | 私 | 恰 | 操 | 润 | 凰 | 曾（曾孙） |
| 餐 | 乳 | 铝 | 莫 | 涮 | 甩 | 鸥 | 病 | 涩 | 缶 |
| 虐 | 惹 | 密 | 涌 | 能 | 框 | 乖 | 话 | 吵 | 刘 |
| 桨 | 刁 | 俊 | 频 | 自 | 啊 | 灾 | 倦 | 跳 | 俩 |
| 日 | 刘 | 近 | 萌 | 渠 | 幅 | 不 | 次 | 瞥 | 闷（苦闷） |
| 额 | 贵 | 庄 | 挎 | 街 | 尝 | 舜 | 屯 | 伟 | 时 |
| 翻 | 二 | 猜 | 熔 | 斩 | 腻 | 防 | 翔 | 拿 | 洒 |
| 瓶 | 胸 | 池 | 关 | 舔 | 跃 | 口 | 页 | 害 | 德 |
| 聊 | 亏 | 段 | 握 | 拨 | 面 | 零 | 黑 | 奥 | 杂 |

本题很少涉及多音字，但是若有多音字，会加注括号提示，要按照该字括号内的词语读音。例如阿，读 mēn、mèn，"苦闷"中读 mèn，所以这里的"闷"要读 mèn。

本题如果某个字词读得不好或者错误，可以马上重读，但是只能重读一次，以第二次读音评分。如果重读字词太多，可能时间不够，注意时间的把握。

## 2. 读多音节词语题

本题主要是双音节词语，但是有时也会出现三音节、四音节词语，但是总音节数仍是 100 个。

| | ↓ | | | ↓ |
|---|---|---|---|---|
| 小辫儿 | 标准化 | 英雄 | 抓紧 | 水到渠成 |
| **纽扣** | **专门** | **维持** | **铜子儿** | **老婆** |
| 画报 | 沙漠 | 状况 | 坏人 | 构成 |
| **群众** | **被窝儿** | **然而** | **平方** | **私囊** |
| 纯洁 | 夏季 | 韭菜 | 信用 | 月光族 |
| **热烈** | **干脆** | **质量** | **奶瓶** | **日记** |
| 蛐蛐儿 | 炮弹 | 省略 | 总得 | 坚定 |
| **相声** | **结婚** | **落选** | **玩耍** | **早霜** |
| 风俗 | 殡葬 | 软席 | 穷苦 | 决策 |
| **洒脱** | **恩爱** | **地方**（地方政府） | | |

有的多音节词语有不同的读音及不同的含义，这种情况很少涉及，但是若出现，会加注括号提示，要按照该词括号内的含义读音。例如地方，读 dìfang，地点义；读 dìfāng，则是与中央相对的概念。这里应读 dìfāng。

本题儿化词语有标记，轻声词语无标记，需要记住常见的轻声词语。

本题如果某个词语读得不好或者错误，也可以马上重读，但是只能重读一次，以第二次读音评分。如果重读词语太多，可能时间不够，注意时间的把握。

## 3. 朗读短文

本题不允许重读、漏字、增字，如出现，均算错误。

冬天，我还没有打好主意，成都或者相当得合适，虽然并不怎样和暖，可是为了水仙，素心腊梅，各色的茶花，仿佛就受一点儿寒‖冷，也颇值得去了。昆明的花邑多，而且天气比成都好，可是旧书铺与精美而便宜的小吃远不及成都那么多。好吧，就暂这么规定：冬天不住成都便住昆明吧。

儿化有标记

儿化无标记

本题要小心轻声（包括次轻声）与儿化，儿化词有的有"儿"标记，有的没有标记，但是拼音有"r"标记，所以大家要参照拼音弄清楚这些问题。

电脑屏幕读到这里结束，刚好 400 个音节（字），书面上的结束符号是"‖"：仿佛就受一点儿寒‖冷，……

4．命题说话

（1）说话题目只是提示说话内容范围，只要讲的内容与此有关即可，不需要像写高考作文那么讲究。

（2）本题必须说够三分钟，也就是电脑屏幕录音条停止滑动，否则会根据时间差额酌情扣分。

（3）说话必须连贯，不间断地说，不得重复语句，中途不能中断讲话，否则会酌情扣分。

## 第二组 国家普通话水平测试模拟试卷

### 第一套

1．**读单音节字词**（100 个音节，共 10 分，限时 3.5 分钟），请横向朗读

| | | | | | | | | | |
|---|---|---|---|---|---|---|---|---|---|
| 哑 | 铸 | 染 | 亭 | 后 | 挽 | 敬 | 疮 | 游 | 乖 |
| 仲 | 君 | 凑 | 稳 | 掐 | 酱 | 椰 | 铂 | 峰 | 账 |
| 焦 | 碰 | 暖 | 扑 | 龙 | 碍 | 离 | 鸟 | 瘸 | 密 |
| 承 | 滨 | 盒 | 专 | 此 | 艘 | 雪 | 肥 | 薰 | 硫 |
| 宣 | 表 | 嫡 | 迁 | 套 | 滇 | 砌 | 藻 | 刷 | 坏 |
| 虽 | 滚 | 杂 | 倦 | 垦 | 屈 | 所 | 惯 | 实 | 扯 |
| 栽 | 额 | 屡 | 弓 | 拿 | 物 | 粉 | 葵 | 躺 | 肉 |
| 铁 | 日 | 帆 | 萌 | 寡 | 猫 | 窘 | 内 | 雄 | 伞 |
| 蛙 | 葬 | 夸 | 戴 | 罗 | 并 | 摧 | 狂 | 饱 | 魄 |
| 而 | 沈 | 贤 | 润 | 麻 | 养 | 盘 | 自 | 您 | 虎 |

2．**读多音节词语**（100 个音节，共 20 分，限时 2.5 分钟），请横向朗读

| | | | | | | |
|---|---|---|---|---|---|---|
| 勾画 | 刚才 | 松软 | 半截 | 穷人 | 吵嘴 | 乒乓球 |
| 少女 | 篡夺 | 牛顿 | 沉默 | 富翁 | 傻子 | 持续 |
| 佛像 | 被窝儿 | 全部 | 乳汁 | 对照 | 家伙 | 灭亡 |
| 连绵 | 小腿 | 原则 | 外国 | 戏法儿 | 侵略 | 咏叹调 |
| 愉快 | 撒谎 | 下来 | 昆虫 | 意思 | 声明 | 患者 |
| 未曾 | 感慨 | 老头儿 | 群体 | 红娘 | 觉得 | 排演 |
| 赞美 | 运输 | 抓紧 | 儿童 | 症状 | 机灵 | 昂首 |

3．**朗读短文**（400 个音节，共 30 分，限时 4 分钟）

燕子去了，有再来的时候；杨柳枯了，有再青的时候；桃花谢了，有再开的时候。但是，聪明的，你告诉我，我们的日子为什么一去不复返呢？——是有人偷了他们罢：那是谁？又藏在何处呢？是他们自己逃走了罢：现在又到了哪里呢？

去的尽管去了，来的尽管来着；去来的中间，又怎样地匆匆呢？早上我起来的时候，小屋里射进两三方斜斜的太阳。太阳他有脚啊，轻轻悄悄地挪移了；我也茫茫然跟着旋转。于是——洗手的时候，日子从水盆里过去；吃饭的时候，日子从饭碗里过去；默默时，便从凝然的双眼前过去。我觉察他去的匆匆了，伸出手遮挽时，他又从遮挽着的手边过去；天黑时，我躺在床上，他便伶伶俐俐地从我身上跨过，从我脚边飞去了。等我睁开眼和太阳再见，这算又溜走了一日。我掩着面叹息。但是新来的日子的影儿又开始在叹息里闪过了。

在逃去如飞的日子里，在千门万户的世界里的我能做些什么呢？只有徘徊罢了，只有匆匆罢了；在八千多日的匆匆里，除徘徊外，又剩些什么呢？过去的日子如轻烟，被微风吹散了，如薄雾，被初阳蒸融了；我留着些什么痕迹呢？我何曾留着像游丝样的痕迹呢？我赤裸裸‖来到这世界，转眼间也将赤裸裸的回去罢？但不能平的，为什么偏白白走这一遭啊？

你聪明的，告诉我，我们的日子为什么一去不复返呢

节选自朱自清《匆匆》

**4. 命题说话**（请在下列话题中任选一个，共 40 分，限时 3 分钟）

（1）我喜欢的节日

（2）我喜爱的植物

## 第二套

**1. 读单音节字词**（100 个音节，共 10 分，限时 3.5 分钟），请横向朗读

| | | | | | | | | | |
|---|---|---|---|---|---|---|---|---|---|
| 哲 | 洽 | 许 | 滕 | 缓 | 昂 | 翻 | 容 | 选 | 闻 |
| 悦 | 围 | 波 | 信 | 铭 | 欧 | 测 | 敷 | 闰 | 巢 |
| 字 | 披 | 翁 | 辆 | 申 | 按 | 捐 | 旗 | 黑 | 咬 |
| 瞥 | 贺 | 失 | 广 | 晒 | 兵 | 卦 | 拔 | 君 | 仍 |
| 胸 | 撞 | 非 | 眸 | 葬 | 昭 | 览 | 脱 | 嫩 | 所 |
| 德 | 柳 | 砚 | 甩 | 豹 | 壤 | 凑 | 坑 | 绞 | 崔 |
| 我 | 初 | 蔽 | 匀 | 铝 | 枪 | 柴 | 搭 | 穷 | 董 |
| 池 | 款 | 杂 | 此 | 艘 | 粉 | 阔 | 您 | 镁 | 帘 |
| 械 | 搞 | 堤 | 捡 | 魂 | 躺 | 瘸 | 蛙 | 游 | 蠢 |
| 固 | 浓 | 钾 | 酸 | 莫 | 捧 | 队 | 要 | 踹 | 儿 |

**2. 读多音节词语**（100 个音节，共 20 分，限时 2.5 分钟），请横向朗读

| | | | | | |
|---|---|---|---|---|---|
| 国王 | 今日 | 虐待 | 花瓶儿 | 难怪 | 产品 |
| 掉头 | 遭受 | 露馅儿 | 人群 | 压力 | 材料 |
| 窘迫 | 亏损 | 翱翔 | 永远 | 一辈子 | 佛典 |

| 沙尘 | 存在 | 请求 | 累赘 | 发愣 | 外面 |
|---|---|---|---|---|---|
| 酒盅儿 | 似乎 | 怎么 | 赔偿 | 勘察 | 妨碍 |
| 辨别 | 调整 | 少女 | 做活儿 | 安全 | 霓虹灯 |
| 疯狂 | 从而 | 入学 | 夸奖 | 回去 | 篡夺 |
| 秧歌 | 夏季 | 钢铁 | 通讯 | 敏感 | 不速之客 |

**3. 朗读短文** （400个音节，共30分，限时4分钟）

在浩瀚无垠的沙漠里，有一片美丽的绿洲，绿洲里藏着一颗闪光的珍珠。这颗珍珠就是敦煌莫高窟。它坐落在我国甘肃省敦煌市三危山和鸣沙山的怀抱中。

鸣沙山东麓是平均高度为十七米的崖壁。在一千六百多米长的崖壁上，凿有大小洞窟七百余个，形成了规模宏伟的石窟群。其中四百九十二个洞窟中，共有彩色塑像两千一百余尊，各种壁画共四万五千多平方米。莫高窟是我国古代无数艺术匠师留给人类的珍贵文化遗产。

莫高窟的彩塑，每一尊都是一件精美的艺术品。最大的有九层楼那么高，最小的还不如一个手掌大。这些彩塑个性鲜明，神态各异。有慈眉善目的菩萨，有威风凛凛的天王，还有强壮勇猛的力士……

莫高窟壁画的内容丰富多彩，有的是描绘古代劳动人民打猎、捕鱼、耕田、收割的情景，有的是描绘人们奏乐、舞蹈、演杂技的场面，还有的是描绘大自然的美丽风光。其中最引人注目的是飞天。壁画上的飞天，有的臂挎花篮，采摘鲜花；有的反弹琵琶，轻拨银弦；有的倒悬身子，自天而降；有的彩带飘拂，漫天遨游；有的舒展着双臂，翩翩起舞。看着这些精美动人的壁画，就像走进了……

节选自《莫高窟》

**4. 命题说话** （请在下列话题中任选一个，共40分，限时3分钟）

（1）我喜欢的职业（或专业）

（2）对幸福的理解

## 第三套

**1. 读单音节字词** （100个音节，共10分，限时3.5分钟），请横向朗读

| 楼 | 癣 | 朦 | 坡 | 端 | 衰 | 拽 | 惹 | 天 | 滑 |
|---|---|---|---|---|---|---|---|---|---|
| 痫 | 赐 | 拦 | 锤 | 刚 | 女 | 捉 | 软 | 托 | 甲 |
| 荒 | 美 | 到 | 涌 | 各 | 护 | 尊 | 傻 | 迷 | 决 |
| 饵 | 贷 | 吻 | 瞥 | 矮 | 嘶 | 泅 | 缰 | 鳞 | 腕 |
| 襟 | 藻 | 攻 | 靶 | 错 | 蛙 | 润 | 室 | 萃 | 齐 |

叫　晌　蹦　宵　涮　考　灭　牛　瞪　通
运　授　踩　第　申　香　原　姓　口　腌
菱　盼　茶　反　贼　缅　凸　穗　雨　甘
矿　痣　肠　份　悬　债　擎　脑　棒　衡
溯　拼　撰　俯　穷　睁　瘫　腿　河　俩

**2. 读多音节词语**（100 个音节，共 20 分，限时 2.5 分钟），**请横向朗读**

广播　呕吐　现代　丢人　下班　儿童
贺词　哪会儿　沙漠　福分　个头儿　病菌
猜测　拾掇　制造　信心　涉外　准保
缺点　赔款　肉瘤　愉快　虽然　恩爱
傀儡　拔尖儿　文雅　相公　旅游　岳母
司令　描述　内行　选举　边界　劈叉
蝈蝈儿　水平　利用　挂钩　一切　厂子
远征　双方　计算　成就　群岛　小说
嘲弄　讲话

**3. 朗读短文**（400 个音节，共 30 分，限时 4 分钟）

照北京的老规矩，春节差不多在腊月的初旬就开始了。"腊七腊八，冻死寒鸦"，这是一年里最冷的时候。在腊八这天，家家都熬腊八粥。粥是用各种米，各种豆，与各种干果熬成的。这不是粥，而是小型的农业展览会。除此之外，这一天还要泡腊八蒜。把蒜瓣放进醋里，封起来，为过年吃饺子用。到年底，蒜泡得色如翡翠，醋也有了些辣味，色味双美，使人忍不住要多吃几个饺子。在北京，过年时，家家吃饺子。

孩子们准备过年，第一件大事就是买杂拌儿。这是用花生、胶枣、榛子、栗子等干果与蜜饯掺和成的，孩子们喜欢吃这些零七八碎儿。第二件大事是买爆竹，特别是男孩子们。恐怕第三件事才是买各种玩意儿——风筝、空竹、口琴等。

孩子们欢喜，大人们也忙乱。他们必须预备过年吃的、喝的、穿的、用的，好在新年时显出万象更新的气象。

腊月二十三过小年，差不多就是过春节的"彩排"。天一擦黑儿，鞭炮响起来，便有了过年的味道。这一天，是要吃糖的，街上早有好多卖麦芽糖与江米糖的，糖形或为长方块或为瓜形，又甜又黏，小孩子们最喜欢。

过了二十三，大家更忙。必须大扫除一次，还要把肉、鸡、鱼、青菜、年糕什么的都预备充足——店‖铺多数正月初一到初五关门，到正月初六才开张。

节选自老舍《北京的春节》

4. **命题说话**（请在下列话题中任选一个，共40分，限时3分钟）

（1）谈中国传统文化

（2）假日生活

## 第四套

1. **读单音节字词**（100个音节，共10分，限时3.5分钟），请横向朗读

| | | | | | | | | | |
|---|---|---|---|---|---|---|---|---|---|
| 贼 | 列 | 枕 | 次 | 聋 | 饼 | 日 | 谨 | 裙 | 绢 |
| 值 | 冯 | 炯 | 咸 | 呆 | 卤 | 僧 | 扭 | 肾 | 抓 |
| 盆 | 战 | 耳 | 基 | 丑 | 凝 | 免 | 外 | 穷 | 陋 |
| 春 | 昂 | 喘 | 滨 | 娘 | 方 | 购 | 仍 | 睡 | 跟 |
| 环 | 浮 | 擦 | 快 | 滑 | 渺 | 疆 | 台 | 醒 | 秘 |
| 坑 | 善 | 允 | 逛 | 甩 | 照 | 拨 | 叠 | 翁 | 床 |
| 舜 | 肿 | 俗 | 腭 | 牌 | 骚 | 雪 | 批 | 洒 | 锌 |
| 瑞 | 锅 | 全 | 休 | 谈 | 目 | 犬 | 榻 | 窝 | 举 |
| 纵 | 黑 | 瘸 | 掏 | 挪 | 惹 | 贝 | 哑 | 奏 | 席 |
| 掐 | 榆 | 餐 | 字 | 考 | 编 | 滚 | 叨 | 法 | 破 |

2. **读多音节词语**（100个音节，共20分，限时2.5分钟），请横向朗读

| | | | | | | |
|---|---|---|---|---|---|---|
| 倘使 | 苍翠 | 强求 | 蒙古包 | 从而 | 粉末儿 | 旋转 |
| 情怀 | 合同 | 财产 | 手脚 | 灭亡 | 起飞 | 跨越 |
| 挂念 | 佛经 | 高傲 | 柴火 | 亏损 | 犯罪 | 决议 |
| 耽误 | 增加 | 作用 | 难怪 | 少女 | 个体 | 上下 |
| 危害 | 荒谬 | 斥责 | 撇开 | 砂轮儿 | 原料 | 东欧 |
| 侵略 | 大多数 | 思想 | 本子 | 状况 | 柔软 | 训练 |
| 药品 | 政党 | 蒜瓣儿 | 定律 | 英雄 | 人均 | 没谱儿 |

3. **朗读短文**（400个音节，共30分，限时4分钟）

　　立春过后，大地渐渐从沉睡中苏醒过来。冰雪融化，草木萌发，各种花次第开放。再过两个月，燕子翩然归来。不久，布谷鸟也来了。于是转入炎热的夏季，这是植物孕育果实的时期。到了秋天，果实成熟，植物的叶子渐渐变黄，在秋风中簌簌地落下来。北雁南飞，活跃在田间草际的昆虫也都销声匿迹，到处呈现一片衰草连天的景象，准备迎接风雪载途的寒冬。在地球上温带和亚热带区域里，年年如是，周而复始。

　　几千年来，劳动人民注意了草木荣枯、候鸟去来等自然现象同气候的关系，据以安排农事。杏花开了，就好像大自然在传语要赶快耕地；桃花开了，又好像在暗示要赶快种谷子。布谷鸟开始唱歌，劳动人民懂得它在唱什么："阿

公阿婆，割麦插禾。"这样看来，花香鸟语，草长莺飞，都是大自然的语言。

这些自然现象，我国古代劳动人民称它为物候。物候知识在我国起源很早。古代流传下来的许多农谚就包含了丰富的物候知识。到了近代，利用物候知识来研究农业生产，已经发展为一门科学，就是物候学。物候学记录植物的生长荣枯，动物的养育往来，如桃花开、燕子来等自然现象，从而了解随着时节‖推移的气候变化和这种变化对动植物的影响。

节选自竺可桢《大自然的语言》

**4．命题说话（请在下列话题中任选一个，共 40 分，限时 3 分钟）**

（1）我的一天

（2）我喜欢的美食

第五套

**1．读单音节字词（100 个音节，共 10 分，限时 3.5 分钟），请横向朗读**

| | | | | | | | | | |
|---|---|---|---|---|---|---|---|---|---|
| 粗 | 昂 | 栽 | 远 | 摧 | 彼 | 鳞 | 汆 | 灼 | 睁 |
| 嘴 | 墙 | 软 | 框 | 沉 | 辣 | 寒 | 法 | 怪 | 纱 |
| 馆 | 日 | 而 | 酱 | 缫 | 库 | 堆 | 绢 | 普 | 迈 |
| 吃 | 话 | 停 | 月 | 许 | 铜 | 讽 | 燃 | 桑 | 条 |
| 炯 | 膘 | 咒 | 稳 | 釉 | 焚 | 艘 | 让 | 兵 | 螺 |
| 钾 | 涡 | 耍 | 客 | 乃 | 掂 | 楼 | 字 | 兜 | 仗 |
| 雅 | 胸 | 米 | 瞪 | 蕊 | 趋 | 扯 | 休 | 找 | 伴 |
| 陶 | 双 | 醇 | 跟 | 特 | 瓜 | 群 | 摔 | 砍 | 害 |
| 吴 | 遣 | 末 | 您 | 怯 | 北 | 居 | 型 | 裂 | 诀 |
| 纳 | 巡 | 短 | 磁 | 匹 | 脓 | 颇 | 傲 | 黑 | 彭 |

**2．读多音节词语（100 个音节，共 20 分，限时 2.5 分钟），请横向朗读**

| | | | | | | |
|---|---|---|---|---|---|---|
| 暗中 | 航空 | 名牌儿 | 亏损 | 作战 | 凉快 | 全身 |
| 未曾 | 指南针 | 完美 | 恰当 | 佛学 | 均匀 | 博士 |
| 相似 | 挫折 | 台子 | 喷洒 | 提高 | 宣传 | 小翁儿 |
| 热闹 | 黄鼠狼 | 穷尽 | 解剖 | 定额 | 扭转 | 外面 |
| 挎包 | 规律 | 拼凑 | 叫好儿 | 侵略 | 遵守 | 妇女 |
| 低洼 | 大伙儿 | 丢人 | 婴儿 | 撒开 | 冷水 | 繁荣 |
| 眼睛 | 广场 | 综合 | 费用 | 天下 | 出其不意 | |

**3．朗读短文（400 个音节，共 30 分，限时 4 分钟）**

盼望着，盼望着，东风来了，春天的脚步近了。

一切都像刚睡醒的样子，欣欣然张开了眼。山朗润起来了，水涨起来了，太阳的脸红起来了。

小草偷偷地从土里钻出来，嫩嫩的，绿绿的。园子里，田野里，瞧去，一大片一大片满是的。坐着，躺着，打两个滚，踢几脚球，赛几趟跑，捉几回迷藏。风轻悄悄的，草软绵绵的。

……

"吹面不寒杨柳风"，不错的，像母亲的手抚摸着你。风里带来些新翻的泥土的气息，混着青草味儿，还有各种花的香，都在微微湿润的空气里酝酿。鸟儿将巢安在繁花绿叶当中，高兴起来了，呼朋引伴地卖弄清脆的喉咙，唱出宛转的曲子，跟轻风流水应和着。牛背上牧童的短笛，这时候也成天嘹亮地响着。

雨是最寻常的，一下就是三两天。可别恼。看，像牛毛，像花针，像细丝，密密地斜织着，人家屋顶上全笼着一层薄烟。树叶儿却绿得发亮，小草儿也青得逼你的眼。傍晚时候，上灯了，一点点黄晕的光，烘托出一片安静而和平的夜。在乡下，小路上，石桥边，有撑起伞慢慢走着的人，地里还有工作的农民，披着蓑戴着笠。他们的房屋，稀稀疏疏的，在雨里静默着。

天上风筝渐渐多了，地上孩子也多了。城里乡下，家家户户，老老小小，‖也赶趟儿似的，一个个都出来了。舒活舒活筋骨，抖擞抖擞精神，各做各的一份儿事去。"一年之计在于春"，刚起头儿，有的是工夫，有的是希望。

春天像刚落地的娃娃，从头到脚都是新的，它生长着。

春天像小姑娘，花枝招展的，笑着，走着。

春天像健壮的青年，有铁一般的胳膊和腰脚，领着我们上前去。

节选自朱自清《春》

**4．命题说话（请在下列话题中任选一个，共 40 分，限时 3 分钟）**

（1）我的理想（或愿望）

（2）谈个人修养

## 附录一　普通话水平测试用多音字表

| | | | |
|---|---|---|---|
| 阿 | ā 阿姨；ē 阿谀 | 朝 | cháo 朝向；zhāo 朝阳 |
| 挨 | āi 挨家；ái 挨饿 | 车 | chē 汽车；jū（象棋棋子之一） |
| 熬 | āo 熬心；áo 熬药 | 称 | chèn 称心；chēng 称呼 |
| 拗 | ào 拗口；niù 执拗 | 澄 | chéng 澄清；dèng 澄沙 |
| 扒 | bā 扒车；pá 扒手 | 冲 | chōng 冲刺；chòng 冲床 |
| 把 | bǎ 把柄；bà 刀把儿 | 仇 | chóu 仇恨；Qiú（姓氏） |
| 膀 | bǎng 肩膀；pāng 膀肿；páng 膀胱 | 臭 | chòu 口臭；xiù 乳臭未干 |
| 磅 | bàng 磅秤；páng 磅礴 | 处 | chǔ 处理；chù 害处 |
| 堡 | bǎo 堡垒；pù 五里堡 | 揣 | chuāi 揣紧；chuǎi 揣度 |
| 背 | bēi 背负；bèi 脊背 | 传 | chuán 传达；zhuàn 自传 |
| 奔 | bēn 奔跑；bèn 投奔 | 创 | chuāng 创伤；chuàng 创办 |
| 绷 | bēng 绷带；běng 绷脸；bèng 绷直 | 撮 | cuō 撮合；zuǒ 一撮胡子 |
| 辟 | bì 辟邪；pì 开辟 | 答 | dā 答应；dá 回答 |
| 便 | biàn 方便；pián 便宜 | 打 | dá（量词）；dǎ 打架 |
| 别 | bié 分别；biè 别扭 | 大 | dà 大小；dài 大夫 |
| 剥 | bāo 剥皮；bō 剥夺 | 待 | dāi 待一会儿；dài 对待 |
| 泊 | bó 停泊；pō 湖泊 | 逮 | dǎi 逮老鼠；dài 逮捕 |
| 薄 | báo 薄饼；bó 刻薄；bò 薄荷 | 单 | dān 单干；chán 单于 |
| 簸 | bǒ 颠簸；bò 簸箕 | 担 | dān 担待；dàn 担子 |
| 参 | cān 参加；shēn 人参 | 弹 | dàn 子弹；tán 弹簧 |
| 藏 | cáng 躲藏；zàng 宝藏 | 当 | dāng 当代；dàng 妥当 |
| 叉 | chā 交叉；chǎ 叉着腿 | 倒 | dǎo 倒闭；dào 倒影 |
| 杈 | chā（一种农具）；chà 树杈 | 得 | dé 得到；děi 总得 |
| 差 | chā 差别；chà 差点儿；chāi 出差 | 的 | dí 的确；dì 目的 |
| 禅 | chán 口头禅；shàn 禅让 | 调 | diào 调度；tiáo 调节 |
| 颤 | chàn 颤动；zhàn 颤栗 | 钉 | dīng 钉子；dìng 钉扣子 |
| 长 | cháng 长处；zhǎng 生长 | 都 | dōu 都要；dū 首都 |
| 场 | cháng 场院；chǎng 农场 | 斗 | dǒu 斗胆；dòu 斗争 |

（续上表）

| 肚 | dǔ 鱼肚；dù 肚量 | 侯 | hóu 王侯；hòu（地名） |
|---|---|---|---|
| 度 | dù 尺度；duó 揣度 | 华 | huá 中华；huà 华山 |
| 囤 | dùn 粮食囤；tún 囤积 | 划 | huá 划拳；huà 计划 |
| 垛 | duǒ 垛子；duò 麦垛 | 还 | hái 还是；huán 返还 |
| 恶 | è 恶毒；wù 厌恶 | 晃 | huǎng 晃眼；huàng 晃动 |
| 发 | fā 出发；fà 头发 | 会 | huì 会议；kuài 会计 |
| 分 | fēn 分别；fèn 充分 | 混 | hún 混蛋；hùn 混合 |
| 缝 | féng 缝补；fèng 缝隙 | 豁 | huō 豁口；huò 豁达 |
| 佛 | fó 佛教；fú 仿佛 | 几 | jī 茶几；jǐ 几何 |
| 服 | fú 佩服；fù 一服药 | 纪 | Jǐ（姓氏）；jì 纪律 |
| 干 | gān 干涉；gàn 干部 | 济 | jǐ 济南；jì 经济 |
| 杆 | gān 杆子；gǎn 杠杆 | 夹 | jiā 夹层；jiá 夹袄 |
| 岗 | gāng 山岗；gǎng 岗位 | 贾 | gǔ 商贾；Jiǎ（姓氏） |
| 膏 | gāo 唇膏；gào 膏墨 | 假 | jiǎ 真假；jià 假期 |
| 葛 | gé 葛藤；Gě（姓氏） | 间 | jiān 时间；jiàn 间断 |
| 给 | gěi 拿给；jǐ 供给 | 监 | jiān 监控；jiàn 国子监 |
| 更 | gēng 变更；gèng 更加 | 将 | jiāng 将要；jiàng 大将 |
| 供 | gōng 供稿；gòng 口供 | 降 | jiàng 降落；xiáng 投降 |
| 勾 | gōu 勾引；gòu 勾当 | 角 | jiǎo 角落；jué 角色 |
| 观 | guān 观察；guàn 道观 | 剿 | chāo 剿说；jiǎo 剿灭 |
| 冠 | guān 桂冠；guàn 冠军 | 教 | jiāo 教书；jiào 教育 |
| 好 | hǎo 美好；hào 喜好 | 结 | jiē 结实；jié 团结 |
| 号 | háo 号叫；hào 符号 | 解 | jiě 解放；jiè 押解；Xiè（姓氏） |
| 喝 | hē 吃喝；hè 喝彩 | 尽 | jǐn 尽管；jìn 尽力 |
| 和 | hé 和平；hè 应和；hú 和牌；huó 和面；huò 搅和 | 劲 | jìn 费劲；jìng 劲敌 |
| | | 禁 | jīn 禁受；jìn 禁止 |
| 核 | hé 核心；hú 桃核儿 | 颈 | gěng 脖颈儿；jǐng 颈部 |
| 荷 | hé 荷花；hè 荷重 | 卷 | juǎn 卷尺；juàn 试卷 |
| 横 | héng 横向；hèng 蛮横 | 觉 | jiào 睡觉；jué 觉悟 |
| 哄 | hōng 哄抢；hǒng 哄骗；hòng 起哄 | 倔 | jué 倔强；juè 倔脾气 |

（续上表）

| | | | |
|---|---|---|---|
| 嚼 | jiáo 嚼舌；jué 咀嚼 | 模 | mó 模型；mú 模样 |
| 卡 | kǎ 卡片；qiǎ 关卡 | 磨 | mó 折磨；mò 电磨 |
| 看 | kān 看护；kàn 看见 | 抹 | mā 抹布；mǒ 抹杀；mò 转弯抹角 |
| 壳 | ké 蛋壳；qiào 地壳 | 难 | nán 困难；nàn 灾难 |
| 空 | kōng 领空；kòng 填空 | 泥 | ní 水泥；nì 拘泥 |
| 拉 | lā 拉扯；lá 手被拉了个口子 | 宁 | níng 安宁；nìng 宁可 |
| 乐 | lè 快乐；yuè 音乐 | 拧 | níng 拧毛巾；nǐng 说拧了；nìng 脾气拧 |
| 勒 | lè 勒令；lēi 把包儿勒紧 | | |
| 累 | léi 累赘；lěi 累计；lèi 劳累 | 耙 | bà 钉齿耙；pá 钉耙 |
| 擂 | léi 擂了一拳；lèi 擂台 | 刨 | bào 刨床；páo 刨坑 |
| 俩 | liǎ 咱俩；liǎng 伎俩 | 炮 | bāo 炮羊肉；páo 炮制；pào 炮弹 |
| 凉 | liáng 凉快；liàng 把开水凉一下 | 泡 | pāo 眼泡；pào 泡菜 |
| 量 | liáng 量具；liàng 数量 | 劈 | pī 劈脸；pǐ 劈腿 |
| 撩 | liāo 撩裙子；liáo 撩逗 | 片 | piān 照片儿；piàn 片面 |
| 燎 | liáo 燎原；liǎo 烧燎 | 漂 | piāo 漂流；piǎo 漂洗；piào 漂亮 |
| 令 | lǐng 量词，五令白纸；lìng 命令 | 撇 | piē 撇开；piě 笔画，一撇 |
| 溜 | liū 溜冰；liù 溜嗓子 | 屏 | bǐng 屏气；píng 荧屏 |
| 蹓 | liū 蹓走；liù 蹓大街 | 仆 | pū 前仆后继；pú 仆人 |
| 笼 | lóng 蒸笼；lǒng 笼统 | 铺 | pū 铺张；pù 店铺 |
| 搂 | lōu 搂钱；lǒu 搂抱 | 朴 | Piáo（姓氏）；pǔ 朴素 |
| 露 | lòu 露一手；lù 暴露 | 呛 | qiāng 吃呛了；qiàng 油烟呛人 |
| 陆 | liù（六的大写）；lù 大陆 | 强 | jiàng 倔强；qiáng 强大；qiǎng 强迫 |
| 率 | lǜ 效率；shuài 率领 | 悄 | qiāo 悄悄；qiǎo 悄然 |
| 绿 | lù 绿林好汉；lǜ 绿色 | 翘 | qiáo 翘首；qiào 翘尾巴 |
| 捋 | luō 捋起袖子；lǚ 捋胡子 | 切 | qiē 切割；qiè 切实 |
| 落 | là 落下；lào 落价；luò 滚落 | 茄 | jiā 雪茄；qié 茄子 |
| 蔓 | màn 蔓草；wàn 藤蔓 | 亲 | qīn 亲切；qìng 亲家 |
| 没 | méi 没有；mò 淹没 | 曲 | qū 弯曲；qǔ 歌曲 |
| 闷 | mēn 闷热；mèn 烦闷 | 圈 | juān 圈在家里；juàn 圈养；quān 圆圈儿 |
| 蒙 | mēng 蒙骗；méng 蒙蔽；měng 蒙古 | | |

（续上表）

| | | | |
|---|---|---|---|
| 任 | Rén（姓氏）；rèn 任务 | 同 | tóng 同学；tòng 胡同 |
| 撒 | sā 撒谎；sǎ 撒种 | 吐 | tǔ 吐气；tù 呕吐 |
| 塞 | sāi 耳塞；sài 塞外；sè 堵塞 | 拓 | tà 拓印；tuò 开拓 |
| 散 | sǎn 散文；sàn 散步 | 为 | wéi 为人；wèi 为了 |
| 丧 | sāng 守丧；sàng 丧失 | 系 | jì 系鞋带儿；xì 系统 |
| 臊 | sāo 腥臊；sào 害臊 | 吓 | hè 恐吓；xià 惊吓 |
| 扫 | sǎo 扫地；sào 扫把 | 纤 | qiàn 纤夫；xiān 纤维 |
| 色 | sè 色彩；shǎi 掉色儿 | 鲜 | xiān 新鲜；xiǎn 鲜见 |
| 刹 | chà 刹那；shā 刹车 | 相 | xiāng 相互；xiàng 首相 |
| 煞 | shā 煞尾；shà 凶煞 | 巷 | hàng 巷道；xiàng 巷战 |
| 杉 | shā 杉木；shān 水杉 | 削 | xiāo 削铅笔；xuē 剥削 |
| 扇 | shān 扇耳光；shàn 风扇 | 肖 | Xiāo（姓氏）；xiào 肖像 |
| 上 | shǎng 上声；shàng 上来 | 校 | jiào 校对；xiào 学校 |
| 少 | shǎo 多少；shào 少年 | 兴 | xīng 兴起；xìng 高兴 |
| 舍 | shě 割舍；shè 宿舍 | 行 | háng 银行；xíng 行走 |
| 省 | shěng 省心；xǐng 反省 | 畜 | chù 牲畜；xù 畜牧 |
| 盛 | chéng 盛饭；shèng 强盛 | 旋 | xuán 回旋；xuàn 旋风 |
| 什 | shén 什么；shí 什锦 | 血 | xiě 出血；xuè 血液 |
| 石 | dàn 一石米；shí 石材 | 咽 | yān 咽喉；yàn 咽气；yè 哽咽 |
| 熟 | shóu 饭熟了；shú 熟悉 | 燕 | Yān 姓氏；yàn 燕子 |
| 数 | shǔ 数落；shù 数学 | 要 | yāo 要求；yào 需要 |
| 谁 | shéi（口语）；shuí（书面语） | 掖 | yē 把书掖在怀里；yè 扶掖 |
| 似 | shì 似的；sì 相似 | 殷 | yān 殷红；yīn 殷切 |
| 宿 | sù 宿舍；xiǔ 住了一宿；xiù 星宿 | 饮 | yǐn 饮食；yìn 饮牲口 |
| 遂 | suí 半身不遂；suì 未遂 | 应 | yīng 应许；yìng 感应 |
| 苔 | tāi 舌苔；tái 苔藓 | 佣 | yōng 雇佣；yòng 佣金 |
| 提 | dī 提防；tí 提高 | 予 | yú 予取予求；yǔ 授予 |
| 挑 | tiāo 挑选；tiǎo 挑拨 | 与 | yǔ 与其；yù 参与 |
| 帖 | tiē 妥帖；tiě 请帖；tiè 字帖 | 约 | yāo（用秤称）；yuē 约定 |
| 通 | tōng 通知；tòng 打了一通 | 晕 | yūn 晕倒；yùn 晕车 |

（续上表）

| | | | |
|---|---|---|---|
| 载 | zǎi 记载；zài 超载 | 只 | zhī 船只；zhǐ 只有 |
| 攒 | cuán 攒动；zǎn 积攒 | 中 | zhōng 中间；zhòng 中看 |
| 脏 | zāng 脏话；zàng 内脏 | 种 | zhǒng 人种；zhòng 种植 |
| 择 | zé 选择；zhái 择菜 | 重 | chóng 重复；zhòng 重量 |
| 曾 | céng 曾经；zēng 曾祖 | 属 | shǔ 家属；zhǔ 属望 |
| 扎 | zā 包扎；zhā 扎营；zhá 挣扎 | 爪 | zhǎo 爪牙；zhuǎ 爪子 |
| 轧 | yà 轧马路；zhá 轧钢 | 转 | zhuǎn 转移；zhuàn 打转 |
| 炸 | zhá 炸酱面；zhà 爆炸 | 幢 | chuáng 石幢；zhuàng 一幢楼 |
| 占 | zhān 占卜；zhàn 占领 | 着 | zhāo 着数；zháo 着急；zhuó 着落 |
| 涨 | zhǎng 高涨；zhàng 头昏脑涨 | 琢 | zhuó 雕琢；zuó 琢磨 |
| 折 | shé 折本；zhē 折腾；zhé 折射 | 仔 | zǎi 肥仔；zǐ 仔细 |
| 挣 | zhēng 挣扎；zhèng 挣钱 | 钻 | zuān 刁钻；zuàn 钻石 |
| 正 | zhēng 正月；zhèng 正式 | 作 | zuō 作坊；zuò 作业 |
| 症 | zhēng 症结；zhèng 症状 | | |

## 附录二　普通话水平测试用难读误读字词表

| | | | |
|---|---|---|---|
| 皑 ái | 蔼 ǎi | 隘 ài | 黯 àn |
| 盎 àng | 凹 āo | 遨 áo | 翱 áo |
| 鳌 áo | 坳 ào | 拗 ào | 厄 è |
| 鄂 è | 愕 è | 萼 è | 遏 è |
| 漪 yī | 倚 yǐ | 屹 yì | 呓 yì |
| 诣 yì | 翌 yì | 裔 yì | 熠 yì |
| 湮 yān | 筵 yán | 檐 yán | 俨 yǎn |
| 衍 yǎn | 佯 yáng | 疡 yáng | 吆 yāo |
| 肴 yáo | 舀 yǎo | 噎 yē | 曳 yè |
| 垠 yín | 龈 yín | 荫 yìn | 雍 yōng |
| 臃 yōng | 甬 yǒng | 酉 yǒu | 黝 yǒu |
| 柚 yòu | 釉 yòu | 芜 wú | 梧 wú |
| 剜 wān | 宛 wǎn | 惘 wǎng | 桅 wéi |
| 苇 wěi | 紊 wěn | 淤 yū | 臾 yú |
| 隅 yú | 腴 yú | 虞 yú | 舆 yú |
| 驭 yù | 垣 yuán | 苑 yuàn | 陨 yǔn |
| 蕴 yùn | 拔 bá | 掰 bāi | 蚌 bàng |
| 谤 bàng | 孢 bāo | 鲍 bào | 蹦 bèng |
| 婢 bì | 痹 bì | 膘 biāo | 憋 biē |
| 鳖 biē | 瘪 biě | 摈 bìn | 鬓 bìn |
| 禀 bǐng | 摒 bìng | 钵 bō | 箔 bó |
| 埠 bù | 璨 càn | 糙 cāo | 蹭 cèng |
| 蹿 cuān | 篡 cuàn | 啐 cuì | 淬 cuì |
| 皴 cūn | 搓 cuō | 茬 chá | 潺 chán |
| 掣 chè | 嗤 chī | 侈 chǐ | 炽 chì |
| 啻 chì | 舂 chōng | 刍 chú | 搐 chù |
| 踹 chuài | 喘 chuǎn | 啜 chuò | 绰 chuò |
| 耷 dā | 怠 dài | 玳 dài | 疸 dǎn |

219

（续上表）

| | | | |
|---|---|---|---|
| 惮 dàn | 裆 dāng | 悼 dào | 嫡 dí |
| 貂 diāo | 窦 dòu | 犊 dú | 笃 dǔ |
| 盹 dǔn | 沌 dùn | 踱 duó | 剁 duò |
| 掇 duo | 梵 fàn | 吠 fèi | 酚 fēn |
| 焚 fén | 孵 fū | 匐 fú | 擀 gǎn |
| 赣 gàn | 镐 gǎo | 羹 gēng | 篝 gōu |
| 垢 gòu | 辜 gū | 梏 gù | 锢 gù |
| 胱 guāng | 犷 guǎng | 皈 guī | 埚 guō |
| 蚶 hān | 鼾 hān | 郝 hǎo | 劾 hé |
| 阂 hé | 褐 hè | 壑 hè | 豢 huàn |
| 恍 huǎng | 洄 huí | 卉 huì | 喙 huì |
| 畸 jī | 羁 jī | 汲 jí | 棘 jí |
| 辑 jí | 瘠 jí | 戟 jǐ | 麂 jǐ |
| 暨 jì | 髻 jì | 荚 jiá | 拣 jiǎn |
| 睑 jiǎn | 键 jiàn | 腱 jiàn | 酱 jiàng |
| 犟 jiàng | 窖 jiào | 秸 jiē | 烬 jìn |
| 噤 jìn | 茎 jīng | 胫 jìng | 炯 jiǒng |
| 窘 jiǒng | 揪 jiū | 灸 jiǔ | 韭 jiǔ |
| 臼 jiù | 厩 jiù | 驹 jū | 橘 jú |
| 咀 jǔ | 沮 jǔ | 遽 jù | 眷 juàn |
| 撅 juē | 厥 jué | 獗 jué | 蕨 jué |
| 攫 jué | 咯 kǎ | 龛 kān | 瞰 kàn |
| 扛 káng | 瞌 kē | 磕 kē | 抠 kōu |
| 脍 kuài | 筐 kuāng | 框 kuàng | 眶 kuàng |
| 窥 kuī | 魁 kuí | 傀 kuí | 匮 kuì |
| 坤 kūn | 徕 lái | 睐 lài | 婪 lán |
| 斓 lán | 儡 lěi | 愣 lèng | 栗 lì |
| 砾 lì | 蛎 lì | 踉 liàng | 嘹 liáo |
| 撩 liào | 咧 liě | 赁 lìn | 蹿 lìn |
| 伶 líng | 羚 líng | 翎 líng | 聆 líng |

（续上表）

| | | | |
|---|---|---|---|
| 绺 liǔ | 咙 lóng | 篓 lǒu | 戮 lù |
| 麓 lù | 抡 lūn | 捋 luō | 摞 luò |
| 栌 lú | 霾 mái | 鳗 mán | 螨 mǎn |
| 蟒 mǎng | 氂 máo | 卯 mǎo | 猕 mí |
| 谧 mì | 眠 mián | 缅 miǎn | 藐 miǎo |
| 谬 miù | 蓦 mò | 眸 móu | 牡 mǔ |
| 氖 nǎi | 馁 něi | 溺 nì | 腻 nì |
| 蔫 niān | 黏 nián | 捻 niǎn | 撵 niǎn |
| 碾 niǎn | 廿 niàn | 袅 niǎo | 啮 niè |
| 摰 niè | 蘖 niè | 磐 pán | 毗 pí |
| 媲 pì | 匍 pú | 沏 qī | 栖 qī |
| 戚 qī | 歧 qí | 崎 qí | 畦 qí |
| 鳍 qí | 绮 qǐ | 砌 qì | 掐 qiā |
| 虔 qián | 钳 qián | 黔 qián | 嵌 qiàn |
| 锵 qiāng | 跷 qiāo | 锹 qiāo | 撬 qiào |
| 鞘 qiào | 惬 qiè | 沁 qìn | 擎 qíng |
| 磬 qìng | 穹 qióng | 鳅 qiū | 酋 qiú |
| 裘 qiú | 祛 qū | 蛆 qū | 蜷 quán |
| 瘸 qué | 阙 què | 榷 què | 饶 ráo |
| 绕 rào | 刃 rèn | 纫 rèn | 妊 rèn |
| 韧 rèn | 饪 rèn | 蠕 rú | 褥 rù |
| 蕊 ruǐ | 瑟 sè | 伺 sì | 祀 sì |
| 俟 sì | 嗣 sì | 怂 sǒng | 悚 sǒng |
| 酥 sū | 稣 sū | 粟 sù | 绥 suí |
| 髓 suǐ | 穗 suì | 唆 suō | 蓑 suō |
| 霎 shà | 擅 shàn | 赡 shàn | 赦 shè |
| 娠 shēn | 渗 shèn | 蜃 shèn | 虱 shī |
| 侍 shì | 柿 shì | 嗜 shì | 噬 shì |
| 螫 shì | 倏 shū | 赎 shú | 庶 shù |
| 吮 shǔn | 烁 shuò | 獭 tǎ | 榻 tà |

（续上表）

| | | | |
|---|---|---|---|
| 踏 tà | 蹋 tà | 坍 tān | 绦 tāo |
| 萄 táo | 滕 téng | 剔 tī | 屉 tì |
| 剃 tì | 嚏 tì | 佟 tóng | 筒 tǒng |
| 颓 tuí | 蜕 tuì | 褪 tuì | 豚 tún |
| 唾 tuò | 唏 xī | 犀 xī | 皙 xī |
| 曦 xī | 铣 xǐ | 隙 xì | 暇 xiá |
| 锨 xiān | 涎 xián | 衔 xián | 羡 xiàn |
| 霰 xiàn | 镶 xiāng | 饷 xiǎng | 嚣 xiāo |
| 啸 xiào | 楔 xiē | 屑 xiè | 亵 xiè |
| 蟹 xiè | 馨 xīn | 戌 xū | 嘘 xū |
| 絮 xù | 暄 xuān | 炫 xuàn | 绚 xuàn |
| 眩 xuàn | 谑 xuè | 熏 xūn | 薰 xūn |
| 峋 xún | 崽 zǎi | 蚤 zao | 啧 zé |
| 仄 zè | 姊 zǐ | 渍 zì | 鬃 zōng |
| 揍 zòu | 诅 zǔ | 攥 zuàn | 渣 zhā |
| 楂 zhā | 乍 zhà | 栅 zhà | 绽 zhàn |
| 蘸 zhàn | 沼 zhǎo | 肇 zhào | 蜇 zhé |
| 辄 zhé | 辙 zhé | 褶 zhě | 蔗 zhè |
| 砧 zhēn | 斟 zhēn | 臻 zhēn | 诊 zhěn |
| 疹 zhěn | 炙 zhì | 峙 zhì | 挚 zhì |
| 桎 zhì | 盅 zhōng | 冢 zhǒng | 仲 zhòng |
| 肘 zhǒu | 咒 zhòu | 皱 zhòu | 骤 zhòu |
| 瞩 zhǔ | 伫 zhù | 贮 zhù | 蛀 zhù |
| 拽 zhuài | 撰 zhuàn | 篆 zhuàn | 椎 zhuī |
| 锥 zhuī | 缀 zhuì | 赘 zhuì | 啄 zhuó |

# 附录　普通话水平测试用话题与朗读作品

## 一、普通话水平测试用话题

说明：

从 2024 年开始，《普通话水平测试实施纲要》（2021 年版）普通话水平测试用话题总数由 30 个增至 50 个。个人话题和社会话题各占 25 个。话题更具开放性、时代性，旨在更好地适应测试发展需要（注：考选择判断题的地区本项测试为第五题，分值为 30 分；不考选择判断题的地区，本项测试为第四题，分值为 40 分）。该测试要求围绕题目说满 3 分钟。测试的时候，计算机从 50 个题目中随机抽取两个。考生从两个题目中任选一个进行命题说话测试。以下是 50 个命题说话题目汇总：

1. 我的一天
2. 老师
3. 珍贵的礼物
4. 假日生活
5. 我喜爱的植物
6. 我的理想（或愿望）
7. 过去的一年
8. 朋友
9. 童年生活
10. 我的兴趣爱好
11. 家乡（或熟悉的地方）
12. 我喜欢的季节（或天气）
13. 印象深刻的书籍（或报刊）
14. 难忘的旅行
15. 我喜欢的美食
16. 我所在学校（或公司、团队、其他机构）
17. 尊敬的人
18. 我喜爱的动物

19. 我了解的地域文化（或风俗）

20. 体育运动的乐趣

21. 让我快乐的事情

22. 我喜欢的节日

23. 我欣赏的历史人物

24. 劳动的体会

25. 我喜欢的职业（或专业）

26. 向往的地方

27. 让我感动的事情

28. 我喜爱的艺术形式

29. 我了解的十二生肖

30. 学习普通话（或其他语言）的体会

31. 家庭对个人成长的影响

32. 生活中的诚信

33. 谈服饰

34. 自律与我

35. 对终身学习的看法

36. 谈谈卫生与健康

37. 对环境保护的认识

38. 谈社会公德（或职业道德）

39. 对团队精神的理解

40. 谈中国传统文化

41. 科技发展与社会生活

42. 谈个人修养

43. 对幸福的理解

44. 如何保持良好的心态

45. 对垃圾分类的认识

46. 网络时代的生活

47. 对美的看法

48. 谈传统美德

49. 对亲情（或友情、爱情）的理解

50. 小家、大家与国家

## 二、普通话水平测试用朗读作品

说明：

相关课件可进入网址 https：//www.jnupress.com/download/index 免费获取。

作品 1 号　老舍《北京的春节》

作品 2 号　朱自清《春》

作品 3 号　朱自清《匆匆》

作品 4 号　华罗庚《聪明在于学习，天才在于积累》

作品 5 号　单霁翔《大匠无名》

作品 6 号　竺可桢《大自然的语言》

作品 7 号　王雄《当今"千里眼"》

作品 8 号　谢大光《鼎湖山听泉》

作品 9 号　谢冕《读书人是幸福人》

作品 10 号　巴金《繁星》

作品 11 号　赵宗成、朱明元《观潮》

作品 12 号　丁立梅《孩子和秋风》

作品 13 号　峻青《海滨仲夏夜》

作品 14 号　童裳亮《海洋与生命》

作品 15 号　唐晓峰《华夏文明的发展与融合》

作品 16 号　舒翼《记忆像铁轨一样长》

作品 17 号　姜桂华《将心比心》

作品 18 号　梁衡《晋祠》

作品 19 号　严春友《敬畏自然》

作品 20 号　叶君健《看戏》

作品 21 号　严文井《莲花和樱花》

作品 22 号　屠格涅夫《麻雀》

作品 23 号　《莫高窟》

作品 24 号　《"能吞能吐"的森林》

作品 25 号　季羡林《清塘荷韵》

作品 26 号　叶圣陶《驱遣我们的想象》

作品 27 号　吕叔湘《人类的语言》

作品 28 号　林夕《人生如下棋》

作品 29 号　刘延《十渡游趣》

作品 30 号　张宇生《世界民居奇葩》

作品 31 号　叶圣陶《苏州园林》

作品 32 号　杨朔《泰山极顶》

作品 33 号　杨利伟《天地九重》

作品 34 号　魏巍《我的老师》

作品 35 号　汪国真《我喜欢出发》

作品 36 号　陈醉云《乡下人家》

作品 37 号　巴金《鸟的天堂》

作品 38 号　《夜间飞行的秘密》

作品 39 号　滕明道《一幅名扬中外的画》

作品 40 号　刘畅《一粒种子造福世界》

作品 41 号　袁鹰《颐和园》

作品 42 号　冰心《忆读书》

作品 43 号　《阅读大地的徐霞客》

作品 44 号　《纸的发明》

作品 45 号　《中国的宝岛——台湾》

作品 46 号　小思《中国的牛》

作品 47 号　茅以升《中国石拱桥》

作品 48 号　老舍《"住"的梦》

作品 49 号　宋元明《走下领奖台，一切从零开始》

作品 50 号　林光如《最糟糕的发明》

# 参考文献

［1］中国社会科学院语言研究所词典编辑室．现代汉语词典．7 版．北京：商务印书馆，2016．

［2］杜青．普通话语音学教程．3 版．北京：中国广播影视出版社，2018．

［3］普通话培训与测试研究中心．普通话水平测试专用教材．北京：中国政法大学出版社，2018．

［4］国家语言文字工作委员会培训测试中心．普通话水平测试实施纲要．北京：商务印书馆，2019．

［5］宋欣桥．普通话语音训练教程．3 版．北京：商务印书馆，2017．

［6］黄伯荣，廖序东．现代汉语：上册．增订 6 版．北京：高等教育出版社，2017．

［7］普通话水平测试研究中心．普通话水平测试实用教材．北京：中译出版社，2017．

［8］王浩瑜．跟我说普通话．北京：中国国际广播出版社，2016．

［9］张舸，黎意．普通话水平测试教程．北京：北京师范大学出版社，2016．

［10］唐余俊．普通话水平测试（PCS）应试指导．2 版．广州：暨南大学出版社，2015．

［11］贾毅，钟妍，叔翼健．普通话语音与科学发声训练教程．北京：中国传媒大学出版社，2015．

［12］杨泳江．普通话训练．重庆：西南师范大学出版社，2015．

［13］张颖炜．普通话口语训练教程．南京：南京大学出版社，2015．

［14］普通话培训与测试研究中心．普通话等级考试教程．北京：北京理工大学出版社，2015．

［15］普通话培训与测试研究中心．普通话水平测试专用教材．北京：北京理工大学出版社，2015．

［16］中公教育普通话水平测试研究中心．普通话水平测试专用教材．北京：世界图书出版公司，2015．

［17］周华银，伍艺．普通话教程．重庆：西南交通大学出版社，2014．

［18］王岩平，王炜．普通话语音理论与实践．重庆：重庆大学出版

社，2014.

[19] 王晖．普通话水平测试阐要．北京：商务印书馆，2013.

[20] 林焘，王理嘉．语音学教程．北京：北京大学出版社，2013.

[21] 马显彬．普通话基础教程．广州：暨南大学出版社，2013.

[22] 杨胐，马寅春．计算机辅助普通话水平测试指南．北京：中国科学技术大学出版社，2012.

[23] 刘广徽，金晓达．汉语普通话语音图解课本：学生用书．北京：北京语言大学出版社，2011.

[24] 刘惠琼．普通话水平计算机辅助测试教程．广州：暨南大学出版社，2011.

[25] 马显彬．普通话训练教程．2 版．广州：暨南大学出版社，2011.

[26] 马显彬．现代汉语专题教程．北京：中国人民大学出版社，2010.

[27] 刘玖占．普通话训练与测试教程．北京：人民出版社，2009.

[28] 马显彬．普通话水平测试手册．广州：暨南大学出版社，2007.

[29] 崔振华，孙汉萍．普通话水平测试应试教程．长沙：湖南师范大学出版社，2005.

[30] 萧涵．实用普通话．北京：中国国际广播出版社，2005.

[31] 杨缵仁．普通话．重庆：重庆大学出版社，2005.

[32] 邢捍国．普通话培训测试教程．北京：北京大学出版社，2005.

[33]《新时期推广普通话方略研究》课题组．推广普通话文件资料汇编．北京：中国经济出版社，2005.

[34] 彭红．普通话水平测试应试指导．上海：上海辞书出版社，2004.

[35] 吴弘毅．普通话语音和播音发声．北京：北京广播学院出版社，2002.

[36] 浙江省语言文字工作委员会．普通话培训测试指南．杭州：浙江大学出版社，2002.

[37] 段晓平．普通话水平测试训练教程．杭州：浙江大学出版社，2002.

[38] 姚喜双，刘海燕．普通话水平测试指南．北京：中国广播电视出版社，2001.

[39]《普通话水平测试指导》编写组．普通话水平测试指导．广州：广东经济出版社，2001.

[40] 马显彬．普通话水平测试纲要．广州：暨南大学出版社，2001.

[41] 马显彬．普通话水平测试训练教程．广州：暨南大学出版社，2001.

[42] 仁崇芬．普通话训练教程．重庆：西南师范大学出版社，2000.

［43］曾毓美．普通话水平测试达标教程．长沙：湖南大学出版社，2000.

［44］马显彬．普通话基础．广州：暨南大学出版社，2000.

［45］马显彬．普通话教程．广州：暨南大学出版社，2001.

［46］徐世荣．普通话语音常识．北京：语文出版社，1999.

［47］上海市普通话培训测试中心．普通话水平测试手册．上海：上海教育出版社，1998.

［48］钱维亚，游小微．普通话语音教程．杭州：杭州出版社，1998.

［49］陈井基，廖武．实用普通话教程．广州：新世纪出版社，1998.

［50］《普通话水平测试应试训练教程》编写组．普通话水平测试应试训练教程．长沙：湖南师范大学出版社，1998.

［51］颜逸明．普通话水平测试指要．上海：华东师范大学出版社，1995.

［52］吴洁敏．新编普通话教程．杭州：浙江大学出版社，1995.

［53］重庆市语言文字工作委员会办公室．普通话训练与测试．北京：语文出版社，1994.

［54］王增辉．普通话正音速成手册．成都：成都科技大学出版社，1993.

［55］戴梅芳．普通话水平测试指南．北京：语文出版社，1993.

［56］戴伟．普通话实用教程．成都：成都科技大学出版社，1993.

［57］胡灵苏，陈碧加，张国华．普通话教程．上海：华东师范大学出版社，1991.

［58］翟时雨．普通话教程．成都：四川民族出版社，1989.

［59］国家语委普通话与文字应用培训测试中心编制．普通话水平测试实施纲要：2021 年版．北京：语文出版社，2022.